U0918347

简·奥斯汀
隐秘的激进派

【英】海伦娜·凯利 著
甘晓丹 周晓丹 译

新世界出版社
NEW WORLD PRESS

著作权合同登记号：京权图字01-2020-2024号

图书在版编目（CIP）数据

简·奥斯汀：隐秘的激进派 / (英) 海伦娜·凯利著；甘晓丹，周晓丹译. -- 北京：新世界出版社，2020.6

书名原文: Jane Austen:The Secret Radical
ISBN 978-7-5104-7010-3

Ⅰ.①简… Ⅱ.①海… ②甘… ③周… Ⅲ.①奥斯丁(Austen, Jane 1775-1817)—传记 Ⅳ.①K835.615.6

中国版本图书馆CIP数据核字(2020)第062898号

简·奥斯汀：隐秘的激进派

作　　者：[英] 海伦娜·凯利
译　　者：甘晓丹　周晓丹
策划编辑：熊文霞
责任编辑：熊文霞
特约编辑：冀　晖
责任印制：王宝根
出版发行：新世界出版社
社　　址：北京西城区百万庄大街 24 号(100037)
发 行 部：(010) 6899 5968　(010) 6899 8705 (传真)
总 编 室：(010) 6899 5424　(010) 6832 6679 (传真)
http://www.nwp.cn
http://www.nwp.com.cn
版 权 部：+8610 6899 6306
版权部电子信箱：nwpcd@sina.com
印　　刷：三河市骏杰印刷有限公司
经　　销：新华书店
开　　本：880mm × 1230mm　1/32
字　　数：258 千字　　印　　张：11.5
版　　次：2020 年 6 月第 1 版　2020 年 6 月第 1 次印刷
书　　号：ISBN 978-7-5104-7010-3
定　　价：58.00 元

目录 | *Contents*

第一章　女作家

四月，英格兰。即使在这儿，在南安普敦，一个遍布士兵和水手的小镇，在一个战火纷飞的国家，四月仍然是四月。阳光和阴影在海堤上追逐，海浪在调皮地舞动，波光粼粼，迎接英国每年的春天奇迹。阳光照耀在城堡广场的房子上，照耀在房子后的花园上；照耀在被精心照料、排列整齐的灌木丛上；照耀在嫩绿的叶子上；还照耀在一个穿着围裙的小女孩身上，她拍动着翅膀一样的胳膊，大喊大叫，然后弯腰抓起一把碎石土给她的同伴，她既惊讶又着迷，就像找到了珠宝一样。一年中的这个时候，一切看起来都那么新，即使是在这座老式的房子里。一切也似乎都充满了可能。几周后，丁香花就要开了，再过几个星期，长长的黄色金莲花也要开了，然后是玫瑰。此刻的花苞还紧紧地卷在一起，但在咸咸的海风的拨弄下，它们已经开始颤动了。

房子里的其他居民们也忙碌着。过去三年间，他们一直在城堡广场里尽职尽责。房子的男主人是一名皇家海军军官，大多数时间都在海上度过，抛下一大家子的女眷——他年轻的妻子、小女儿、孀居的母亲、两个未婚的妹妹，还有一个无处可去的家族朋友。一屋子的女人在他不在家的时候互相慰藉。他的兄弟们也在帮着维持家里，但是现在，终于，最富裕的那个（刚刚丧偶，刚刚变得慷慨）正要给他们提供更加实际的帮助——一个位于汉普郡的免费村舍，供他的母亲和妹妹们居住——在那个村舍被布置好之前，她们要先去他在肯特郡的大房子戈德默沙姆。海军上校已经尽到了他的职责。南安普敦的家即将被拆散，他们只剩下几个星期了。那些丁香花、金莲花和玫瑰也只能在他们不在的时候绽放了。

那孩子摔倒在地，双腿愤怒地踢着。她的同伴把她扶了起来，转身指向房子的一扇窗户。小女孩高兴地叫了起来。女人在窗户处望着——一个有着棕色头发、棕色眼睛的三十三岁女人，本该工作的她此刻却正闲着——她朝侄女挥了挥手，用嘴形向她姐姐说着抱歉。然后她转身回到屋里，回到铺着提花床单的整齐的床上，回到老旧的椅子和摇晃的小桌子上，这些是从楼下可以匀出来的全部东西了，她又回到了那封甚至还没开始写的信上。

她以前从未有过理由去写一封商务信函。在修道院学校的阅读课上，她能坐着上好几个小时的法语课和缝纫课。她在那儿过了得有一年？不可能有那么长。花园、大树，都还鲜活地存在于她的记忆里；还有教堂的废墟；其他女孩围着披肩聚在火炉旁哈哈大笑，就像她们曾说的那样，快要笑死了。大一些的女孩们要上舞蹈课、绘画课和音乐课，尽管她怀疑在所有教授寻常女性才艺的课程中，这些并不是很有用，但如果修道院教过写信的话，她一点儿都不记得了。在那之前，在考利太太的学校里，在这儿，就在这个小镇上，她几乎什么都记不得了。只有发烧时做的梦，还有她姐姐卡桑德拉生病的事，以及她们的表妹简·库珀；她记得最多的是她的内脏里扭曲不停的那种疼痛。她们差点儿死于伤寒。

当时的她只有七岁。二十五年已经过去了，这些年她都干了些什么呢？她没有丈夫，没有孩子——除非算上那些安顿在她房间四周的沉睡的"孩子们"。《埃莉诺和玛丽安》被卷在床下的锡质箱子里，同她童年时期写的其他幼稚故事放在一起；《苏珊》在写作盒子里，半藏在衣橱后面，在一堆连衣裙和衬裙后面，远离那些小小的、脏脏的手指头。她把盒子放到床上，跪下来，用钥匙打开锁，把盖子向后折，打开盒子仔细端详着，然后摸了摸写作斜板上略微粗糙的皮革。木头——在手指的触摸下像绸缎一样光滑凉爽——渐渐变暖，几乎就像一个活生生的东西。这里有她的钢笔、铅笔、铅笔刀、等待被填满的墨水瓶、纸、用来封信的蜡片，还有《苏珊》。

她要写的信和《苏珊》有关。《苏珊》不是她最亲爱的那个"孩子"，但却是迄今为止最能给人期望的那个。

不过，这么多纸啊！这个女人——在南安普敦这样一个诸事昂贵的城镇里住了三年，却不知道每样东西的价格——对奢侈浪费感到畏惧。为了安慰自己的良心，她迅速翻着盒子的旧书信，寻找一张废纸。她找到一张纸，顶部只写了一两行，她抓起一支铅笔，在上面潦草地写下“绅士”这个词。

很好，切中要害。

“1803年的春天，一部叫作《苏珊》的两卷小说手稿被一位绅士卖给了您——”哥哥亨利的律师叫什么名字来着？西摩。没错。“一位叫作西摩的绅士。十镑的稿费也同时收到了。从那之后，六年已经过去了，这部我公开承认是作者的书——”

她停了笔。为什么不呢？为什么不公开自己的作家身份呢？毕竟，她几乎一生都在写作。

“据我所知，这部我公开承认作者身份的小说还没有出版，尽管在出售时已经得到保证会尽早出版。”

她对出版行业知之甚少，但买了一本书却不出版难道不奇怪，甚至很不寻常吗？多年以前，当她开始为这些人抄写她的小说时，她是多么自豪，多么高兴啊！她为纸张撒上粉末并抛光，尽可能小心地保养笔尖，为最细小的墨水污迹而担忧。但或许出版商看到这么多手稿，不会像作家和女作家那样珍惜它们。或许可怜的《苏珊》正躺在某个被人遗忘的角落，被老鼠啃噬。或许女仆用它来生了火，以为从那么多纸里拿出一捆也不会有人想起。他们认为这本小说太短了，或是书名太无趣了？可能是《苏珊》的内容……但即使最焦虑的出版商也不会为这部书担心。这个本杰明·克罗斯比先生不是也出版了威廉·戈德温的书吗？如果有一本小说批判了整个世界的话！当然，那是在叛国罪审判之前，是在出版商约瑟夫·约翰逊因为出版了一本未经政府许可的书而锒铛入狱之前。可能从那之后，克罗斯比先生就变得更加谨慎了。

好吧，已经足够谨慎了。“我只能假设手稿由于某种疏忽已经遗失了，才能解释这种不寻常的情况；如果是这样的话，我很愿意再给您提供一份副本，如果您愿意利用它并保证在拿到手之后不再延误。”

但她什么时候才能坐下来再写一份手稿呢？不会很快的。有那么多事情要做。整个房子的东西都需要打包装箱——他们所有的东西——而只有她和卡桑德拉来做这件事。弗兰克出海去了；她的嫂嫂玛丽一边期待一边抱怨着；他们的母亲也需要人照顾；他们去肯特郡看望哥哥爱德华和他失去母亲的孩子们；去那儿花了一个星期，回来又花了一个星期；然后是整顿新家。她爱她的家人，真的，但日子仿佛就这样从她的指尖流过了。她似乎总是需要时间；总有人需要被照顾或是被招待，总有吊唁信要写，总有纸船需要在河上漂流，总需要给新出生的侄子或侄女缝帽子。她在生命中虚度了那些光阴，在南安普敦的女人们喝茶和比较最新的分娩日期时装聋作哑；在过去的十年间消逝的那些日日夜夜，她从出租房里搬进搬出，和新邻居们相识又告别。有时候她会想，自从他们离家以后，她就没有在同一个地方整整待上三个月。

她生活中的那一部分已经结束了。不再会搬家了。她会在查顿住到至少七十岁，除了有时出门拜访。而且对于出门拜访，她也打算更挑剔一些。她会去伦敦看望亨利，因为她爱他，还因为他的妻子、时尚迷人的表亲伊丽莎能让她开怀大笑。此外，伦敦有画廊、剧院和各种各样的娱乐活动。她还会去看她的哥哥爱德华，因为他很有钱，而且她喜欢待在他在肯特郡的庄园戈德默沙姆里，那里的庭院赏心悦目，烹饪水准也好过她平常能接触到的。她很期待不久就能去那儿散步和享用晚宴。而且现在爱德华的妻子去世了，她也有责任去看看孩子们；小一点的孩子会渐渐习惯，但大一点的孩子却不会，可怜的范妮才刚刚十六岁，这个年龄失去母亲，感受最为剧烈。

查顿并不是家，但离她长大的地方也就不到十五英里的距离。她将会拥有家乡的天空，家乡的空气，而且卡桑德拉向她保证过会有写作的时间。正如水手们所说，这只是一个关于坚定、坚守，以达成她的目标的问题。

“因为特殊情况，我无法在八月前上交手稿，但如果您接受我的提议，我可以保证您能收到手稿。”

如果需要的话，她可以熬夜把手稿再抄一遍。她在肯特的每个晚上都会整理工作蜡烛，然后藏在行李里带到查顿去。还有写作的纸。戈德默沙姆最吸引人的地方就在于没有人会为了蜡烛这种琐事争辩，也没有人会抱怨开销。爱德华可能也不会抱怨一个伦敦的出版商把信寄到他的府上，但他不会喜欢的。她会让出版商快点儿回复，而且要寄到南安普敦邮局。即使在接下来两个星期的一片忙碌中，悄悄溜出去半个小时也很容易。但一定得要快一些。这些人是没有时间观念的。拿着一本书六年了都没有出版！她几年前就该写这封信了。

“如果能尽快给我回复就太好了，因为我在这个地方停留不了几天了。如果这个地址没有收到回信的话，我认为我将有权让我的作品在别处出版。”

她把铅笔放在纸上，把信从头到尾又读了一遍。这可能有点唐突，但这毕竟是一封商业信件，至少最后一句话应该能让她快速得到回复。第一稿这样写就可以了。她匆忙签了名：首字母J和姓氏。

她一直羡慕姐姐卡桑德拉有个好听的名字。卡桑德拉是以她们母亲的名字命名的，但她却不是以姨妈费拉德尔菲亚和雷诺拉的名字命名的——这两个人都有引人遐想的名字。她是以简姨妈（简·库珀的母亲）的名字命名的。简姨妈感染伤寒后去世了。“简”是一个很普通的名字，也很常见。上学的时候，她不得不和她的表妹简分享这个名字，还得和其他很多简共用这个名字，以至于女老师和其他孩子们都给她们起了外号：简A.、简C.、珍妮特、珍妮斯，还有珍妮。她就曾被叫过珍妮——流鼻涕的小珍妮。被人拍拍头，打发走，然后被遗忘。

他读过这本书吗，那个出版商克罗斯比先生？

当然他还不知道这是她的书。六年前，她彬彬有礼地待在幕后。亨利认为这样很有必要。在克罗斯比先生看来，《苏珊》不过是一本“女作家写的”书。一旦她在这封信上签了名，一旦他知道了她是谁，他会给书打广告吗？会把它印到目录里吗？她的名字会被印在书的扉页上吗？或是用烫金工具印压在壮观宅邸里富丽堂皇的图书馆里的皮革封面上？有可能。其他女作家遇到过这种情况。但是名字一旦暴露，事情就不能回头了。然后她的兄弟们会很生气，毕竟奥斯汀这个姓不仅仅属于她。

她把墨水倒进墨水池里，在心里拼出了她的名字，在脑海里编排它们，就像在雨天没什么娱乐的时候玩弄象牙字母那样。字母们重新排列成了一个谜语。谁不喜欢谜语呢？她忍不住笑了。

她将虚构一个丈夫给她支持，既然他还是有个优雅的名字比较好，她便把自己称作阿什顿·丹尼斯夫人。然后她会用首字母“M”“A”和“D”在信上签名：“我是您最恭顺谦卑的仆人，M.A.D。”开个玩笑，好让克罗斯比先生注意到她的信。一首离合诗，一个字谜，来告诉他应该更加认真地读她的书。

这是一个玩笑，也是对自己的一种私下承认。阿什顿差不多（但也不完全）是她自己的姓氏了，丹尼斯和詹尼斯或珍妮差得也不远。这封信也是某种形式的公开声明——承认她自己的孩子，宣告平凡无奇的简·奥斯汀是个女作家，尽管除了家人从没有人读过她的作品。

她用墨水覆盖了刚才铅笔写的草稿，试验她的短语和新的虚构签名，尽管她能听到楼下的声音，有事情在召唤着她，她还是选了一张昂贵的热压纸，缓慢地、仔细地把刚才写的东西誊抄了一遍，每隔几个词就停下来，在纸上撒上粉末，然后搓干。第二天，她怀揣着这封经过完美打磨的信直奔邮局。这次出版商没有让她等多久。理查德·克罗斯比先在这周内就给了她回复。她颤抖着手指撕开了信封，在大街上就读了起来，边读边回到了城堡广场，她这辈子还从来没有这么生气过，信里的句子还在她的脑海中回响着："……我们花十英镑从西摩先生那里购买了名叫《苏珊》的小说"；也就是说，这本书和你已经没什么关系了，阿什顿·丹尼斯夫人，不管你是谁。这本小说不值得出版，但它是我们的，我们的世界里有盖戳收据和"充分考虑"，他还威胁说"如果你打算把书卖到别的地方"我们会"提起诉讼阻止交易"。目前为止，这些事没你想的那么简单，你这个没有头脑的女人。最后的侮辱是：你当然珍惜这本小说，阿什顿·丹尼斯夫人，但因为我一点儿都不重视它，而且因为我同情你的无知，你可以用我们付的那十英镑买到它。

那天晚上，在黑暗中，她僵硬地躺在狭小的床上，骂自己的愚蠢笨拙，想象着本可以把这件事处理得更好的一堆办法。她认为她的双关笔名会打动他吗？根本没那回事——他甚至都没有注意到。她连封简单的信都不会写，又怎么能公开承认自己是个女作家呢？当人们都懒得去读她写的东西时，她又怎么能叫作女作家呢？为什么她不跟亨利谈谈？她本该那么做的。这么长的时间都过去了，再多等几个星期或者几个月又有什么关系呢？着什么急呢？

一夜都没有想出什么答案。第二天也没有，几天后也没有——当她从储藏室里把箱子拖出来的时候，叠衣服的时候，发明游戏转移小玛丽·简的注意力的时候，她生气而困惑地在曾经熟悉的房间里四处游荡的时候。等到夜晚降临时，她筋疲力尽，手上满是灰尘。天气变得寒冷潮湿。春天，乐观主义，可能性——一切看起来都遥不可及。想到自己还有些用，她感到安慰，要知道，尽管她是最无关紧要的那种女作家，但她是一个好女儿、好妹妹和好姑妈。两个家庭的瓷器需要分一分，有些家具需要卖掉或是用防尘罩包起来，要跟亲朋好友告别，要去教堂做最后一次礼拜，还要去海堤上散最后一次步。

最后一晚，她才把自己的行李匆忙打包好。她把写作盒子留到了最后——她只需要腾空粉末盒和墨水瓶，并把一切都固定好，这样路上就不会有东西咯咯作响了。她不用再读那封信了——但她控制不住自己。要是……但她没有十英镑，也不可能有，就算她有，如果没有她兄弟、银行汇票或商人的帮助，这种事要怎么处理呢？不，不能再想了。

她在床底下摸索着找到了那只铁皮箱，把里面的东西敏捷地一把把扔到床上。之前她只打算把《苏珊》和克罗斯比先生的信藏在箱底，藏在她如此愚蠢地珍藏了多年的一捆捆纸下面，但这里还有她的笔记本，还有很久以前的礼物，读着这些东西，她的心变得柔软起来。这里有她写的荒谬可笑的话剧，在陷阱和酒醉中摔断腿的故事，还有突然而意外的婚礼，以及一个从蛋糕店偷冰块的女主角——她和卡桑德拉觉得这真是邪恶得有趣！还有《爱情和友谊》——她从来都不太擅长拼写——这个故事让父亲大笑着流泪；她的《英格兰历史》，是一个带有偏见的无知的历史学家写的历史；卡桑德拉所有的国王和王后的画像。她的手拂过那些她已经开始却永远无法写完的牧师女儿们的故事，还有其他的早期小说，刚开始写就被抛到一边了。有一些或多或少写完了。淘气的《苏珊女士》太短了，甚至还不到一卷。她对《埃莉诺和玛丽安》的故事开头一直都不是很满意。《第一印象》也是。她的父亲很看重她的故事，甚至还给出版商写信提过一部，不过遭到了断然拒绝。她的一生都在这里，在墨水和纸上，她不能不珍惜。

小玛丽·简根本不会记得城堡广场的房子，也不会带走任何记忆。

简是带着她的记忆四处旅行的，当他们颠簸地穿过南安普敦的大街小巷一路向北，朝着普通的生活前进，与河流并排前行时，这个铁皮箱就在她脚底下安稳地待着。她会想念河流，还有大海，她会想念那些花花草草。等到查顿的房子准备好之后，已经来不及种植任何花草了。

简注视着苍白的早晨，天越来越亮，太亮了，显得她黑色天鹅绒上衣的袖子越发暗淡，令人悲伤。她们会先经过温彻斯特，经过它古老的大教堂，然后前往奥尔顿。从奥尔顿到法纳姆，然后途经斯坦斯去巴格肖特，经过里士满那些迷人的小村庄，然后到布伦特福德，再到伦敦。在伦敦，她们会在她哥哥亨利的房子里住一晚上。伊丽莎，还有最新的时尚会在那里等着他们，一个充满咖啡、葡萄干蛋糕和流言蜚语的晚上，然后她们再动身去戈德默沙姆。简已经能想象出来，她的嫂嫂会通过微妙的暗示一点点谈到家里的事情。

伊丽莎会说，爱德华能够努力促成他们搬到查顿的计划是多么幸运啊，而且是在这样一个时候！他是多么善良，多么慷慨。他们见过房子吗？房子外形还不错吗？他们会有和善的邻居吗？卡桑德拉则会带着责备皱眉，回答说爱德华对她们非常好。

卡桑德拉总是会说该说的话，但简对于爱德华的好意却没什么看法。爱德华不是她的哥哥里年龄最大的，也不是最聪明或最勇敢的，更不是最善良的。他只是最富有的。但是爱德华失去了亲人，他正在哀悼——现在没有时间去想他们父亲过世后的四年里发生了什么，也没有时间去私下抱怨一个真正慷慨的人应该欢迎他的母亲和妹妹们住在自己家里，而不是让她们住在他的地产经理曾经住过的小房子里。简开始想到孩子们，想到了她的侄女范妮，开始疑惑爱德华在那么年轻的时候就和家人分开——他当时比现在的范妮大不了多少——是否对他来说太过艰难，她还想知道，如果他更像一个真正的哥哥，而她没那么像一个穷亲戚的话，她是否会更爱他一些。

滚滚的车轮，叮当的马具声，让她睡得很不安稳；各种想法交织在一起，各种画面在脑海里闪现：戈德默沙姆，爱德华在肯特的庄园；冰沙和法国红酒；巧克力和白色的早餐卷；公园，在森林里散步，“拼命疯狂地跑……”

另一个家被抛在了身后；那些贫穷的姐妹们，尽管她们的兄弟很富裕；一个年轻的女人在奔跑，在山边摔倒；一个英俊的绅士，却有着丑陋的个性；漂亮的房子和村舍；旅程；城市的街道，伦敦的喧嚣。情感和理智的斗争。爱与失去，贪婪与收获。

他们已经有很久很久没有跟她说过话了，但她认为——她几乎确定——她认识在山坡上奔跑的年轻女孩。一个冲动的女孩，充满激情，因为失去父亲而感到悲伤。还有一个姐姐，更安静，更严肃——理智的，克制的，明理的。

简的手指放在膝盖上，抽搐着。她睁开了双眼。

☆ ☆ ☆

我们将会看到更多的简·奥斯汀。2017 年是她在四十一岁时不幸英年早逝的两百周年纪念。为了纪念她，英格兰银行发行了一张印有她头像的新版十英镑纸币。

事实上，那并不是她的脸。那是她去世五十年后为一个家族回忆录定制的理想化照片。跟这张照片未完成的业余的素描蓝本相比，她看起来更富有，更漂亮，脾气远没有那么暴躁。这张纸币的设计还有其他问题。

纸币的背景将会有一座大房子——简并没有住过的戈德默沙姆。上面还有《傲慢与偏见》中伊丽莎白·贝内特读信的插图，以及小说里的一句话："我敢说，什么事情也不像读书那么富有乐趣！"说出这句话的角色很快就打了个哈欠，抛开了书本。

不过在我看来，最大的问题在于，对大多数人来说，那就是简·奥斯汀。那就是他们能辨认出来的人——年轻貌美的女人，大房子，《傲慢与偏见》——客厅里端庄的戏剧。每周有六次在钞票上看到这样的画面，只会让这个形象更加深入人心。

简比诗人威廉·华兹华斯晚五年出生，这一年也是美国独立战争爆发的前一年。到法国大革命开始时，她已经十三岁了。她的一生中，英国几乎都处于战争状态。她的两个兄弟是海军，还有一个加入了民兵。有几年她住在南安普敦，那是一个主要的海军基地。那是一个有武装冲突和思想斗争的年代，也是一个有审查制度和国家监督的年代。圈地运动重新标记了土地；欧洲的疆域扩张正在改变世界；科学和技术正在打开一个充满各种可能性的新世界。

我们完全能够接受像华兹华斯这样的作家全身心投入到正在发生的一切事情中，并在他们的作品里寻找参考，即使是含蓄或暗指。但我们还不愿意如此对待简的作品。我们了解简——我们知道无论她的笔触多么细腻，她写的故事基本都是同一个情节的不同版本，这种情节在过去两个世纪的任何浪漫喜剧中都不会显得不合时宜。

我们的了解是错的。

※ ※ ※

简·奥斯汀的生活中几乎没有无可争议的事实，也很简单。她于 1775 年 12 月 16 日出生于史蒂文顿的汉普郡的一个小村庄。除了 1801 年到 1806 年在巴思度过的五年和在南安普敦度过的三年，在学校的几个月，偶尔的假期和探望，她人生中的大部分时间都是在汉普郡的乡下度过的。她终身未婚。1817 年 18 日，四十一岁的她死于温彻斯特，并被葬在温彻斯特大教堂。

从 1811 年年底到 1815 年年底的四年间，她出版了四部小说——《理智与情感》,《傲慢与偏见》,《曼斯菲尔德庄园》和《爱玛》。另外两部小说《诺桑觉寺》和《劝导》出版于 1817 年年底，即她去世那一年。*

两百年来，她的作品一直惊人地畅销。很难想象还有哪个小说家能和她比肩。但是，简自己一直都是一个朦胧的、平淡无趣到令人好奇的形象；一个仿佛四十一年的大部分时间都在被迫追随别人生活的人。

但是简身边的人都过着怎样的生活呢——她的父亲在幼年就变成了孤儿，靠努力工作才摆脱了贫穷；她的母亲本可以和一个公爵攀亲戚，却发现自己在一个乡村的牧师家庭里勉强维持生计；她的姨妈费拉德尔菲亚在国内看不到希望，远赴印度找了个丈夫；她女儿伊丽莎的法国丈夫死于断头台上。简的大哥詹姆斯从小就期待继承他舅舅的遗产；她的二哥乔治似乎患有某种残疾，住在远离家人的地方；她的三哥爱德华被奢侈富裕的人家收养；四哥亨利辗转于各个行业之间——先是当过民兵，就像小说里那个无赖乔治·威克姆一样，然后当过银行家，在银行破产后最终做了牧师。两个小一点的兄弟弗兰克和查尔斯，一个比简略大，一个略小，都当了海军，过着刺激而危险的生活。就连简唯一的姐姐卡桑德拉也有过婚约，有她自己的故事。

我们知道这些人中的大部分是什么样子的，我们知道他们的事业、婚姻，还有他们的孩子。我们知道简的一个姨妈被指控

* 两部小说的扉页上标注的日期是 1818 年，但其实出版于 1817 的最后一个星期。

在巴思的一家商店里偷蕾丝，她的一个表亲死于一场马车事故。我们还知道她姐姐的未婚夫死于黄热病，她的叔祖父是钱多斯公爵。简的所有现代传记作者都在重复这些事实，就像他们重新创作出她的兄弟、她的姨妈、她的表亲，还有可能（也可能不）想娶她的那个人的画像，而那些对她几乎一无所知的人，他们困惑而矛盾的观点认为，把每块碎片都拼凑到一起，有些东西就会成形——一个轮廓，一个剪影，一个有简的形状的空间。但是尽管他们做了种种努力，简仍然是一个渐渐消失到背景中的瘦小身影，她的脸转向一边，就像我们在她唯一的画像中看到的那样。

我们追逐得越坚定，简就变得愈加捉摸不透。我们应该去哪里寻找她呢？我们会在现代的巴思找到她吗？在如今已经变成公寓或牙科诊所的，被雨湿透的金石建筑里？在曾经矗立着下舞厅的公园里？抑或在毁于“二战”的大火后又几乎完全重建的上舞厅里？我们会在查顿的简·奥斯汀故居博物馆里找到她吗？她的确在那里住了八年，她的姐姐卡桑德拉更是住了近四十年之久。在19世纪中期，那栋房子被分成几个独立的住所；一个世纪后，它又变回了一个整体。许多人在这里住过。即使简留下了任何痕迹，每年成千上万艰难穿梭于各个房间的游客们也把它们都驱散了。游客们看到了一架“像是”简弹过的钢琴；一个“像是”简二十岁时用过的床的复制品；一张简“可能曾经”在上面写作的桌子；简的侄子侄女们婴幼儿时戴的帽子。这个博物馆最引以为傲的藏品就是简的珠宝——一个黄宝石十字架，一个珠状手链，一个镶有蓝宝石的戒指。这些被陈列在远离最大卧室的一间狭窄的房间里，默默地待在它们的玻璃匣子里，小心翼翼地被照射着，但却没有曾经佩戴过它们的那个女人的影子。

史蒂文顿的牧师住宅——简一直住到25岁的地方——早就无迹可寻。但他服务过的教堂幸存了下来。它还开着，墙上有牌匾，还有不断更换的鲜花，让那些长途跋涉而来的朝圣者们为自己来对了地方而感到安心。关掉教堂的大门，和古老的紫杉树擦肩而过，去看一眼你眼前奔跑的小女孩，这一切几乎都是可能的——但就像所有的鬼魂一样，这也不过是大脑的诡计。

我们四处寻找简的踪迹。

1809年的春天，三十三岁的简·奥斯汀并没有住在乡下，也没有住在巴思，而是在南安普敦，一栋由她的海军上校哥哥弗朗西斯（通常被称为弗兰克）租赁的房子里。南安普敦离朴次茅斯的南岸不到二十英里远，《曼斯菲尔德庄园》里的普莱斯一家就住在那里。当时的一本旅游指南将南安普敦描述为“建筑优美”和“位置优越”，有着“靠近海水、新森林和怀特岛”的美景。它赞许地提到这些街道“地面铺设很好，铺着石板”——提醒着人们在这个时候并非所有城镇中心都是这样的。这本旅游指南掩盖了南安普敦也是一个海军造船厂的事实。那里戒备森严，并且在简居住于此期间，直到占据她成年生活的英法长期战争快要结束时，这里还是士兵们前往西班牙和葡萄牙与拿破仑军队作战的出发港。

如果我们把简和都市联系在一起，那它很可能是上流社会巴思，而不是充斥着公开酗酒、街头卖淫和暴力的码头小镇。除了强征入伍——皇家海军借助这个国家批准的绑架计划确保有足够的士兵能够扬帆起航——陆军和海军都欢迎那些不参军就会被关进监狱的人加入他们的队伍。士兵基本都是些粗犷的人，对于一家子常常没有绅士保护的女人而言，南安普敦不可能是个令人感到愉悦的地方。但是，简似乎在南安普敦度过了不少快乐的时光。她在信里谈到在海堤上散步，和她的侄子侄女们在伊钦河上划船。但是，据我们所知，似乎离开南安普敦 并搬回乡村的愿景才重新点燃了简出版作品的兴趣。

在她 1806 年年底搬到南安普敦之前的几年间，她的生活并不稳定。你通常会读到简从 1801 年到 1806 年生活在巴思，但事实上她几乎一直在搬家，而这座城市更像是一个基地，而不是家。她和姐姐卡桑德拉、她们的母亲，还有（1805 年年初突然离世的）父亲一起，居住在巴思的各个地方——悉尼公寓、格林公园大厦、盖尔街和特里姆街——长期探望她的家人，一连好几个月搬到海滨度假胜地，例如道利什、西德茅斯，拉姆斯盖特（《傲慢与偏见》里威克姆玩弄乔治亚娜·达西的地方）。你也可能听到过这样的说法，称简住在巴思时对写作没什么兴趣，但事实并非如此。就是在这期间，1803 年的春天，她的第一部小说出版了。

那部小说就是《苏珊》，几乎可以确定就是今天我们所知的《诺桑觉寺》*。我们也知道在简搬到巴思之前，她还写了至少另外

---

* 正如我们将在下一章所见，我们几乎可以确定《苏珊》是《诺桑觉寺》，而不是《苏珊小姐》。《苏珊小姐》很短——远远不到两卷——也完全不是出版商可能会接受的那种作品。

一部长篇小说——一本她叫作《第一印象》的小说。这可能是《傲慢与偏见》的第一版本，也可能是她父亲在1797年提供给出版商卡德尔的书，但他没有成功。我们有一个片段——一部小说的开头——讲的是一个人口众多的牧师家庭，通常被人称为“沃森一家”，写在一张有1803年水印的纸上。一个整洁的《苏珊小姐》的副本，一个由信件构成的短篇小说集写在有1805年水印的纸上，尽管从不成熟的风格来看，它很可能是早期创作的。但我们可以确定的是，从1803年到1809年春天，她基本上没有写作，除了在1808年12月她三十三岁生日时写了一首诗——悼念四年前死于一场骑马事故的朋友。可能她完全停止写散文了。可能她正在修改之前的草稿，或是后来并入其他小说的短文。也有可能她写的东西后来被毁掉了。我们实在无从得知。

我们的确有一个简的小说写作日期表，但那是卡桑德拉写的，而不是简写的，我们不知道那是什么时候起草的。简的传记作家们往往把这份文件当作完全可靠的；他们真的不应该这么做。

我们能够确定的是，1809年4月，在简准备离开南安普敦去戈德默沙姆长期探望她哥哥爱德华的前一两周时，她给购买了《苏珊》的出版商写了信。我们有这封信的草稿，写在一张本来是用作信封的纸上，纸的另一面写着“奥斯汀小姐”。简最初是用铅笔写的，然后又用墨水覆盖了一遍，她同时又把签名从“J. 奥斯汀”改成了“M.A.D”。我们有克罗斯比并不友好且一本正经的回复，信里充斥着准法律术语（“充分考虑”“盖戳收据”“合同约定”“有义务”)，提出以十英镑的价格把《苏珊》卖给她，并威胁他会“提起诉讼”来阻止小说在别处出版。

但这封信对简产生了什么样的影响，我们并不清楚。我们没有找到其他提到《苏珊》或是《诺桑觉寺》的信息，直到1817年——正如我们将在下一章所见那样——她继续消极地看待这本书。但她手头很快有了别的项目。

《理智与情感》是简第一部完整经历了整个出版过程的小说。它是1811年10月出版的，而且肯定是在1810年年底前某个时候完成的，因为到1811年4月时，简正忙着校稿。在她之后的生涯里，当她有了一个固定的出版商后，她设想在她写完一部小说和那部小说出版之间会有一年的时间。简完成《理智与情感》和小说出售中间所隔的时间很可能更久。

在简想到把一部小说寄出去之前，她必须得花费好几个星期，甚至几个月手抄原稿。然后她得把包裹寄出去，等待出版商读完小说，回复她，然后协商谈判。在简给克罗斯比写信询问《苏珊》之前，她可能已经在创作《理智与情感》了。

1809年夏天，简的作品洋溢着一种不寻常的热情，这与她在1813年收到印刷商寄来的《傲慢与偏见》时信件中那种沸腾的热情很相似。七月的第二周，弗兰克的妻子玛丽生了一个男孩，两周之后，简给她的哥哥寄了一封亲切友好的信，这封信更像是一首诗；一部分是祝贺，一部分深情怀念了他们的童年，还有一部分描述了她在查顿的房子里感受到的幸福。她热切地称他为“最亲爱的弗兰克”，并祝愿新生儿即使在缺点上也能和他父亲相似——成年的弗兰克努力克服的“傲慢无礼”“言语鲁莽”和“脾气暴躁”。她向他保证，“我们非常好”，“卡桑德拉的笔”会在“真挚的文章里”解释她们有多么喜欢“查顿的家——”

——我们发现它
多么合心意，
我们确信
当它完成时，
会打败所有的房子，
那些曾经被建造或修补的，
房间简洁或宽敞的房子。

这首诗也为我们提供了奥斯汀家族育儿室中最难得的洞见，在这幅迷人的画中，弗兰克是一个淘气的小男孩，顶着一头“卷发”从门里探出来，向一个叫“贝特”的人保证“我不会再忍了”。这封信里有一种渴望和温暖，这在简写给家人的其他信中是很罕见的，她的字里行间里流露出的轻松，与她六个月前为纪念友人而写的那首严厉而正式的悼亡诗截然不同。人们很容易得出这样的结论：有些事情已经变了，她又开始写作了。

这可能太容易了。我们不知道简在1809年的春天和夏天在想些什么。为什么在等待了漫长的六年之后，在她正要搬家之前，才给克罗斯比写信呢？为什么笔名要用双关的首字母呢？为什么不干脆改改细节然后找别处出版小说，而要提醒他呢？为什么不寻求哥哥亨利的帮助呢？他可能一开始就参与了出售手稿这件事。

我们对于简的生活知之甚少，而且这仅有的一点作认知还很难准确解读，以至于我们不能对她在小说中揭露出的内容置之不理。至少她的小说代表她发声了，至少小说是她亲笔写的。至于剩下的那些，有这么多空白和沉默，这么多模糊不清、不准确或是第二手、第三手记录的东西，想要把一切都填满，这个任务远远不像她哥哥亨利——她的众多传记作家中的第一人——在他的《作者传略》中所说的那样“轻松容易”。

※ ※ ※

当然，如果亨利可信的话，那简基本上也就不怎么思考了。

在亨利的描述里，他妹妹的书很完整地就诞生了——毫无痛苦，毫不费力。据他所说，简的“创作”“快速而准确”，“她毫不费功夫”，思路就源源不断地涌上心头，因为她写的“一切”看起来“从笔尖就已经完成了”。我们要想象的是没有辛苦、没有付出、没有雄心，也没有智力或技能，而仅仅是一种“天赋”，一个“天才”，一种创作的“直觉的”力量。对于现代读者而言，这是一个很有吸引力的想法，因为他们从小就被灌输了与简同时代的浪漫主义诗人塞缪尔·泰勒·柯勒律治的形象。他吸食大量鸦片，还在睡梦中写下了著名的诗《仙乐都》和《忽必烈汗》。它允许我们想象简的小说不是深思熟虑的艺术作品，而是我们想要的一切——一场和她自己被压抑的欲望的斗争，一次对自己不幸爱情故事的重写，甚至是一次对文化和语言源泉的偶然挖掘。简的小说就是以这些方式被人们解读的，除此之外，还有许多其他方式。

这些想象的问题在于亨利说的是错误的。我们虽然没有简的很多手稿，但现存的手稿足够告诉我们她在写作上是下了功夫的。我们知道的《沃森一家》的草稿片段上点缀着增减和修改的痕迹。我们甚至还有早期的资料证明简对《劝导》的结尾不满意并重写的事实。你可以看到她精挑细选地用词，检查句子的平衡，选择正确的表达，并放在合适的地方。

亨利的《作者传略》是和《诺桑觉寺》及《劝导》联合出版的第一版本，是简去世后不到五个月就匆匆印刷出来的。《作者传略》很短，但客气地说，里面充满了矛盾。亨利向他的读者保证，简的小说几乎是毫不费力写成的，然后他在后记中又加入了简对自己作品的著名描述，称其类似于微型绘画——“一点（两英寸宽）象牙，我用这么细的刷子在上面刷，刷了这么久也没什么效果。”在《作者传略》中，亨利说简在《理智与情感》之前从没想过出版书籍——尽管他很清楚《苏珊》(《诺桑觉寺》)在1803年已经被同意出版。他声称简从不“相信自己会给出刻薄的评论”，但即使是最不愿意批判的读者也会轻而易举地发现《劝导》里有一段异常恶毒的段落，一个痛失孩子的母亲的感受被嘲笑为“肥胖的叹息”（large fat sighings），仅仅因为这个人物正好“身材高大而匀称”。

仁慈地评价一下亨利的评论，要注意他一定是在简去世后不久开始写他的传记的，这些错误或误读可以归咎为悲伤。如果不是因为亨利一开始就打算塑造一个他妹妹的完全错误的形象，那这么想也是对的。他竭尽所能地让读者相信简不是一个真正的作家，也从不认为她自己是。他说，她对自己的作品评价甚低，更没想到会收获读者。他告诉读者，简最终在家人的说服下把《理智与情感》寄给一家出版商后，为其成功感到“震惊不已”。这个简绝不会被说服而把名字写在她的小说上；亨利暗示说，事实上这些小说不应该仅仅被视为她一个人的作品，因为她对家人的赞美“心存感激，乐于接受他人的评论，并对他人的批评百依百顺”。

简而言之，亨利在撒谎，而且他是故意的。某种程度上，他的目的是保护自己和他的兄弟姐妹远离一种具有破坏性的观点，即他们的妹妹可能想要——甚至需要——为了挣钱而写作。他坚称，“名利都不是她最早的动机”。在他的世界里，淑女不用工作，也永远不会梦想去寻求公众的称赞。我们也要记住，亨利这些评价的背景是——一部旨在促进两部小说销售的“作者传略”，简本人认为这两部小说都不适合出版。

但是再一想，他的动机从根本上讲也是合理的。他应该知道女性作家会遭到多么无情的对待。正如一个叫作玛丽·海斯的作家在 1801 年解释的那样，“从事作家这个职业所受到的惩罚和挫折对于女性来说是双倍的”。她继续说，“不仅作为作家，而且作为女人，她们的性格、她们的行为”会受到公众舆论的审判，遭到调查，而“恶毒的智者们”则会“积极不懈地”找出“她们的错误，暴露她们的弱点”。

女权主义作家玛丽·沃斯通克拉夫特在1797年去世后名声扫地。有谣言流传，《诺桑觉寺》里的凯瑟琳·莫兰最爱的小说《尤多尔弗的奥秘》的作者安·拉德克利夫发疯了。夏洛特·史密斯的作品深受简的喜爱，她预计有些人会觉得她1792年的小说《戴斯蒙德》中的“政治评论”“令人不悦”。她是对的，她对法国大革命原则的直率辩解导致这部小说遭到她以往出版商的拒绝，我们得知，“她还失去了一些朋友”。即使是当时最成功的小说家玛丽亚·埃奇沃思也被迫改写了她1801年的小说《贝琳达》，删掉了其中一段婚姻，因为两个相关角色一个是白人，而另一个是黑人，所以批评家认为这不但“令人厌恶”，道德上也很危险。

我们也要记住，奥斯汀家族生活在一个任何批评现状的行为都会被当作不忠和危险的国家。1793年到1815年间，英国和法国正在打仗，除了中间两次短暂的休战——1802年到1803年和1814年夏天到1815年2月，在这期间拿破仑被暂时囚禁于厄尔巴岛。1812年到1815年，英国还在和1776年失去的殖民地美国打仗，那是简·奥斯汀出生的第二年。革命的思想从美国传到了法国，但是传播的根基却在英格兰，尤其是在托马斯·潘恩的作品里，他离开了家乡诺福克去世界各地传播他的激进思想。1792年，潘恩被缺席审判为煽动性诽谤罪——本质上就是记录下对国家有害的思想，但是他继续写作，甚至比以前更危险的地方在于，他开始质疑私有财产和有组织的宗教这些概念。

英国有一个间歇性精神失常的君主，王位继承人不但放荡风流、竞选成本高昂，而且还非法娶了一个信奉天主教的寡妇，在英法战争开始之前，这个国家就承受着巨大的压力。多年来，英国在战场上进展不利。法国的军队穿过了欧洲大陆，法国的船只威胁到了英国的贸易，对入侵的恐惧始终存在。那些批判王室行为或抱怨议会选举腐败的人，那些背弃英国国教或质疑当权者是否应该保留国教的人，都被认为在国家需要的时候背叛了祖国。对社会运转方式的某一方面提出质疑，就是在企图破坏整个社会。

在简的青少年晚期和二十几岁时，政府修建了海岸排炮和堡垒以抵御法国的入侵，还采取了一系列措施以保护国家免遭内部危险的蔓延。在此过程中，英国越来越像一个极权主义国家，滋生了一些极权主义国家才有的令人不悦的习惯。人身保护令——一个有着数百年历史的要求，即任何拘留都需要公开证明是正当的——被废除了。叛国罪被重新定义。它不再局限于主动密谋推翻或杀戮，它还包括思考、写作、印刷和阅读。起诉不仅针对那些公开的政治人物，例如潘恩、激进的政治家霍恩·图克，或神学家吉尔伯特·韦克菲尔德，还针对他们的出版商。一个校长因为散发传单而被定罪。一个男人因为张贴海报而被起诉。报纸《晨间记事报》的经营者被带上了法庭。书商遭到了威胁。话语是危险的——背诵一首打油诗导致一个汉普郡的木匠在监狱里被关了三年。英国几乎没有哪个会思考的人不明白这其中的意图：恐吓作家和出版商们去监管自己。

在一封1795年的信里，出身名门的辉格党政治家查尔斯·詹姆斯·福克斯思考“精明的商人怎么敢发布任何可能引起大臣们反感的东西呢”。威廉·华兹华斯的弟弟理查德敦促他“在写作或是表达你的政治观点时要谨慎”，警告他“大臣们有极大的权力”。这些信件预计会被当局打开和审读；人们普遍认为，出版商应该回避太过公开挑战或质疑社会准则的任何事物。保守派作家兴盛起来。思想不那么保守的作家的反应就是转向自然和情感，就像浪漫主义诗人那样，或是转向相对安全的过去或异域背景。沃尔特·司各特爵士出版于1814年的《威弗利》常常被形容为第一部历史小说，但实际上在18世纪90年代和19世纪前十年就有许多历史小说出版。几乎每本哥特小说的背景都设定在过去，通常在15或16世纪。作家们很谨慎地写当下的事，而且他们这样做也是对的。这就是亨利和简经历过的氛围，这就是简·奥斯汀写作的大背景。

当然，亨利坚持认为简不应该被当作一个作家，她几乎不打算出版她的作品，她顺从家人——她那些作为机构支柱、牧师、海军军官和地主的哥哥们——更高级的认知，这些都可能让我们认为他抗议得有点太厉害了。毕竟，除非他知道她的小说可能很容易被解读为对英国国教的批判，否则他怎么会如此焦虑地向读者们保证简是“完全虔诚的”，而且她的观点“与我们国教的观点完全一致”呢？

想想简的地主、士兵、牧师和她的贵族们。在《理智与情感》里，约翰·达什伍德认为对他穷困的妹妹们表示慷慨会贬低自己的身份；在《曼斯菲尔德庄园》里，亨利·克劳福德和一个已婚女人私奔，而这个已婚女人，正是他求过婚的女人的表姐。在《傲慢与偏见》里，民兵军官们没有保家卫国，而是把时间用来社交和打情骂俏，还在一个场景中穿着异性服装。牧师柯林斯是个很可笑的角色。奥斯汀笔下的牧师角色对他们教区的居民都没有使命感，或者对他们的精神幸福或身体安康都不太关心。* 凯瑟琳·德布尔夫人看起来像是一个专门创作出来为上层社会说话的人吗？或是《劝导》里自负又奢侈的沃尔特·艾略特爵士？

我们再想想，简是这个时代唯一一个故事背景多多少少是当代、多多少少是真实世界的小说家——或者说，至少她的世界是一个她的读者们能够辨认出来的世界。简没有给我们提供邪恶的反派和完美的主人公。她创造了乡村和城镇（梅里顿、海伯里），但又把它们都定位在已知的地界里——海伯里在萨里郡，离伦敦正好十六英里。通常她会让角色们在真实的地方走在真实的大街上。在《诺桑觉寺》里，凯瑟琳·莫兰和伊莎贝拉·索普会在巴思的街头上漫步。你现在都可以去追随她们的足迹。现在我们都还可以站在莱姆的海堤上，看看《劝导》里的路易莎·默斯格罗夫摔倒的地方。

与简同时代的评论家们赞美她能够将身边所见准确复制的无与伦比的能力。1821 年的都柏林主教理查德·惠特利在一篇《诺桑觉寺》和《劝导》的长评里写道：“她的优点全都表现在她卓越的观察能力上。”在惠特利看来，让简变得伟大的是她“对事件和

* 温特沃思舰长的牧师哥哥是一个受到偏爱的例外，但我们从没真正见过他。

人物准确而不夸张的描述”。他是第一个提出她可以和莎士比亚比肩的人，而且经常把两人进行对比。威廉·华兹华斯的朋友罗伯特·骚塞，也是塞缪尔·泰勒·柯尔律治的姐夫、曾经的革命者，此时的他正沉浸在“桂冠诗人”（官方的王室诗人）这个头衔的荣光里。在未来的几年间，他将会强烈建议夏洛特·勃朗特不要写作，但他很欣赏简的小说，认为它们“比同时代的任何小说都更逼真”。美国作家亨利·朗费罗承认简的小说是“真实生活的最佳写照”，但是抱怨“她解释和补充得太多”。1830 年，《爱丁堡评论》上一篇没有署名的文章认为简“太过自然”。显然大家都一致认为简的小说非常现实，也正因如此，她的小说才显得独一无二。

然而，随着一代人的更替，读者们有了更多的挣扎。严肃的文学评论家，例如汤姆斯·麦考利和乔治·亨利·刘易斯（都在简去世一年后出生）反复强化她和莎士比亚的比较，这个比较主要集中在简对角色的刻画上，而排除了小说里的其他元素，他们把她和莎士比亚一样推崇到天才的地位——难以言表、神秘莫测、永不过时。流行的观点也顺从地附和这种评价。1849 年出版的一部美国早期文学教材声称简的小说“可以被当作完美的模型”。1852 年出版的一本关于“女性小说家”的英国杂志系列中有一篇文章断言，简“在她所触及的方面都是完美的女人”。

维多利亚中期的读者很少会质疑简的伟大，但他们似乎常常为她的作品感到困惑。他们想知道为什么简会选择描绘一个“对于小说家而言展现出最少的兴趣点和奇特点”的社会。夏洛蒂·勃朗特承认她发现简的小说毫无魅力，尽管她认为提出批评可能属于“异端邪说”。她在 1850 年给一个文学记者的信里写道：“奥斯汀小姐是一个相当麻木不仁的女人。”她或许能够“把英国上流社会生活的表面描绘得出奇地好”，但她“并没有以任何激烈的言辞激怒她的读者，也没有以任何深刻的内容打动她的读者：她根本不知道激情为何物”。

但夏洛蒂对简的写作有如此明确的观点，在小说《爱玛》中得到了证实，她在这封信中也谈到了这部小说，她认为没有必要再去考虑简写的别的东西了。随着时间的流逝，越来越多的读者似乎更关注对简的小说已有的评论，而不是小说本身。同样，他们也更渴望了解小说家，而不是小说。

夏洛蒂·勃朗特死于 1855 年，两年后世面上出现了她的传记。1859 年，G.H. 刘易斯在写到简的时候抱怨，跟夏洛蒂相比，人们对简的生活真是知之甚少。他说，“一个优秀文学家的作品受到广泛喜爱，而她本人却在国内国外都不为人知，”这种现象令他困惑。事实并非完全如此。1852 年，一个美国的奥斯汀迷——哈佛大学某个前任校长的女儿——写信给简的哥哥弗兰克，乞求能得到一封简的亲笔信，哪怕是简的笔迹样本也行。不过，事实却是，除了亨利在 1817 年写的那些内容，关于简的生活就再也不为人所知了。

※ ※ ※

19 世纪 60 年代末期，简的侄子詹姆斯－爱德华·奥斯汀－

利——她哥哥詹姆斯的长子——开始从他的姐妹和表亲那里搜集资料，并在 1869 年出版了《简 · 奥斯汀回忆录》。两年后第二版出版发行。出生于 1798 年的詹姆斯 – 爱德华历经战争——在文学事宜上也足够谨慎——所以才得以在他姑妈的个人信仰上做到守口如瓶。他解释说，她从不会写她不理解的话题，对政治问题也“很不”关注——或者只是赞同家里其他成员的观点。她的一生“异常平淡无奇”。她很“亲切”“可爱”，她的性格“非常平静”。事实上，这个简是如此缺乏趣味，以至于詹姆斯 – 爱德华不得不用其他材料去填充他的回忆录：他自己在史蒂文顿教区长大的回忆；一些 18 世纪末的关于礼仪的沉重的历史教训；一封出身贵族的曾曾曾祖母写的信。回忆录的第二版还包括了相当多之前未出版的简的资料。值得注意的是一些资料的缺失——因为詹姆斯 – 爱德华肯定有渠道得到——简青少年时期写的《英格兰历史》，这是一部以扰乱宗教和政治敏锐性为乐的滑稽作品。作家本人甚至一度表示她“偏爱罗马天主教”。

不过，这部回忆录的确屈服于少量的维多利亚浪漫主义。詹姆斯 – 爱德华给读者讲了一个不大可能发生的故事：他的叔叔亨利和婶婶伊丽莎在 1802 年到 1803 年间短暂的和平突然结束时，逃离了战时的法国。他还告诉我们他的姑妈简曾经一度“拒绝了一个绅士的求爱，事实上，这位绅士人品好，人脉广，地位高，样样都值得推荐，就是没有触动她心灵的那种微妙力量”。他记录了“一段浪漫的故事”——在“某个海边”和一位男士结识的故事，这位男士不久就离世了。尽管这个故事是如此模糊不清，甚至都不值得一提——连詹姆斯－爱德华自己都承认他对故事细节“非常不熟悉”，也“无法点明姓名、日期或地点”，但他却向读者们保证“如果简曾经爱过，那爱的就是这位不知名的绅士”。在几次改版中，他的来源显然是卡桑德拉，传记作者们通常把她当作简的闺密，正如詹姆斯－爱德华所称，她是一个“充分的权威”。但在简的小说里，即使是最亲密无间的姐妹——玛丽安·达什伍德和埃莉诺·达什伍德，简·贝内特和伊丽莎白·贝内特，彼此之间也是有秘密的。

事实上，简的浪漫故事都经不起推敲。人们最常谈到的两个故事是她和一个叫作汤姆·勒弗罗伊的年轻爱尔兰人之间的恋爱关系，以及和邻居哈里斯·比格－威瑟之间“解除的婚约”。简和哈里斯头天晚上定下婚约，第二天早上就解除婚约的故事被重复了太多次，以至于被当成了事实。传记学者们甚至为这次求婚提供了一个日期——1802 年 12 月 2 日，星期四。这个信息来源于詹姆斯－爱德华的妹妹卡洛琳在 1870 年写的一封信。时年六十五岁且 1802 年尚未出生的卡洛琳写道：“我想，我能给出威瑟先生向我姑妈求婚的确切日期。”卡洛琳的来源是“一本旧的袖珍书里的一些条目，虽然没有提及任何这类事情，但某些奇怪的人来人往的记录恰好吻合了我母亲不止一次给我讲过的这件事，让我深信不疑。”卡洛琳的母亲玛丽于 1843 年去世，简并不喜欢她。这是家人或者甚至街坊四邻在事件发生很久之后传播的小道消息，我们又能相信多少呢？

乍一看，似乎有很多证据都可以证明在简二十岁出头的时候，她和附近村庄牧师的侄子汤姆·勒弗罗伊有些关系。他在一封1796年1月的信里占据了主导地位——汤姆的生日，汤姆的美貌，汤姆的外套，和汤姆跳舞，和汤姆坐在一起，汤姆因为她而被嘲笑。在另一封显然是大约一周后写的信里，简开玩笑说要放弃其他的爱慕者——“赫特利先生”，“C. 波利特”和“沃伦”，因为“我打算把自己的未来许给汤姆·勒弗罗伊，我对他毫不（原文如此）在乎”。在信的最后，汤姆再次被提到，语气似乎并非很严肃，尽管这种幽默可能是出于自我防御；“这一天终于来了，我和汤姆最后一次打情骂俏，当你收到这封信的时候，一切都结束了。一想到这件悲伤的事情，我就一边写信一边泪流。”直到1798年11月，简似乎都还沉浸在对汤姆的感情里：“我太骄傲了，不愿意做任何打听；但是在我父亲后来的询问中……我得知他是在回爱尔兰的途中回了伦敦。”有一部著名的传记电影（2007年的《成为简·奥斯汀》）就是根据这些信件改编的，它们很被看好——充满浪漫色彩，激动人心——直到我们挖掘得再深一点。

这三封信都遗失了。我们不知道它们现在在哪里。其中的两封——第一封和最后一封，奥斯汀家人以外的人从没见过。对于这几封信的内容，或者说，它们的确存在的事实，我们唯一的权威是1884年布雷伯恩爵士（爱德华·奥斯汀的孙子，即简的侄孙）出版的《书信集》。

最新的完整版《书信集》由迪尔德丽·勒法耶于2011年编辑出版发行，其中囊括了一百六十一篇简的信件、笔记和草稿。

然而，当提到这些信件的手稿时，又是另一个故事了。一共有二十多封信遗失了。另外有二十五封信要么是碎片（有的极小），要么就被严重地切割坏了。在剩下的信里，有二十多封没法真正地标注日期，还有三十来封信是来自内部的证据，可信度也不尽相同。但是传记作者们需要这些信——他们需要所有的信。他们需要亨利的《作者传略》，尽管里面谎话连篇，他们也需要詹姆斯－爱德华的《回忆录》，尽管里面基本没有什么关于简的信息。他们需要哈里斯·比格－威瑟和汤姆·勒弗罗伊，他们不打算因为缺乏简和这两人交往的证据而妨碍他们的写作之路。

不过，的确有个故事要讲。我们不需要质疑一切。我们可以谨慎地利用相当多的信——当然是简亲手写的而且能够确定日期的那些信。即使我们接受，我们也永远无法得知简是否真的在查顿餐厅的小桌子上写作，或者她的写作生涯中是否有巨大的停顿期，我们都还有作品本身——确切地说，我们还有她成熟的、平衡的、深思熟虑和巧思妙想的小说。

我们不能忽视一种可能性，即她的小说都经历了某种程度的外部编辑。在 1813 年的一封信里，《傲慢与偏见》的出版让简喜出望外，她愉快地提到了一些“典型错误”（在编书时造成的排版错误），还说到在某些地方有“修修剪剪”的情况。我们无法得知这些删减是简自己艺术判断的结果，还是出版商的建议。

尽管这些小说经过了编辑和删减，它们的出版也让我们得以最近距离地接近简，比任何一部回忆录或传记都近——并不一定是接近她的所做所感，而是接近她的想法。没人能够写了成千上万的文字却完全不暴露出他或她的想法或信念。不同于普遍观点的是，简的确披露了她的想法，不仅关于家庭生活和关系，还关于当时更广泛的政治和社会问题。

正如我们所见，她很谨慎地这么做了，而且有充分的理由。但当她写作的时候，她期待她的读者能明白如何读懂字里行间的意思，如何挖掘书里的意义。简的小说诞生在本质上是极权主义的国家。她在写作时，必须把这一点牢记在心。诀窍就是永远不能太直白、太明显，也绝不能有一句话或一段话给人留下话柄，让人指着说：看，就是这儿，这就是你批评国家的地方，这就是你说婚姻禁锢女性的地方、教堂充满伪君子的地方，这就是你提倡要打破社会规则的地方。简一度没能谨慎行事。在她所有的小说中，只有《曼斯菲尔德庄园》在出版后无人评论。正如我将会表明的那样，这是因为它是一部逃不掉的政治小说，从它的书名开始，这就是一部“狂热的小说”，不断迫使它的读者直面英国教会在奴隶制问题上的共谋身份。

简在一封信里谈到想要拥有“足智多谋”的读者，能够认真解读她的读者。在战争时期，在一个极权主义政权里，在一个把书面语更当回事的文化里，她本可以指望找到这些读者。简希望自己的作品能被慢慢读，或许是大声地读，在夜晚读，或是读上几个星期，因为每一章都是从流动图书馆轮流借阅的。她期望她的读者会思考她写的东西，甚至会相互讨论。

她从来没想到我们会用这种方式来阅读她，把她的小说当作逃避现实的历史小说和浪漫幻想的素材那样囫囵吞枣。没错，她希望被欣赏；她希望人们能像她自己那样对人物有强烈的感受。但对于简而言，一个关于爱情和婚姻的故事从来都不是轻快浅薄的甜点。一般而言，我们把性当作一项愉悦的消遣活动；我们有可靠的避孕方式；我们有很低的母婴死亡率。这一切在简生活的社会都是不可能的。她那四个当了父亲的哥哥总共生有三十三个孩子。其中三个哥哥都各有一个妻子死于怀孕和分娩的并发症。简的另一个嫂嫂在三十六岁时猝然离世，原因听上去很像是异位妊娠破裂，这在当时是无法救治的。简知道，婚姻意味着一个女人把一切都献给她的丈夫——她的金钱，她的身体，她作为一个法律意义上的成年人的存在。丈夫可以殴打他们的妻子，强暴她们，监禁她们，夺走她们的孩子，而这些全都在法律的界限之内。在简的一生中，玛丽·沃斯通克拉夫特和小说家夏洛特·史密斯这样公开的女权主义作家正开始探索这些不公。要明白，当时的婚姻是一个什么样的严肃话题，它有多重要，突然之间，求爱的情节开始看起来像一个更适合用来讨论其他严肃话题的媒介。

简在她的小说里描绘的婚姻少有幸福的。可能除了《傲慢与偏见》里的特例，即使是简的主要角色的感情关系也不尽理想——显然不是年轻人爱情梦想中的样子。婚姻很重要，因为它是一个女人一生中起决定作用的一个行为；接受或拒绝求婚几乎是一个女人能为自己做的唯一决定，是她在一个似乎经常会陷入混乱的世界里唯一能掌控的东西。简的小说并不浪漫。但读者现在越来越难认识到这一点。

对今天的读者而言，打开简的一部小说，在他们和文本之间还有着很大的距离。首先是两百年的历史，然后还有其他的一切——传记和传记影片，家族回忆录的谎言和半真半假的话，改编作品和续集，改写和新的想象。

谈到简，有那么多形象在我们眼前起舞过；如此丰富，如此生动，如此漂亮地被呈现出来。它们已经在电影院汗流浃背的黑暗中灼烧到我们的视网膜上，其后果就是，我们随后看到的一切东西上都有一个阴影。

这很难，这需要大多数读者努力把那些形象给“眨”走，从而能够看到爱德华·费拉斯剪碎了一个剪刀鞘（这一场景可以说带有强烈的性暴力色彩），而不是看到休·格兰特在壁炉架上紧张地摆弄着瓷器装饰。等到你看了五十次达西泰然自若地跳到湖水里时，这个画面已经在你大脑里形成了一个突触通路。的确，我会质疑我们能否摆脱这种情况，以及如何摆脱。

这应该让我们担忧，因为很多形象，就像钞票上的形象一样，过分简单，而其中一些根本就是错的。彭伯里庄园并没有查茨沃思庄园的规模，温特沃思舰长在《劝导》的结尾并没有买下凯林奇大厦作为给安妮的结婚礼物；《爱玛》里的海伯里周围并不是一个金色的田园牧歌的地方。我们真的几乎没有理由相信简和汤姆·勒弗罗伊相爱。但这每一个形象都以某种方式影响了我们的理解，从亨利·奥斯汀谨慎地把他妹妹刻画成一个偶然成名的作家，到莉莉·詹姆斯在最近的电影《傲慢与偏见与僵尸》里四处展示回旋踢。

这一切的效果就是让我们读那些并不真正存在的小说。

在入侵伊拉克之前，时任国防部长唐纳德·拉姆斯菲尔德提出了著名的三类知识的理论。有已知的知识——那些你已经知道的事情。有已知的未知——那些你知道自己并不知道的事情。还有无知的未知——那些你并不知道自己不知道的事情。我建议，在探讨像简·奥斯汀这样的人物时，我们可以再增加一种更加危险的知识类别，即无知的已知——那些我们以为自己知道，其实却并不知道的事情。

如果我们想成为简的小说最好的读者，她所期待的那种读者，那我们就需要严肃对待她。我们不能犯克罗斯比的错误，让我们的眼睛忽视那些似乎不重要的东西。我们不能对显而易见的矛盾置之不理，或只去证实那些我们认为自己已经知道的东西。我们必须得读书，而且要认真地读，因为简必须得认真地写，因为她是个女人，因为她生活在一个思想既会让人恐惧也会让人兴奋的年代。

一旦我们这样读书，我们就会开始用一个全新的视角去看待她的小说。她的小说并不是关于浪漫和客厅的诙谐讽刺的千篇一律的故事，而是一个女作家向她的读者真实反映这个世界样子的书籍，复杂、混乱，充满错误和不公的世界。在这个世界里，父母和保护人可以是愚蠢而自私的；教会会无视虔诚信徒的需求；地主和地方行政官迫切渴望致富，即便那意味着把最穷苦的人逼上犯罪之路。事实上，在他们心中，简的小说和沃斯通克拉夫特和托马斯·潘恩写的东西一样具有革命性。但是，总的来说，它们被创作得如此巧妙，除非读者在正确的地方寻找，用正确的方式阅读，否则他们根本无法理解。

简并不是一个没有灵感、没有思想的天才，她是个艺术家。她把自己比作微型画画家；在她的作品中，每个笔触、每个词、每个角色的名字、每行引用的诗歌、每个地点，都很重要。

正是在这里，在这些小说里，我们找到了简，在这么多年后，在她家人努力隐藏之后，我们找到了她。在这里，我们发现了一个聪慧的女人，一个有洞察力的女人，一个有学问的女人，她知道世界上发生了什么，也知道她应该有何看法。她知道，她的小说当时被普遍认为是没有头脑的"垃圾"，但它们也可能成为一种伟大的艺术形式，为此，她付出了巨大的努力，可能比其他任何作家都更加努力。

我们已经太习惯其他的简——习惯亨利的完美妹妹和詹姆斯－爱德华的未婚姑妈；习惯《成为简·奥斯汀》里那个浪漫鲁莽的女孩和钞票上的女人。我会努力摆脱掉这些简的形象。在接下来的内容中，我会不断呈现一个想象中的简·奥斯汀，有时在平淡的生活中，有时在她在书里故地重游的地方，但她永远首先是一个作家的形象。它们本来就是用来感受作者可能在思考什么的东西，用来感受真正的事件、地点和人物是如何走进她的小说的。我不认为这些是传记；尽管它们和简的手稿通信、和她自己的作品关系密切，但它们是虚构的。

我想，简不会反对这种方式。《诺桑觉寺》里有一段很长的关于历史的段落，探讨了历史事实和谎言的混合。天真的女主角凯瑟琳·莫兰陈述了一个无疑的事实，即“绝大部分”历史都是编造的——“英雄嘴里吐出的语言、他们的思想和雄图——想必大部分是虚构的”。更年长和聪明的埃莉诺·蒂尔尼主要为了消遣而读历史，她说自己“满足于真的假的一起接受”。但是对于简自己而言，小说不仅是一种令人愉快的点缀。它能提供比事实更深刻的真相。简认为，我们应该在小说里寻找“对人性最透彻的认识，对其多样性最幸福的描述”。

在《简·奥斯汀：隐秘的激进派》一书中，“真实的小说”，一个陌生女人的种种画面，应该能帮助读者去面对那些突然变得陌生的小说。本书的每一章都专注于一本小说，并建议我们应该如何忘记我们认为自己知道的，而去关注历史背景和小说本身，我们可以试图按照简希望的方式去阅读她的小说。按照它们准备出版的先后顺序，我们会从《诺桑觉寺》开始，到《理智与情感》和《傲慢与偏见》，再到《曼斯菲尔德庄园》和《爱玛》，最后是《劝导》。但这些都不是你熟知和喜爱的小说。这些小说探讨的是奴隶制、性虐待、圈地运动，进化和女权。它们嘲笑君主专制，质疑宗教。我还会对角色的行为和动机做新的阐释，而这些结论并不总是容易理解的。

如果你想要和已经熟悉的小说和简·奥斯汀在一起，那你现在应该放下手中的书。如果你想要按照简希望被解读的方式来阅读——如果你真的想了解她——那就继续吧。

第二章 “日常生活的忧虑”
——《诺桑觉寺》

1799 年夏天，巴思的快活园中。*

喇叭声响。烟花在夜空中绽放。

一位绅士，此前一直皱着眉头，眯着眼睛打量身边的男男女女，而此刻他打定了主意。他收起怀表，四下张望，在人群中寻找妹妹的身影。她正和一群他们在巴思结识的点头之交站在一起，时而微笑，时而大笑，把她从人群中解救出来着实花了些工夫。

简会乐意陪自己去寻找他的妻子吗？他没有问，不过伊丽莎白已经消失将近二十分钟了，甚至比这更久。他担心她可能生病了。

---

* 改编自简·奥斯汀写给卡桑德拉·奥斯汀的信件（1799 年 6 月 11 日和 6 月 19 日）。

简挽着哥哥爱德华的胳膊，随他走过林荫道，两侧是挂着灯笼的高高树篱。途中，他们经过一对在阴影中窃窃私语、喘息声连连的夫妇。火箭弹烟花的流光下，一枚裸露的酥胸显现，就连最古怪的时尚也不可能认同如此的赤裸程度。

爱德华低声咕哝了几句，催促简加快脚步。她开始咯咯地笑起来。跳上台阶，走进女士梳洗间时，她还在咯咯地笑。直到看到伊丽莎白，她才止住。伊丽莎白正脸色发青地坐在一把椅子上，膝盖上放着一个脸盆。喝了一晚上酒的简此刻感觉胃里翻江倒海起来。

伊丽莎白是吃坏什么东西了？简问道，还是胆病发作了？关于胆病发作，简可谓精通，因为他们家一半的人都患有这种疾病。

不是的，伊丽莎白回答道，她的语气中带着某种莫名其妙的怒气。不是吃坏了肚子，她本以为简已经足够了解这个世界了。她身体猛地前倾，痛苦地朝脸盆里呕吐起来。

冷静下来后，简从服务员那里要来一块布，犹豫地——因为她和嫂子之间的关系并不亲近——照料起她来。

整个过程中，她满脑子都在想，他们的孩子威廉还不到 9 个月大，她还想到，女人们甚至都不会立刻病倒，爱德华怎么会！

☆ ☆ ☆

让我们从《诺桑觉寺》说起吧，尽管我并不很确定简希望如此。

直到1817年去世后，简的这部小说才与《劝导》一起结集出版，不过这本书的创作更早，属于她开启“女作家”职业生涯的早期作品。当然，我们几乎都对它有一定的了解。除非两本书各自遭遇了完全相同的命运，否则我们可以确定，这本书就是1803年卖给克罗斯比出版社的两卷本小说《苏珊》。除非另一份手稿完全丢失，否则我们也可以确信，《苏珊》/《诺桑觉寺》正是她在一封信中提到的那部被她称为“凯瑟琳小姐”的小说。*

然而，不论你用什么名字称呼它，它都不是简倍感自信的一部作品。它令她第一次以作家的身份品尝到成功——收获了属于她的10英镑稿费，小说还被媒体大肆宣传，但这份成功却变成了耻辱，化为令人不解的失败。很多年来，这部小说一直被陈列在克罗斯比出版社的书架上或抽屉中，撩拨着她的心，却令她触不可及，无法控制。

除了出版前的历史，以及它是简六部小说中最短的一部，甚至比《劝导》还要短的这个事实之外，从表面上看，《诺桑

---

* 简的作品中有一部（非常）短小的书信体小说，它的流传令问题复杂化了。小说聚焦于一个被称为苏珊·弗农女士的令人瞠目的不端行为，通常被称为《苏珊女士》，尽管这个名字并非出自简之手。这本书流传下来，被复印到纸张上，上面还印有一个1805年的水印。其中还有一部分关于一个名叫凯瑟琳的年轻姑娘的文字。这两本书中，第一本不够长，连半卷都不够，更不用说两卷了，而第二本不过是开头的初步草稿。除非我们凭空捏造手稿，否则最稳妥的假设就是《苏珊》《凯瑟琳小姐》和《诺桑觉寺》本质上是同一部小说。我们会看到，《诺桑觉寺》中几乎所有附带的细节都表明，这本书写于18世纪90年代末或19世纪初的两三年，而这让我们更确信，它就是《苏珊》。不过，这样的断定仍然只是假设，并非得到印证的事实。

觉寺》并没有什么特别之处。很少有人将它选为自己最喜欢的简·奥斯汀的小说，但也没多少人讨厌这本书；它似乎勾不起读者格外强烈的情感，原因很简单——

男主人公亨利·蒂尔尼无疑属于第二等级的主角，他不同于达西和温特沃思，虽然他“身材高大”“面孔和悦”“两只眼睛炯炯有神”，但他“并不十分英俊”。在小说的大部分情节中，他处于父亲牢牢的控制下，但在自己可控的领域，他占据着支配地位，就一切话题对身边的女人进行说教。有时，这是种玩笑，甚至是种调情。但日久天长，这会变得令人厌倦不堪。书中写道，亨利对女主人公凯瑟琳的爱“只是出自一片感激之情”，“他只是因为知道对方喜爱自己，才对她认真加以考虑的”。这根本算不上一段能够流传千古的浪漫爱情。

女主人公凯瑟琳既不像莉齐·贝内特那样急性子却内心聪慧，不像范妮·普莱斯那样惊慌失措却又一丝不苟，不像玛丽安那样自我意识强烈但又标新立异，也不像爱玛那样自鸣得意。将她与结集出版的《劝导》中的女主人公安妮·埃利奥特比较，我们能够看到，作为小说家的简从20多岁到40出头的这段岁月中成熟了许多。和《诺桑觉寺》一样，《劝导》中的部分情节也设定在巴思。安妮聪明善良，但同时也具备心理上的现实性。

但凯瑟琳却没什么特别的。她不算笨，但也不聪明；她“往往心不在焉，时而还笨头笨脑的”，但“《兔子和朋友》这个寓言，她比英格兰哪个姑娘学得都快”。在她的全盛时代，在她青春最初绽放的那一刻，她“几乎漂亮起来了”。而她的优点被说成是没什么缺点，这样的描述既模糊又薄弱：“她既没坏心眼，也没坏脾气，很少固执己见，难得与人争吵，对弟弟妹妹十分宽和，很少欺侮他们。”

她的特点是可塑的，是易受影响的。和三个哥哥一起长大的她“对男孩子玩的游戏样样都喜爱”——“玩板球、棒球、骑马和四下乱跑”。随着青春期的到来，她顺从地开始培养自己成为少女。她开始“卷起来头发，对舞会也产生了渴望”，还开始“讲究起穿戴来”。在性别一致、时尚、调情以及自我观念的这些问题上，凯瑟琳很容易受到影响。虽然相较于走路，她更喜欢奔跑，虽然她偶尔还会反抗，会独立思考，但这样的时刻少之又少。性格悲观的读者可能会担心，嫁给亨利对于鼓励她进行独立思考并不会有什么益处。

凯瑟琳毫无女主角气质。简在书中反复强调这一点。她是那种“谁都”想不到“天生会成为女主角”的女主角。“她的处境，父母的身份，她自己的品貌气质”统统对她不利。她的心性似乎同样“不适宜做女主角”。就连在艺术技巧方面，她也“达不到一个真正女主角的高度”。她天生便“毫无女主角气质”。想要成为女主角，她必须付出努力，必须经历“培养”。

她的“培养”过程以阅读的形式展开。“从 15 到 17 岁”，凯瑟琳费力地读完了“但凡做女主角的”都“势必要读的书”。对她而言，阅读本身并不是一种全新的消遣，发生改变的只有那些“书”和其中的锦言。阅读是唯一一项从凯瑟琳的童年中幸存下来的消遣，也是她一生中唯一能够追求的事业。骑马、打板球，“躺在屋后的绿茵坡上往下打滚”这些她最爱做的事，她必须全部舍弃。尽管她是个假小子，但她喜欢阅读，“从不反对看书”。

但她读书的方式错了，不是吗？每个人都知道《诺桑觉寺》这本书讲了什么——凯瑟琳缺乏恰当阅读的能力，无法正确地理解文本的内涵，不能将小说与现实区分开来。她兴致盎然，很快迷上了哥特小说，并让自己相信哥特小说描述的是周遭世界的现实图景。当诺桑觉寺的现代外观没能满足她那狂热的期待时，她为自己编织了一个哥特情节——一间密室、一个被丈夫谋杀或囚禁的妻子。当亨利识破她的怀疑后，他告诉她这些是多么荒谬不堪，而她乖乖地放弃了“传奇的恐惧”，取而代之的是“日常生活的忧虑”。这便是发生的一切，这就是小说的重点和寓意：愚蠢的姑娘不应该阅读愚蠢的小说。

但是，我们就能确定自己的阅读方式是恰当的吗？

毕竟，面对评论家，《诺桑觉寺》中用一个冗长的段落为小说这种体裁做了辩护。简说道：“我不想采取小说家通常采取的那种卑劣而愚拙的行径，明明自己也在写小说，却以轻蔑的态度去诋毁小说。”她的这番话（至少表面上如此）并不是说给读者，而是说给其他小说家听的。她恳求道：“我们可不要互相背弃，我们是个受到残害的整体。”简还说，小说家不该加入那些“评论家”的行列，对小说大发“陈词滥调”的抱怨。简没有谴责或滥用小说，相反她用夸张的措辞对它们大加赞扬。她宣称：“跟其他形式的文学作品相比，我们的作品给人们提供了更广泛、更实在的乐趣。”小说中蕴藏着“天才、智慧和情趣”。在小说中，“智慧的伟力得到了最充分的施展”。“对人性的最透彻的理解，对其千姿百态的恰如其分的描述，四处洋溢的机智幽默，所有这一切都用最精湛的语言展现出来。”她提到的那些小说——《塞西莉亚》《卡米拉》《贝琳达》——不仅仅以女性的名字命名，它们也是创作者的姓名。

对简来说，从赞美女性小说转而公开贬低一类基本上都是女性创作的特殊小说——哥特小说——意义不大。事实上，在为小说和小说家慷慨激昂地辩护之后，她便首次提及了哥特小说。的确，简想让我们嘲笑简和她的新朋友伊莎贝拉·索普所展现出的“文学情趣”，嘲笑她们对“恐怖”小说的喜爱。然而，没过多久，她又告诉我们，亨利·蒂尔尼和他那位惹人喜爱的妹妹埃丽诺都喜欢读哥特作家的作品。

我们遗漏了些什么。

而这，似乎恰恰是简所担心的问题。

※ ※ ※

我们知道，出版公司克罗斯比于1803年买下了《苏珊》，但一直没有出版的动静。简从南安普敦搬到查顿前不久曾致信他们，试图给他们施压，却以失败告终。我们没有可靠的记录获知她何时，又是如何重获了出版权，*但在大约1816年或1817年年

* 他们的家庭回忆录中讲述说，亨利将这本书买回时曾奚落出版商，说这本书的作者就是《傲慢与偏见》的作者。但这个故事似乎太过言简意赅，太过简单而有失真实。

初，她似乎花了些时间检查手稿，考虑究竟是否要将之出版。自从 1809 年开始与克罗斯比公司合作，八年中她已经出版了四部小说，且都颇受好评，其中一些收获了超高的评价，她还受邀将其中的一本献给当时的摄政。不过，这些都没能完全消除她内心的怨气。她发布了一条类似这本书前言的、语言尖酸刻薄的简短“广告”，解释这本书的遭遇。尽管并未指名道姓，但广告中大部分内容都是对克罗斯比公司的控诉，称这场遭遇有多么痛苦不堪，他们对出版该书的拒绝至今依然令她心痛。

也许，简这么想也是有道理的，因为对她而言，延迟出版给她的读者带来了无穷无尽，或许也是无法克服的问题。克罗斯比公司拿到这本书已经有十三个年头了，再加上她创作时用掉的“多年时间”，正如她在广告中解释的那样，这些已经令“这部作品中的部分内容……变得相对过时了”。“发生巨大变化的不仅仅是地点，还有礼仪、书籍和观点。”

如果我们相信简——除了她，我们还能相信谁？——我们就应该回到 1803 年之前的许多年去寻找这本小说的开端，也就是说，到她 20 岁出头，大约 18 世纪 90 年代中期到末期的那些岁月中找寻。

简在这段时间写的一些信件留存了下来，其中几封描述了 1799 年她和母亲、哥哥爱德华以及他的妻子伊丽莎白游览巴思的经历。爱德华在皇后广场租了一所房子。在《劝导》中，默斯格罗夫姐妹认为这片区域不吉利，但即便房子的门牌号是 13，简仍旧喜欢这里。这里“令人愉快”，从客厅的窗户往外看，简直风景“如画”。她喜欢和富裕的哥哥一起旅行，喜欢他们在迪韦齐斯居住的小旅馆的“舒适房间”，喜欢他们晚餐享用的“芦笋、龙虾和奶酪蛋糕”。她还喜欢巴思的商店，喜欢得不得了，以至于当她在一封信的页边空白处描画一些蕾丝花边并宣称“昨天我在巴思街道上看到一些薄纱，一码仅要四先令，不过它们质量没我的好，也没我的漂亮”时，偶尔会让人在她身上明显看到《诺桑觉寺》中痴迷于时尚的女伴艾伦太太的影子。

和凯瑟琳·莫兰一样，简也陷入了巴思的社交旋涡。她在快活园听了一场夜间音乐会，还观赏了烟花表演。“那些烟花真的太美了，超出了我的想象；——那里的灯饰也很漂亮。”她如此写道。和凯瑟琳一样，她也参加了一场在巴思集会厅举行的舞会，曾漫步于矿泉厅附近，还计划去看戏，而据我们所知，当时正在上映的是《生日》和《蓝胡子》。

《生日》，又名《和解》，是一部改编自剧作家奥古斯特·冯·科策布德文原作的情感喜剧。科策布还撰写了德文版的《山盟海誓》，而这正是简计划让《曼斯菲尔德庄园》中的角色演出的剧目。

《生日》讲述了一个可爱的年轻姑娘——和凯瑟琳·莫兰一样都是17岁的年纪——软化一个惹人讨厌、恃强凌弱的老男人的故事。剧中充斥着很多关于小说的内容。“哦，亲爱的！你切不可读小说，”女主人公生病的父亲说道，“就我所知，我愿意给你看的不过只有三四本。”一个爱慕女主人公的男人试图用小说引诱她，而当引诱失败时，他转而抹黑她的人格。不过，《生日》的男主人公（如果非要说存在一个的话）是一位医生，而他居然写小说。此外，故事中还有一个死去的母亲和一个上了锁的箱子。

《蓝胡子》则是一部喜剧轻歌剧，是一部我们熟悉的童话故事的东方版本，这一版本广受观众的欢迎。剧中，那个可以随意在性情残暴的男人房中自由漫步的女人，却被禁止进入一个房间——很快她就开始心心念念想要进入这个房间。

简关于这次巴思之旅的信件中，还有几个瞬间，与《诺桑觉寺》形成了呼应。

乘车进入巴思的途中，奥斯汀一家在街上遇到了两个熟人，这表明《诺桑觉寺》和《劝导》中不断发生的巧合相遇并非仅是小说的设计，其实也是现实的反映。据简说，爱德华与一个“吵吵嚷嚷的”、名叫伊夫林的先生重拾友谊，这位伊夫林先生“一生把马看得比什么都重要”。简遇到了一个名叫古尔德的先生，她写道，“喝完茶后，他随我步行回家；他是个年轻人，刚考入牛津大学，戴着一副眼镜，并称他听说《埃维莉娜》是由约翰逊博士所写”。如果愿意，我们可以在约翰·索普身上发现这两位绅士的影子。约翰·索普同样对马痴迷，是牛津大学的学生，对小说同样抱有荒诞的看法。古尔德先生认为，范妮·伯尼的小说《埃维莉娜》一定出自男性作家之手；而约翰·索普虽然并未对《埃维莉娜》发表任何意见，但他对伯尼的《卡米拉》一书不屑一顾，说它是一本“无聊的书”，说它“真是无聊透了”，接着又对这位作家嫁给“法国移民”一事发表了一点没头没脑的种族歧视言论。

《诺桑觉寺》中提到伯尼的时间是18世纪90年代末或19世纪早期，当然是在1802年或1803年之前，因为在1802年，伯尼利用英法之间短暂的休战期前往法国协助她的法国丈夫处理一些家庭生意。1803年战争再度爆发时，她被困在了英吉利海峡的另一边，在那里待了整整10年之久，直到1814年她的最后一部小说、销量很差的《流浪者》出版前不久她才重回英国。与10年或更久前相比，伯尼这个名字对于1816年或1817年的读者来说意义已经大不相同。

在1803年到1816年之间"经历了巨大变化"的一本书是玛丽亚·埃奇沃思的《贝琳达》。在最初的版本中，读者会发现，书中提到了一场异族通婚，其中还有一个认真考虑嫁给一个"克里奥尔人"的女主人公。"克里奥尔人"这个词出了名地难以捉摸。18世纪末，它通常指出生于西印度群岛的人，不管他是明确属于欧洲血统、非洲血统还是混血血统。埃奇沃思对书中"克里奥尔人"（文森特先生）这一角色的描述也不明确。他的鹰钩鼻暗示他有欧洲血统，但他又长了一双"黑色大眼睛"，有着"晒黑的颇具男人味的皮肤"。这会是纯正的欧洲人？或许，他和《简·爱》中罗切斯特的第一任夫人出身相同，又或许不同。然而，1810年的版本删除了关于种族间存在或可能产生关系的所有暗示。

被简树立为伟大小说榜样的是第一版《贝琳达》，而非经过审查后的第二版。她的文学参考书也具有了不同的含义，它们不再是她最初想读时的样子了。18世纪90年代后期，哥特小说中常见的锁着的箱子在其他文学作品也盛行起来。前文我们提到，科策布的《生日》中出现了锁着的箱子，此外，锁着的箱子还出现在了小说《凯莱布·威廉斯传奇》（作者是玛丽·雪莱的父亲，无政府主义哲学家和保守派的憎恶对象威廉·葛德文）中，以及明显改编自《凯莱布·威廉斯传奇》的戏剧《铁箱子》中。当我们读到凯瑟琳在诺桑觉寺内的冒险故事时，浮上心头的一定是这些作品。

延迟出版令《诺桑觉寺》与其创作之初设定的读者对象彻底分离开来。

简是否产生过这样的想法，觉得这本书毕竟耽搁时间过久，已经不能取得她原本预想的那种阅读效果？一封写给侄女范妮的信表明，小说的手稿令她极为不满，显然她认为这本小说已经不能按照原本的模样出版了。她写道："凯瑟琳小姐此刻正被搁置在书架上，我不知道她最终究竟能否面世。"根据邮戳，这封信可追溯至1817年3月。次月，简生了场重病，持续了五六周。5月，她搬到温彻斯特接受治疗。7月中旬，她便病逝了。由此看来，她根本没有多少时间来修改这本书。如果说"凯瑟琳小姐"指的就是《诺桑觉寺》——没有其他明显的可选项——那么，这本简非常不满意的小说，这本让她决定重新放回到书架上，也许将永远留在那里，永不出版的小说一定就是我们此刻正在阅读的作品，一字不差。

当我们打开《诺桑觉寺》，一页一页翻阅书页时，我们其实踏上了一场冒险之旅，前往简不愿我们前往的某个地方。

我们擅自闯入了那个地方。

从某种意义上来说，这并没什么不合适的。《诺桑觉寺》中的女主人公凯瑟琳就常常闯入她不该出现的地方：在一扇前门从一个仆人身边挤过；打开箱子和衣柜；明知不应该还偷偷溜进一间卧室。

在简那个时代，一家养育10个孩子是非常普遍的现象，有20个孩子也不是什么闻所未闻的事。所以，简本人也没有多少隐私可言。*但在她的小说中，人们显然认为卧室（除非同时兼做病房）是极为隐秘的个人空间。这同样适用于客房。在肯特郡的好友夏洛特家时，莉齐·贝内特会“孤零零一个人待在房里”思考，或阅读姐姐的来信。在那里，她不会受到任何人打扰。在《理智与情感》中，当达什伍德姐妹与善良但庸俗的詹宁斯太太同住在伦敦时，简认为如下的表述恰当且中肯：这座房子的女主人并不总是等到客人回应自己的敲门声就闯入她们的房间——这种行为不是对恰当礼仪的违背，而是对一种更为深刻的社会规则的违背，是具有侵犯性的。

就连作为读者的我们也很少获准进入卧室——虽然改编的电影电视剧中有不少卧室场景，但实际上简在书中鲜少带读者进入卧室。以《曼斯菲尔德庄园》为例：很多次，托马斯·伯特伦爵

* 当时的畅销小说家玛丽亚·埃奇沃思（在《爱玛》的章节中我们也会简短介绍她）有21个父母相同或同父异母的兄弟姐妹。她是伦斯特公爵夫人，爱尔兰叛军领袖爱德华·菲茨杰拉德勋爵的母亲，生育过22次。

士对外甥女范妮·普莱斯的关注稍稍偏离了纯粹的长辈关切，但也绝没有像1999年的电影版那样追进她的卧室训斥她。范妮的表哥埃德蒙也从未坐在她的床边和她聊天。实际上，她有自己的客厅。在《傲慢与偏见》中，你也绝不会找到这样的描述：贝内特太太像床上堆起的一堆颤抖花边那样，向她的女儿和哥哥哭诉莉迪亚和人私奔之事。书中明确说明这一幕发生的地点是“更衣室”。

除非你来到一个不需要遵守自己文化禁忌的地方，否则你可能很难意识到自己的文化中竟然存在这样的禁忌。至少在现代英国文化中，进入已婚夫妇的卧室是一种禁忌，如果说这对夫妇中任何一方都不是你的血亲，那你更要忌讳进入他们的卧室。直到几年前，我在印度参加一个朋友的婚礼时，我才意识到这种禁忌有多强大。当时我们正在参观她未婚夫家的房子，一群人推搡着进入了他父母的卧室。屋内，他们正躺在床上，穿着整齐，桌上摆着茶水什么的。在德里的中产阶层圈子里，这显然是一种非常正常的社交方式，但我几乎是强迫自己跨过他们卧室的门槛的。因为在我看来，这从本质上来说让人觉得相当不自在。这种禁忌——或者说与之类似的禁忌——似乎也是简的小说中需要遵守的。

简在小说中也特别注意不带我们进入已婚妇女的卧室，只有两次例外。其中简短的一幕出现在《劝导》中，说的是失去知觉的路易莎·默斯格罗夫被抬到了船长哈维尔夫妇卧室的床上，这实际上并不算数，因为路易莎受伤了。另一幕——非常醒目的一幕，出现在《诺桑觉寺》中，说的是凯瑟琳开始痴迷于进入已逝的蒂尔尼太太卧室的念头。

事实上，说到卧室，《诺桑觉寺》绝对属于另类。在这部小说中，简为我们展现了不少于三个描述卧室的场景，每段都很长，且都以女主人公凯瑟琳为主角。

每一幕中，凯瑟琳在打开某物或进入某地前都表现出了一种疯狂的兴奋。其中有一幕的描写让我们在脑中看到了衣服从她身上脱落时她半裸的样子（“把一只胳膊伸进了袖子”）。另一幕中，她穿的是睡衣。这其中的性元素很明显。

简终身未婚，这没错，但她并不是个拘谨的女人。两性关系对她而言并不神秘。首先，她出生并成长于乡下；其次，她的父亲除了担任牧师和家庭教师外，还是个农夫。在她的一生中，她的兄弟们总共给她带来了二十三个侄子和侄女。她在信中经常评论孕妇和分娩一事。在一封信中，她就提到一个嫂子“将在四月中旬分娩”。一个名叫沃伦夫人的邻居“已经摆脱了肚中的孩子，神采奕奕地跳着步子走了，看上去一点儿也不臃肿”。“蒂尔伯里夫人的女儿已经在分娩了”，简还告诉卡桑德拉，接着又在几句话中提到另一个邻居“诞下了一个死婴”。她吹嘘说自己能从众人中挑出一个声名狼藉的女人——“我识别水性杨花的女人的眼力很强”。她的小说中常有关于婚外性行为、私生子和通奸的描写。

然而，18 世纪末和 19 世纪初的英国文化其实也并没有多拘谨。当然，它绝对带有性别歧视的色彩，且具有道德审判性。但在其他方面，对于肉体的态度它远没有我们那么拘束。在19世纪早期的报纸上，你就能见到乳头霜的广告。* 而我从未在电视或全国性媒体上再看到过这种产品的广告。还是在一份报纸上，一则关于“乳香”的广告毫不犹豫地宣称，它“在恢复泌尿和生殖器官的张力方面有奇效”。这则广告中还公开提到了“糟糕的月子期”“月经不调”“反复性难产”等词。只有在提到手淫和性传播疾病时，它才稍加克制，用词委婉，但即便如此，委婉语也非常直白易懂——“那些不幸的年轻人，在很小的时候就受到诱惑，染上了一种隐秘而颇具毁灭性的恶习”；“但是遭受过污染的泉眼，来自其中的溪流不可能纯净”。

从某些方面来说，我们实际上已经失去了对性行为及其危险性以及分娩对女性造成的身体伤害的认知和尊重。对女性来说，怀孕和分娩并非纯粹快乐的事，这是公认的事实；但在18世纪，人们大量研究和开发专用于矫正肛门和阴道脱垂的外科设备。或许，这些在一定程度上可以解释在简人生前三分之二的时间里堕胎完全合法这件事。直到“胎动期”，也就是说当人们可以感受到胎儿运动时（相较于四个月，它通常在接近妊娠期第五个月发生），女性才可以随心选择任何措施来恢复她们的“自然过程”——月经。事实上，在1803年《蓄意堕胎法案》（也被称为《埃伦伯勒爵士法案》）通过前，法律并未有这样的规定：在

---

* 比如，1799年6月，简身处巴思时，《巴思年报》和《巴思周报》都刊登过“乳头霜”的广告。

胎动期后进行晚期堕胎是犯罪行为。*

整个18世纪，“女性药丸”与牙膏、止咳药和面霜一起被自由地推广和销售。广告商宣称这些“女性药丸”具有改善“阻塞”或“淤滞”的月经的功效。广告中常常提及一种被称为“萎黄病”或“缺绿病”的疾病，这种疾病专发于已过青春期但仍是处子之身的女性，常被认为由经血堵塞所引起。于是，那时出现了一种对这种无关堕胎的女性产品的“真正”需求，但我们很难相信这些产品的供应商没有故意暗示说他们的药品同时可以“纠正”意外怀孕。从药物学（药剂师的配方书）或广告介绍中，我们了解到了其中一些药丸的成分。很多都含有公认的堕胎药——没药、沉香、番泻叶和沙比桧油。它们或许并没有发挥功效，但它们并不难得到。即便是在1803年以后，类似的广告依然有增无减。你可以通过邮购的方式购买，还可以在药店、书店——需要记住的一点——以及流通图书馆中买到。†

简从小到大接触的文化并不强制女性愉快地接受怀孕这件事。

毕竟，分娩是一件非常危险的事。由于死亡原因甚至是死亡地点很少被记录下来，所以我们很难掌握具体数据，数据的准确性也是一个问题。不过，研究这一课题的历史学家普遍认为，在17世纪中期至19世纪中期之间，产妇死亡率出现了大幅

---

* 《埃伦伯勒爵士法案》还修改了杀婴法，此前杀婴法自然而然地认为在私生婴儿死亡事件中，母亲便是杀害婴儿的凶手。

† 在20世纪中期之前，英国最大的连锁药店博姿在其大量商店经营着收费图书馆的业务。

下降。这种下降出现的原因并非在于当时的“男性助产士”的增加趋势和产钳的引入。当然，17 世纪中期，英格兰正深陷血腥的内战旋涡。这样的时代背景造成焦虑及性传播疾病的发生率增加，以及营养质量的下降，这些都会影响妊娠结果，且影响通常不止于一代人，所以，产妇死亡率下降的部分原因可能是这一数据回到了更加“正常”的水平。

但对我们来说，这样的水平仍然高得令人难以想象。

据估计，在摄政时期，每出生 100 个婴儿就有 2 个产妇死亡，所以产妇死亡率为 1/50。世界卫生组织的最新数据显示，英国当代孕产妇的死亡率约为 1/12000，美国约为 1/7000。即便如此，对于过去而言，1/50 听上去也并没有那么糟糕，不是吗？但这些数据显示的并不是孕产妇死亡的终生风险。终生风险会更高，而且要取决于——如今与过去皆如此——一个女人一生要分娩的孩子的数量。如今，在发达国家，由于人们能够采取各种避孕措施，女性很少分娩超过 3 个孩子。但是，如果是简，在她那个年代，一生中可能要分娩多达 8 个（比如她自己的父母）、10 个、12 个或更多的孩子。

并非所有的分娩都危险，但多次分娩一定具有高风险。即便是如今，从统计数据上看，首次分娩的风险更大，接着风险逐渐降低，但在怀孕次数接近两位数这种罕见情况下，风险会再次升高。在不考虑怀孕次数的条件下，年龄越大，女性分娩面临的危险就越大。年龄太小的女性同样面临较高的危险。然而事实上，在 18 世纪和 19 世纪早期，女性在生产过程中死亡或死于并发症的风险巨大。产后出血、败血症等可能会要了你的命。此外，还要考虑多种分娩引起的并发症。比如，异位妊娠这种情况就必然要命。1855年，小说家夏洛蒂·勃朗特就很可能死于妊娠剧吐——一种剧烈、持续的恶心和呕吐，现任剑桥公爵夫人数次怀孕期间都经历了这种痛苦。治疗先兆子痫的唯一方法就是分娩（1957年以前，这都是唯一的治疗方法）。剖宫产术在那个时候鲜少使用，因为外科医生在这方面并不娴熟。在卫生学还未诞生的时代，剖宫产就相当于给孕妇判了死刑。

那个时候，几乎每个家庭都经历过母亲在分娩中死亡的故事，尽管他们可能并不常把这样的故事挂在嘴边。简的祖母丽贝卡·奥斯汀似乎就死于分娩。阶级高低、财富多少在这件事上没什么影响。1817年年底，王位第二顺位继承人夏洛特公主整整分娩了两天，诞下死婴后不久她自己也去世了。

即便分娩不致命，即便没有足以改变命运的产伤，频繁的反复怀孕也会对身体造成伤害。这差不多就是简在信件中想要表达的观点。侄女范妮失恋后，简在安慰她时指出："不那么早开始做母亲，你在体格、精神、身材和面容上都会保持年轻的状态；而哈蒙德夫人（范妮的一个朋友）因为分娩和照顾孩子早早就变老了。"信的后面，她又闷闷不乐地告诉范妮，她的另一个侄女安娜好像又怀孕了："安娜患了重感冒，脸色苍白，我们担心她可能又有了——她才刚刚给朱莉娅断奶。"

在安娜怀孕的消息被证实后，简又给范妮写了一封信，信中充斥着她对身边人无休止地怀孕一事的愤怒。"可怜的小东西，”她说起安娜，“不到三十岁她就会累坏的。我真替她感到难过。克莱门特太太也一样。我真受不了这么多小孩了。本太太怀的是第十三个了。”

不过，简并未在小说中表达她这种对怀孕和分娩的消极态度以及关于生育无休无止的观念。在简的小说中，很多已婚的女性角色都没有孩子，这些角色的数量超出了人们的预期。《劝导》中的克罗夫特夫妇没有孩子，《诺桑觉寺》中的艾伦一家也没有。拉塞尔夫人、史密斯太太、诺里斯太太，她们都已结婚多年，但就我们所知，她们中没有一个生过孩子。

也许除了《劝导》中的玛丽·默斯格罗夫，那些已经成为母亲的角色都对分娩采取了淡然的态度。* 在小说的主要情节中出生的两个孩子——只有两个，因为《理智与情感》中的那个直到出生后才有所介绍——他们的出生过程非常顺利，毫无问题。《理智与情感》中，帕尔默太太大部分时间都处于怀孕的状态，差不多三分之二的故事情节中，她几乎都在分娩；书中没有只言片语表明有人担忧过她。《爱玛》中，女主人公的好友兼前家庭教师韦斯顿太太平安分娩时，作者写道，她的“朋友们都为之感到高兴”，暗示了一种隐隐的担忧。不过，这也是这本书中唯一一处近于对她的状况表达担心的文字，即使是极度在意健康的伍德豪斯先生也并未提及类似的担忧。

* 在《劝导》的主要情节中，玛丽·默斯格罗夫似乎是怀孕了。她很娇宠自己，但两个儿子中的小儿子只有两岁，这在当时是很常见的年龄差，而且简还写道，她“感觉不舒服”，还预感“自己整个秋天都不会有一天好日子”。

没错，在《曼斯菲尔德庄园》中，作者写道，女主人公的母亲已成婚十一年，而且“就要生第九胎了”，她的状况毫无疑问被描述为“一番困境”。这次怀孕并非他们所愿，甚至令他们憎恨。但真正令他们头疼的似乎是金钱问题。“家中除了儿女成群之外，其他东西几乎样样都缺。”其他小说中的一些大家庭，比如《傲慢与偏见》中的卢卡斯一家，《诺桑觉寺》中的莫兰一家，《劝导》中的默斯格罗夫一家，普遍都其乐融融。而其中的每一位母亲皆身体健壮，精力充沛。

这很奇怪。因为我们知道，这并不符合简对分娩一事的看法，也并非是对当时分娩情况的准确描述。小说中出现这样的情况尤为奇怪，因为那个时期的小说总喜欢将男女主人公塑造为孤儿的形象，或者是表面上的孤儿形象。分娩中的悲剧死亡是书中司空见惯的桥段。

简甚至拿这件事打趣，在《诺桑觉寺》的开头，她写道，女主人公的母亲莫兰太太“身体健壮”是一件“了不起”的事，令人意想不到的是，在生凯瑟琳时她没有死掉，而是“活了下来，接连又生了六个孩子”，还“眼看着他们在她身边长大成人”。这是简在开篇段落中开的一个玩笑，借以讽刺她能想到的所有小说家的写作惯例。

然而，1816 年或 1817 年，当简重读这本小说以期将之出版时，看到这段文字她可曾皱眉蹙额？毕竟，1814 年，她的嫂子弗朗西丝在生第四个孩子时去世了。哥哥爱德华的妻子伊丽莎白已经生了十个孩子，却依然泰然自若，正如莫兰太太一般。然而，1808年第十一个孩子的分娩过程却要了她的命。

清楚的是，简知道，如果不提供任何相反的资料，读者就会认为，育龄角色的死亡都是源自分娩的并发症。她经常在文中强调角色之死与分娩无关。

“久缠于身的疾病”也会要了角色的性命。安妮·埃利奥特的母亲似乎已经病了很久，她预见到了自己的死亡。两个角色死于肺痨，至少我们看到的是这样：《爱玛》中简·费尔法克斯的母亲以及《理智与情感》中布兰登上校的初恋伊丽莎。*

正如我们在听到一个年轻或稍年轻的女人突然死亡的消息时会默认她发生了车祸或得了癌症一样，简的读者最先设想到的死亡原因便是分娩，至少在消息的主角是已婚女性时如此。因此，尽管在创作《诺桑觉寺》时，简的嫂子还未死于分娩，而简本人对生育风险的看法还未变得太过负面，但她知道，对她的读者来说，死于分娩这样的事并不遥远。现实中的风险是巨大的，每个孕妇一定都被这样的恐惧困扰过。这本不该是一件可以拿来打趣的事，它其实是一件极其严肃的事。

※ ※ ※

但大多数批评家认为，读者不应该对《诺桑觉寺》太过当真。因为这是一本滑稽可笑、轻松有趣的小说，是简“最有趣的

* 在那个年代，肺痨是导致死亡的主要原因，但正如我们后来所见，我们有理由怀疑关于这两起死亡的一些断言。

小说”。他们一致认为，凯瑟琳的世界观、她对诺桑觉寺的预期完全并且无比荒谬滑稽地受到她读过的哥特小说的扭曲。

然而，正如我们所见，简在创作这本小说时，一定希望，也一定有过让她的读者在这部小说中看到一些不同的、更复杂的东西的目的。在创作时，简以为她的读者一定了解特定的小说和戏剧，一定能从她的文字中读出隐藏其间的某些参照。这也成了她宣传这本书的广告语。她原本以为，那些足够了解哥特小说的读者会注意到几乎所有现代读者都会忽视的事实——凯瑟琳·莫兰可能是全世界最著名的哥特小说读者，然而事实上，她似乎并未将那本小说读完。

作者称，哥特小说对凯瑟琳而言是一种全新的文学类型，还说事实上她没有读过多少小说，她的阅读量当然不及书中她遇到的其他角色。她曾解释说："新书落不到我们手里。"她读到或开始读的唯一一本新书是安·拉德克利夫的那本《尤多尔弗的奥秘》。拉德克利夫是18世纪90年代最著名的哥特小说家。她总共创作了六部小说和一本游记，获利颇丰。其中一部作品为她赢得了八百镑的收入，对于一部小说的版权来说这已经算是相当大的金额了。《尤多尔弗的奥秘》出版于1794年，是拉德克利夫的第四部小说。这是一本大部头的书——“牛津英文经典”系列的版本将近七百页，原版被分为四卷。小说的背景设定在16世纪，故事围绕法国女孩艾米丽·圣·奥伯特展开。艾米丽样貌漂亮、善良正直，但命运坎坷。小说第一章的结尾，她的母亲去世了，而她的父亲在第七章也去世了。于是，她被她那位冷酷无情的姑妈收养，很快有了新的姑父——邪恶歹毒的意大利人蒙托尼，随后她被送到意大利——先是去了威尼斯，然后又去了神秘、破旧不堪的尤多尔弗城堡。

正如小说标题暗示的那样，尤多尔弗城堡内充满了奥秘，危险重重，这里有讨厌的追求者和强盗土匪，而一幅盖有“黑纱幔”的画背后也隐藏着难以言喻的恐怖。然而，最真切的危险则来自企图掌控妻子财产的蒙托尼本人。一旦妻子以可疑的方式死亡，他就会转而向妻子的遗产继承人艾米丽施压。故事的最后，艾米丽逃脱了他的控制，返回法国，从沉船中被救出，并投靠了德·威尔福特伯爵与他的两个孩子亨利和布兰奇。然而，神秘的事情仍旧在发生：令人不安的音乐响起，人们会听到古怪的声音，锁着的房间中酷似死人的角色莫名出现或消失。疯癫的修女喃喃自语。但真相浮出水面，原来这一切都是自然事件。没有鬼魂，一切都解释得通。不过，故事中的确包含谋杀情节。艾米丽的一个姑父确实谋杀了他的妻子，不过这个姑父并不是我们先前提到的蒙托尼。蒙托尼只对钱感兴趣。艾米丽最终嫁给了并不尽如人意的恋人瓦兰柯尔特，回到法国，继承了家族的财产。

据我们所知，将《尤多尔弗的奥秘》这本书介绍给凯瑟琳·莫兰的是她的朋友伊莎贝拉·索普。伊莎贝拉比凯瑟琳大四岁，在社交和时尚方面“起码比她多四年的见识”。她制订了一套“恐怖”小说阅读计划；她对凯瑟琳说：“等你看完《尤多尔弗的奥秘》，我们就一道看《意大利人》。我给你列了一个单子，十来本都是这一类的。”事实上，这张单子上只列了七本书：“《乌尔芬巴赫城堡》《克莱蒙》《神秘的警告》《黑森林的巫师》《夜半钟声》《莱茵河的孤儿》和《恐怖的奥秘》。”这些都是现实中存在的小说，它们是在哥特小说成功之后出现的二流模仿作品。简可能从未预料到自己的读者会对它们了然于心。

很明显，伊莎贝拉自己并没有读过这些小说，她也是受到了她那位“把这些书全看过了”的“好朋友”安德鲁斯小姐的推荐。在简的所有小说中，这部她最常自认具有学究气的作品的一个很重要的主题就是“没有读过”。

《尤多尔弗的奥秘》这本书伊莎贝拉读了多少，我们不清楚。但凯瑟琳宣称她“已经看到黑纱幔那儿了”，这就是说她已经看到了第二卷开头，讲到艾米丽被城堡一个空房间中某个“黑暗角落”里挂着的、被蒙住的画吸引了。对此，伊莎贝拉的回应是：“真的吗？多有意思啊！噢！我说什么也不告诉你那黑纱幔后面罩着什么！难道你不急于知道吗？”这就表明伊莎贝拉至少浏览过最后一卷的最后几页，但这并不表明她就比凯瑟琳读得多。在《诺桑觉寺》的其他几处，简特意着墨指出某个具体角色对某本特定小说有多么了然于心。亨利·蒂尔尼的话证明他的确读过《尤多尔弗的奥秘》；因为有一次，他几乎从记忆中引用了书中的片段。同样，伊莎贝拉的哥哥约翰很明显略读过那些他费力打开的书。伊莎贝拉，虽然善变又缺乏耐心，但可能养成了和他哥哥类似的阅读习惯。而事实证明，凯瑟琳也许同样如此。

不过，当简告诉我们她在写《诺桑觉寺》时，大多数读者可能已经读过《尤多尔弗的奥秘》。简可能希望读者意识到，如果凯瑟琳才读到“黑纱幔”的部分，那么她就还有两卷半没有读，按照现代的版本计算就是还有四百多页。而她根本没时间将这些读完。

事实上，打从作者告诉我们这本书凯瑟琳读到哪里之后，一切的发展似乎都在故意打断她的阅读进程。

在下一章中，她的哥哥詹姆斯和伊莎贝拉的哥哥约翰来到了巴思。两人是大学里认识的朋友。* 那天下午，凯瑟琳又读了一些，第二天早上又读了一点，但当天晚些时候就开车去了克拉沃顿高地。晚上她是在剧院度过的，第二天早上则是在矿泉厅度过的。那个下午以及第二天（一个周四），她“最关心的事情”是周四晚上的舞会上她“该穿什么长裙，戴什么首饰”。周五的早上，凯瑟琳没有读书，而是不住地朝窗户外张望，查看“钟”上的时间，担心由于天气不好，她和埃莉诺·蒂尔尼一起去散步的计划不得不被推迟。下午，她就坐车出门了——不过是受到了约翰·索普的欺骗，索普骗她说看到蒂尔尼兄妹没来找她，自己出发去散步了。那天傍晚她也是和索普兄妹一起度过的。周六，她满脑子都在担心自己的爽约冒犯了蒂尔尼兄妹，无暇顾及其他；傍晚她在剧院遇到了二人，发现他们之间的关系并没有到不可修复的地步后，她很开心。这两天的时间里她都没有读书。

第二天，正如简特意提醒我们的那样，是礼拜日。作为牧

* 顺便提一下，因为此时正值二月，还处于开学时间，所以两人离校，违反了牛津大学严格的住宿要求。

师女儿的凯瑟琳绝对不会在这一天读小说。周一，她和埃莉诺、亨利·蒂尔尼一起来到比琴崖散步，接着去买“急需的一段一码左右的丝带”。这天她可能读了一点点，但作者没有明说。周二，伊莎贝拉向她透露自己和詹姆斯订婚的消息，于是这一天以及第二天的大部分时间凯瑟琳都和伊莎贝拉待在一起，“姐妹般地寻求欢乐”；那天晚些时候，她和蒂尔尼兄妹一起吃了晚餐。第二天，她又拜访了伊莎贝拉，在舞会上度过了傍晚时光，这部分丝毫没提读书的事。

在第十七章的开头，我们知道凯瑟琳已经在巴思待了五个星期。前一周或十天的时间里，她几乎没有交到什么朋友。接着，有一天她遇到了亨利，第二天又遇到了索普兄妹。“八九天后”，詹姆斯和约翰来到巴思。这样算下来总共是三周左右的时间。对她在这之后的两周时间内行踪的介绍几乎是事无巨细。同样是在第十七章中，那个周末埃莉诺·蒂尔尼在离开巴思时邀请凯瑟琳前去探望。而就在那一周，凯瑟琳总是梦见诺桑觉寺，也开始怀疑伊莎贝拉对哥哥詹姆斯的真心，但似乎从没把心思放在读书上。

亨利·蒂尔尼受过高等教育，具有极高的文学修养，曾坦诚自己爱读小说（“我自己就看过好几百本”）。他是个老练的读者。他夸口说他“两天就”看完了《尤多尔弗的奥秘》，整整两天都没有把书放下过。凯瑟琳从未尝试过这样长时间连续地读一本书，而且她并不是一个非常有经验的小说读者，比如说，她还没读过勃尼的《加米拉》，一本在当时非常成功、很受欢迎的小说。正如我们之前所见，很明显她已经读过《尤多尔弗的奥秘》的第一卷，已经开始进入第二卷了。

但作者也坚定地指出，尽管凯瑟琳似乎曾提到过一幕发生在第四卷的场景，但她并没有读小说剩下的第二部分，而且就算她读了，也一定是大致翻看，只为找到那些真正激动人心的片段。在去诺桑觉寺的路上，对她设想可能在寺内遇到的情况，亨利取笑道：

> 不过你应该知道，一位年轻小姐无论用什么方式被引进这样一所住宅，她总得同家里人分开住。当大家舒舒服服地回到自己所住的一端时，她由老管家多萝西郑重地引上另一级楼梯，顺着一道阴暗的走廊，走进一间屋子。自从有位亲戚大约二十年前死在里面以来，这间屋子一直没人住过。你能受得了这样的招待吗？你发现自己置身于这样一个阴森森的房间，觉得它太高太大，整个屋里只有一盏孤灯发出点朦胧的亮光——墙壁四周的挂毯上画着跟真人一般大小的人像，床上的被褥都是深绿色的呢绒，或紫红色的天鹅绒，简直和出殡的情形一样。这时你心里不发毛吗？……这当儿，多萝西同样被你脸上的神色所吸引，惴惴不安地凝视着你，给你几个捉摸不透的暗示。

天真的凯瑟琳听得入了神。“哦！蒂尔尼先生，多可怕呀！这真像是一本书！”实际上，这和很多书都相像，亨利将哥特小说中的场景和描述拼凑在一起，同时加入了自己的夸张。他口中那个没有锁的卧室取自《尤多尔弗的奥秘》第二卷，但对整个走廊的描述则更像第三和第四卷，尤其是那几个讲到德·威尔福特伯爵一家人抵达勒勃朗城堡，不久后将艾米丽从海难中解救出来，以及集中描绘在城堡中死去的前女主人那间显然闹鬼的卧室的章节。

勒勃朗城堡的管家名叫多萝西。在城堡居住的第一晚，德·威尔福特伯爵的女儿布兰奇得穿过“一条长长的橡木长廊”才能走到卧室。她的那间卧室四面环绕着“宽绰高大的墙壁”，高处有几扇“陈旧的窗子”，透露出一种“阴郁的氛围”，而且这间卧室“位置偏远”，和家里其他成员的屋子隔着很远的距离。房间内挂着“褪色的挂毯”。布兰奇的帐篷床上覆盖着“蓝色锦缎”。多萝西后来还说到艾米丽和她那位已故的女主人模样颇相似（这不足为奇，因为艾米丽是那位女主人的侄女）。亨利在随后的故事中提到一幅飘动的，隐藏着一个秘密入口的挂毯，这场景同样取自勒勃朗城堡内发生的一幕。

凯瑟琳似乎没有注意到这些明显的相似之处。“你们的管家绝不会是多萝西。”她半信半疑地说，毫无疑问，如果她真的读过这些章节，她不仅会认出这个名字，而且会马上意识到亨利是在戏弄她。她会如亨利原本预期的那样明白他是在开玩笑。但事实上，她压根没明白。她从未联想到《尤多尔弗的奥秘》结尾处那些与鬼魂、疯狂和秘密入口相关的内容。她似乎也从不知道小说中有一个角色也叫“亨利”，而这个“亨利”有个妹妹名叫布兰奇，和埃莉诺一样，也是个与欧洲王室有关联的法国名字。* 难道这些巧合不会引起她的兴趣？

当凯瑟琳看到自己在诺桑觉寺卧室里的那只箱子时，上面的花押令她不解："她无论从哪边看，也无法相信最后一个字母是T。然而，在他们家里出现别的字母，倒会激起非同一般的惊讶。"凯瑟丽娜为何如此惊讶？这个箱子很可能是某个嫁入蒂尔尼家族的女人带来的。如果她读过《尤多尔弗的奥秘》的后半部分，她就会了解到很多关于女性角色继承其他女性角色财产的例子。

实际上，和她对蒙托尼这一角色的痴迷一样，这些都引导我们得出相同的结论：她还没有读小说的后半部分。亨利和布兰奇两个角色直到第三卷过半才会出现。亨利讲的这个哥特式故事一方面点燃了凯瑟琳的好奇心和想象力，另一方面也表明，凯瑟琳还没有读到小说的这部分内容，从她花在读书上的丁点时间我们也应该能够设想到这点。想到哥特式建筑时，首先浮现在她脑海中的并不是在《尤多尔弗的奥秘》的最后三分之一的故事中发挥了支配地位的勒勃朗城堡，相反她谈起了那些"多年没人住"，然后一家人"像一般情形一样，事先没通知就突然回到府上"的那类房子。尤多尔弗城堡的确如此，但到了勒勃朗城堡，情况却并非这样，主人在回府前派遣仆人们先从巴黎回去整理房子。

小说中写道，凯瑟琳将写字台和针线匣带去了诺桑觉寺，

* 阿基坦的埃莉诺（阿基坦女公爵，法国国王路易七世和英格兰国王亨利二世的王后）的一个孙女就叫布兰奇。

却没带《尤多尔弗的奥秘》。这个时候，我们依然不清楚她的这本小说——没准是流动图书馆内借来的——究竟在何处。她根本没机会继续读下去。一开始，她对这本书如痴如醉，她说过“我真想读它一辈子”，而事实证明，她似乎真的可能要读上一辈子。她注定永远读不完这本小说，要一辈子处于阅读中的状态，永远解不开其中的奥秘。

在我看来，简的目的是让凯瑟琳永远陷于一种悬疑状态中，但读者完全没有感到悬疑的必要。如果认真读完过《尤多尔弗的奥秘》，简的读者们就应该能够识别出所有凯瑟琳没能识别的引用和与之相关的玩笑话。他们也该能够因为发现亨利和埃丽诺与亨利和布兰奇的名字故意相呼应而自鸣得意。他们应该明白凯瑟琳对蒂尔尼将军的怀疑荒谬至极，因为她将他比作了蒙托尼，但他们早就知道，蒙托尼不仅没有谋杀他的妻子，而且到了小说的后半部分，他没有构成任何威胁。在读《诺桑觉寺》第二卷的过程中，我们会不断遇到熟悉的段落，在场景、环境和情节还未出现时就有所预知。

任何熟悉《尤多尔弗的奥秘》的读者早就料到并等着凯瑟琳闯进蒂尔尼太太房间的那一刻，正如艾米丽·圣奥伯特闯进已故侯爵夫人的房间一样。亨利描述的故事和《尤多尔弗的奥秘》中关于勒勃朗城堡的章节极为相似，留意到这一点的读者会在其中发现一个接一个的呼应。凯瑟琳和喜欢“古老”而非“现代……欢快和优雅”的布兰奇一样厌恶新事物。和布兰奇一样，她在诺桑觉寺中摸索探险。已故的蒂尔尼太太的房间位于“走廊”某处，旁边是一段“螺旋楼梯”——这似乎意在让人联想起在另一座房子里布兰奇发现已故侯爵夫人房间的情节（“她发现自己身处另一个走廊，走廊那端的尽头是一个辅助楼梯间”）。当亨利走上楼梯，发现凯瑟琳在他母亲的房间外徘徊时，她的反应（“你怎么到这儿来了？”她“带着异常惊讶的口气”质问道）与上了年纪的多萝西意外发现布兰奇时的惊讶反应相呼应。“你怎么找到这里的？”她问道，脸上带着“恐惧和惊讶”的表情。

这一切都让我们得出了一个相当奇怪的结论：凯瑟琳再现了《尤多尔弗的奥秘》中的角色，从一个角色切换到另一个，但很显然，她自己并没有意识到这一点。

不过，公平来说，有一处凯瑟琳的确似乎有意提到了《尤多尔弗的奥秘》后半部分中的一个场景（“蒂尔尼太太最后散步时所戴的面纱，或者最后阅读的书籍，会不会留下来提供点儿线索呢？”），但与文中其他所有迹象相比，这不过是个稍纵即逝、无足轻重的个例。对其他一切，她一无所知。此刻，就连我们是否真的明白凯瑟琳心中所想这一点都并非完全清楚——与简后来的小说相比，《诺桑觉寺》中叙述者的声音出现得更频繁，但运用得却远没有其他作品那么巧妙。此外，到了1803年，《尤多尔弗的奥秘》中出现了精确描绘这一幕的一幅铜版插图：艾米丽和多萝西闯入多年前去世的侯爵夫人那未曾改变的房间。* 也许简想要告诉我们，在伊莎贝拉·索普看书时，凯瑟琳不过是瞄到了第四卷中的这幅插图。

* 见于1803年的一个法文版本中。

在蒂尔尼太太的房间，凯瑟琳没有发现任何具有哥特风格的东西——没有年久破裂的纱幔，没有祈祷书，没有丢弃的手套。对此，她既失望又深感羞愧。被亨利发现进一步加深了这些感觉；他差不多是强迫凯瑟琳说出了她对蒂尔尼将军模糊朦胧的怀疑，随后严厉斥责了她的这种行为。尽管作为激发她内心对诺桑觉寺预期的始作俑者，亨利本可以轻易平息她的无端猜测，但他那一刻似乎真的震惊无比："你是凭什么来判断的？"他问道，"亲爱的莫兰小姐，你这是动的什么念头啊？"

可怜的凯瑟琳急忙跑回自己的房间。刚进房间，她就把一切过错归咎到了"拉德克利夫夫人"的头上，而丝毫没有怪罪亨利给自己讲了个愚蠢的故事（亨利的那句"亲爱的"可能发挥了作用）。她甚至没有太多自责，而是转而责怪哥特小说："她发现早在她离开巴思之前，她心里就着了迷，扎下了祸根。追本穷源，这一切似乎都是因为受了她在巴思读的那种小说的影响。"

批评家倾向于支持凯瑟琳的观点，但我觉得读者一定会认为这非常不公平。简煞费苦心，暗示读者凯瑟琳只读了不到半本哥特小说，或者说即便不受干扰，她也只是非常心不在焉地读了那本小说。如果凯瑟琳认认真真读完了《尤多尔弗的奥秘》，她就会在书的最后几页发现拉德克利夫传达的一条再清晰不过的讯息："当心灵开始屈服……琐碎之事会带着信念的力量在内心留下印象。"甚至早在《尤多尔弗的奥秘》的第一卷，拉德克利夫就说过，艾米丽"出色的理解力竟然屈服于迷信的幻想，甚至有那么一刻竟屈服于那些欺骗感官的想象力的萌芽"，这是多么的

"可悲"。如果凯瑟琳考虑到了这些，那么她在诺桑觉寺的经历很可能会与现实大相径庭。

我想说，简试图展现给读者的凯瑟琳是一个阅读不当的读者形象，她将自己的先入之见和预期带入所读的小说，甚至将从不完整的、漫不经心的阅读中获得的念头归罪于作者。简并非有意"背弃"拉德克利夫，置她于被众人嘲笑之地。实际上，她试图做的恰恰与之相反。

※ ※ ※

简指出了凯瑟琳没有读到的内容，但也告诉我们她读了什么。

第一章中，简列举了凯瑟琳小时候熟记的两个选段。书中说道，凯瑟琳在家中时读了 18 世纪 50 年代塞缪尔·理查森的小说《查尔斯·格兰迪森爵士》(或者说曾听人大声朗读过这本书)，这是一本她母亲喜欢看的小说。我们知道她读过"诗歌和戏剧这一类的作品，也不讨厌游记"。我们也知道尽管并不喜欢，但她读过一些历史书："历史书里的东西总是惹我烦恼、厌倦。每页上都是教皇与国王在争吵，还有战争与瘟疫。男人个个都是窝囊废，女人几乎没有一个——真令人厌烦。"

凯瑟琳最早接触到的入门书有《乞丐请愿歌》和改编自伊索寓言的《兔子和朋友》。《兔子和朋友》将拟人化和危险结合在一起，暗示了老一辈的道德败坏。它似乎对凯瑟琳产生了强烈的吸引力，因为书中写道：“她比英格兰哪个姑娘学得都快”。但用现代观念来看，选择给幼小的孩子读《乞丐请愿歌》（甚至背下来）非常奇怪，因为书中涉及了令人不安的话题：战争、圈地和权力滥用等在我们看来与简的小说八竿子打不着的话题。实际上我们错了。

《查尔斯·格兰迪森爵士》的主角是被邪恶的（名字颇为夸张的）哈格雷夫·波列克芬爵士绑架，但最终被英勇的查尔斯·格兰迪森爵士解救的一位年轻女继承人。除了与一个精神状况不稳定的意大利天主教徒订婚这件小事外，查尔斯·格兰迪森爵士虽正直善良，但又沉闷无趣。凯瑟琳所读的历史书籍似乎集中讲述中世纪历史，可能最多囊括都铎王朝。我们无法确定她读过哪些戏剧和诗歌，但书中明确指出她能引用（或错误引用）哪些：亚历山大·蒲柏的《怀念一位不幸的女士》、托马斯·格雷的《墓园挽歌》、詹姆斯·汤姆生的《四季》，以及莎士比亚的三部戏剧：《奥赛罗》《一报对一报》和《第十二夜》。

凯瑟琳从这些书中得出的“判断”依据和那本没有读完，也没有读懂的《尤多尔弗的奥秘》一样多。文学氛围越广泛，可阅读的书目越多，它们在思想上对凯瑟琳产生的影响和拉德克利夫对她的影响一样大。

刚开始任凭自己对蒂尔尼将军横加猜测时，凯瑟琳将他视作蒙托尼，也将他与历史书中读到过的人作比：“像这样犯了罪还无所谓的例子也并非少见。她能记起几十个干过这种罪恶勾当的人，他们一次又一次地犯罪，想杀谁就杀谁，没有任何人性或悔恨之感，最后不是死于非命，就是皈依隐遁，如此了结这邪恶的一生。”《怀念一位不幸的女士》中描述了“幽灵”和无人掩埋的尸体，实际上称得上是一部哥特作品。书中告诉我们，凯瑟琳“看过许多书，完全了解在棺材里放一个蜡人，然后办一场假丧事有多容易”。如果她读过更多莎士比亚的作品，她就会涉猎大量“假丧事”的桥段，遇到很多假死的角色：朱丽叶、《无事生非》的女主角、《皆大欢喜》中的海伦娜、《辛白林》中的伊摩琴，以及《冬天的故事》结尾处由“雕像”“复活”的埃尔米奥娜。凯瑟琳可能读过刘易斯·西奥博尔德的《致命的秘密》。这部作品创作于18世纪，改编自韦伯斯特的戏剧《马尔菲公爵夫人》，将原本的悲剧结局改为了喜剧，故事最后公爵夫人被安全地藏了起来，而原版中杀死她的弟弟则被一尊“蜡像”成功欺骗。历史和戏剧都为她提供了杀害妻子的丈夫原型——奥赛罗、伊阿古及亨利八世。

除了哥特小说，凯瑟琳无边荒诞的想象还有着诸多其他文化来源。

事实上，《诺桑觉寺》的早期评论家威特利大主教在这本书的评论中就发表过几乎与这一点完全一致的观点，称父母禁止孩子阅读小说，但不限制他们接触其他文学类型的举动是愚蠢的：

> ……我们认识一位非常细心的母亲，她的女儿们虽然从来没有读过任何小说，但却获准毫不受限地阅读所能读到的任何戏剧；我们还认识另一个母亲，无论散文化小说

中包含多少精彩绝伦的智慧和虔诚的教益，都不可能被接受；但另一方面，她同样不加选择地纵容孩子们阅读诗歌，不管诗歌属于何种类型……

凯瑟琳对《尤多尔弗的奥秘》的“沉溺”只是点燃一堆文学和文化燃料的火柴；真正燃烧，真正推动她所作所为的是她脑中关于英国历史、莎士比亚戏剧和反天主教主义的部分记忆。为揭开秘密，她鼓起勇气打开的箱子和柜子影射了一本小说，在那本小说中威廉·葛德文——或许是18世纪90年代最激进的激进分子——揭露了“事物原本的模样”。吸引凯瑟琳走进蒂尔尼太太卧室的可不仅仅是几页小说和一张铜版插图，这背后存在更强大且更根深蒂固的文化力量。

回避卧室的场景这么久，我们是时候认真谈谈这个问题了。

※ ※ ※

戴维·洛奇的校园系列小说中的一个主要人物是美国学者莫里斯·扎普。扎普致力于研究简·奥斯汀。他想要对简的小说进行完全彻底的研究。他的教学据说是“为了震惊学生，让学生跳脱出对待文学过于虔诚的态度”。但很显然他其实只是喜欢让人震惊罢了。在一次教学中，他向学生大声读出“《劝导》里温特沃思舰长把小顽童沃尔特从安妮·埃利奥特的肩上举起来的时候”，他详细描述了所有暧昧的暗示语，然后问道：“如果这都不算高潮，那又能是什么呢？”

学生们都目瞪口呆，读者亦然。这个玩笑更复杂的地方在于它并非完全是胡扯。正如我们所见，简并不是个拘谨古板的人；她的同代人——那些她所期待的读者——也不是。但是扎普选错了书。在简所有的小说里，《诺桑觉寺》才是最接近直言不讳地进行性描写的，《劝导》并不是。

不论改编电影想让你相信什么，我们通常很少见到简的女主人公们穿着她们的睡衣或是内衣。在《诺桑觉寺》里，我们却看到了。它完全故意地带着一种性刺激的手法，描绘了三个卧室的场景。你不用成为莫里斯·扎普，都会认为这些场景很性感。

在第一个卧室场景里，半裸的凯瑟琳猛地打开箱子的盖子，却发现了“一张叠得整整齐齐的白棉床罩。”床罩就是床单——通常是刺绣的，和被子一起使用。上床睡觉前需要把它掀开。此处，简邀请我们去欣赏凯瑟琳身后的那张床，那晚等待她钻进去的那张床。

第二个场景发生在夜间。我们假设，凯瑟琳已经换上了睡衣。她“开始想着上床睡觉，突然，在最后扫了一眼屋子四周时，她被一个高高的古老的黑色壁橱吓着了”。她在壁橱里找到的根本不是亨利开玩笑保证的“珠宝”，而是：小额账单，给马治疗的账单，洗衣账单，还有男人的衣服清单——“衬衫，长袜，领巾，和马甲”——一张刻画出一个裸体男人形象的清单。

描绘她如何发现这张清单的段落恐怕是简的小说里最性感的片段了：

“……她又搬弄钥匙。她怀着最后一线希望，果断利索地朝各个方向拧了一阵之后，柜门猛然打开了。这一胜利使她欣喜若狂，她把两扇折门拉开……露出两排小抽屉，小抽屉的上下都是些大抽屉，中间有扇小门，也上着锁，插着钥匙，里面很可能是个存放重要物品的密橱。

> 凯瑟琳心跳急剧，但她并没失去勇气。心里抱着希望，脸上涨得通红，眼睛好奇地瞪得溜圆，手指抓住了一个抽屉的把柄，把它拉开了……现在只剩下中间没搜过……不过，她开门就折腾了好半天，因为这把内锁像外锁一样难开。可最后还是打开了，而且搜寻的结果不像先前那样空劳一场，她那迅疾的目光当即落到一卷纸上，这卷纸给推到密橱里边去了，显然是想把它隐藏起来。此刻，她的心绪真是无法形容。她的心在扑腾，膝盖在颤抖，面颊变得煞白。她用抖索索的手抓住了这卷珍贵的手稿……”

咱们就不要拐弯抹角了。这些抽屉，这些洞，钥匙，手指，还有各种颤抖，这一切看起来都像极了露骨的女性手淫描写。

而且这并没有那么稀奇。简的社会普遍认为，女孩和男孩一样，都沉浸在“秘密而有害的恶习中”。年轻女性的自我愉悦是令人担忧的。18 世纪的灵丹妙药“乳香”的一系列报纸广告提到，“两性的”年轻人都有这种行为。

第三个卧室的场景也与性有关。

凯瑟琳梦想着有一天能够成为“蒂尔尼太太”。她想要看看蒂尔尼太太的房间，部分原因是出于她要想象自己进入一种已婚女性的角色，去尝试冒险跨过那道门槛是什么感觉。的确，埃莉诺迫切地想要把母亲的房间展示给凯瑟琳，也暗示了一种并非毫无关系的渴望，她想要让未来的嫂子亲近她那永远没有机会了解的“母亲”。

当她终于走进房间之后，第一件眼帘的东西便是床。它被“整理成没人用过的样子”，铺着提花布的床单（可能还有床帐）——波浪样式的白棉床单，和从凯瑟琳房间的床上拿走并放到箱子里的“白棉床单”相似，甚至是一模一样的。蒂尔尼太太的房间里光线充足，现代的“巴思壁炉”“亮亮堂堂”。衣橱是“桃花木”的，一种18世纪前很少用来制作家具的木材；椅子都“刷得很光洁”。床也如人们想象的一样，是现代的。但它并非没有历史。我们假设，这就是那张蒂尔尼太太在上面分娩，和她的婴儿们一起“躺着”的床，或许还是她给他们哺乳的地方。这就是她怀上孩子的地方。床单并非一直那么平整光滑。床上用品也并非总是这么纯白洁净。

在农村长大的凯瑟琳，十个孩子里排行第四的她，会不知道婴儿是怎么来到这个世界上的吗？当然不是。她一定见过自己的母亲躺在床上，怀抱着刚出生的小弟弟或是小妹妹，挤成一团，尖叫不止，带血的床单被捆绑着扔到楼下。莫兰家的乡村牧师住宅其哥特意味远不如一座寺庙，但它偶尔也有自己临时的刑讯室，凯瑟琳也听到过尖叫。

对于那些无止境地怀疑简为什么没有结婚的人而言，此处就有一个原因。蒂尔尼太太的房间，简唯一向我们详细展示过的已婚人士的卧室，与死亡有着不可磨灭的联系。正如我们得知，这个房间不仅是蒂尔尼太太死去的房间，它还萦绕着文学的鬼魂：死去的侯爵夫人在勒勃朗城堡套房的鬼魂，以及装满了“蓝胡子”亡妻们的寝宫的鬼魂。

它不但被那些死去的女人缠上了，还有那些被丈夫谋杀的女人。

凯瑟琳在蒂尔尼太太的房门外被亨利逮了个正着且训斥了一番，羞愧无比的她不再对蒂尔尼上校抱有怀疑。正如我们所见，她责怪哥特小说本身给她灌输了这些疯狂的想象，却没有责怪她接触到的更持久的文化模式和观念：

> 虽然拉德克利夫夫人的作品很引人入胜，甚至她的模仿者的作品也很引人入胜，但是这些书里也许见不到人性，至少见不到英格兰中部几个郡的人所具有的人性。这些作品对阿尔卑斯山、比利牛斯山及其松林里发生的种种罪恶活动的描写可能是忠实的；在意大利、瑞士和法国南部，也可能像书上描绘的那样，充满了恐怖活动。凯瑟琳不敢怀疑本国以外的事情，即使本国的事情，如果问得紧，她也会承认，在极北部和极西部也可能有这种事情。可是在英格兰中部，即使一个不受宠爱的妻子，因为有国家的法律和时代的风尚做保证，定能确保有一定的安全感。杀人

是不能容忍的，仆人不是奴隶，而且毒药和安眠药不像大黄，不是每个药铺都买得着……

此刻凯瑟琳肯定忘记了一个丈夫并不需要安眠药来有效地控制他的妻子，也不一定需要毒药来杀害她。被当作泻药使用的大黄，如果剂量足够大的话，是可以影响怀孕的。如今的孕妇仍然被警告不要喝含有大黄叶的草本茶。在这句话里，在丈夫杀死妻子的语境里，简在一个“药铺”可能出售的所有药品里特别提到了大黄，还提醒了我们怀孕的事情，以及这种怀孕可能是违背意愿的，难道这些都是巧合吗？

亨利坚称他的母亲死于叫作“胆热”的疾病，一种“她经常犯的疾病。因此，病因与体质有关”。这种说辞是一个统称，可以用来指代一切疾病，从霍乱和黄热病到平淡无奇的肠胃不适。简的母亲和几个兄弟都患有间歇性的胆汁病。她认识的一个叫作玛丽安·梅普尔顿的年轻女人，就死于胆热。

然而，“胆热”的症状是呕吐、腹痛、便秘和腹泻，这些同样是怀孕、分娩初期和流产的表现。蒂尔尼太太去世时依然处于生育年龄。第一位照顾她的是她“一向十分信任”的“医生”，也许正是曾经协助她完成分娩的那位医生。后来，又请来了两个人，请他们来做什么？显然，蒂尔尼太太并没有染上霍乱或患上黄热病，因为儿子们此时仍然获准看望她。治疗相对较温和的胆热症的方法是给病人放血，然后耐心等待。但对于怀孕和分娩，则需要尝试不同疗法。我们应该考虑这样一种可能性，那就是简的首批读者很可能已经考虑到——这里亨利无意中描述的正是流产或处理不当造成悲剧的早产情形，而蒂尔尼太太“体质”上易患胆热其实指的是接二连三的怀孕和流产。

那么蒂尔尼将军到底为什么“不喜欢”这块妻子“最喜欢散步的地方”？他为什么不允许女儿带凯瑟琳进他妻子的房间？是因为他感到内疚吗？也许确实如此。

归根结底，这便是《诺桑觉寺》核心的谜题和可怕秘密。如果我们嘲笑凯瑟琳的母亲可能因十次怀孕和分娩中的某一次死去这样的滑稽想法，那么这正是我们应该停止嘲笑的原因，性可能会要了你的命。简笔下的所有女主人公——她的小说中所有结婚的女人——都在承担可怕的死亡风险。她们很可能是将自己的性命交到了丈夫手中。

简告诉我们，凯瑟琳最终放弃了“传奇的恐惧”，取而代之的是“日常生活的焦虑”。她可能需要很长一段时间才能再次享受到“传奇的恐惧”，但我们只能希望她继续读小说，继续订阅图书馆的书籍。或许有一天，日常生活的焦虑——怀孕、分娩——会变得比拉德克利夫夫人勾起的噩梦可怕得多。到那时，凯瑟琳可能会更加看重图书馆，不仅仅是因为那里有小说，更因为那里出售承诺“恢复”月经周期的“女性药丸”——“乳香”。

第三章　黄铜时代

——《理智与情感》

史蒂文顿，1801 年 1 月。[*]

简站在教堂的门廊里，望着外面阴暗的景象。树木光秃秃的枝干，低矮的云层，锋利而冰冷的雨水就像细小的针扎在皮肤下。门边的紫杉树在滴水，红色的浆果在黑暗的针叶上闪耀着光。

那是一棵有害的树，小珍妮，就是那个。在我身旁等着，小姑娘，别碰它。

后来，等她长大一点了，开始觉得这不过是一种愚蠢的乡

---

* 改编自简·奥斯汀写给卡桑德拉的信件（1801 年 1 月 3 日到 5 日和 1801 年 1 月 8 日到 9 日）。

村迷信，她感到优越地笑了。但这却很真实。她父亲是这么说的，他在“恺撒”还是“塔西佗”的故事里找到了这段话。然后在她靠着他的肩膀时，逐字逐句地翻译给她听。那是很久以前的事了，是在一个漫长的夏夜。

雨的节奏发生了变化，它变成了雨夹雪，冰雹，嗡嗡地敲打在房顶上，在草地上跳跃起舞。这种天气到来了，至少暂时如此。她把篮子放在地板上，弯下腰，去整理木套鞋的鞋带。它们沾满了泥。她的脚踝因为要努力站直和在路上滑来滑去而开始疼痛。这种天气出门真是疯了。她非常彻底地擦干净脚，然后抬起门闩，悄悄溜进教堂里。当她还是个小女孩的时候，教堂看起来是那么的大。她这么做过多少次了？一千次？三千次？她已经没剩下多少次了。

现在每个街坊邻居都知道他们要走了，几乎每天都有客人上门拜访。每个客人都有个表亲、叔叔或者熟人什么的，他们要么在巴思变胖，尽管医生已经对他们彻底感到绝望，要么认为巴思的水毫无益处，而更喜欢哈罗盖特或者布里斯托尔的温泉，要么嫁给了在捕获物赏金中赚了一笔的上校舰长，然后在伦敦过上了奢华的生活。

今天早上，詹姆斯的妻子带着一帮朋友来了。玛丽似乎已经把这座房子当成自己的了。房子和里面的所有家具。不，简完全忘记了。她们要把床带到巴思。但是桌子、餐具柜、五斗橱、照片，她的钢琴，还有书。

自然地，自然地，她们不能带走所有家具。当然不能。她意识到了这一点。如果她的父母都同意了这个计划，她又能反对谁呢？只是当詹姆斯已经注定要继承他们叔叔的遗产时，他还能得到这些，这让人觉得有些艰难。

对于她父母而言，抛弃他们熟悉了四十年的一切，也是个很突然的决定，突然之间，这个负担大到他们无力承担，就像他们无法摆脱这一切一样——农场、管家、房子和里面的一切、这座教堂——对他们来说都太快了。

简沿着过道慢慢走着，来到圣坛前。她转过身，用靴子尖蹭着地上的一块石头。简·利，她的祖母，在她出生前就去世了。简的母亲几乎没和她说过话。

这就是世界运行的方式，对吗？女人几乎不值一文。她们从一个家庭到另一个家庭，却从来不属于其中任何一个家庭。

雨停了。她该回去了。她不能待在这里。

☆ ☆ ☆

简从不了解任何关于她祖父母的事。他们都在她出生前去世了。她的父亲在七岁时就成了孤儿。他和他的姐妹们被一个邪恶的继母驱逐出门，靠着姑妈和叔叔们的慈善过活。汤姆斯·利——简母亲的父亲——是牧师和牛津万灵学院的学生。他在简的父母结婚后不久就离世了，这个时间的确暗示着他可能反对过这段关系。

唯一对简有影响的祖辈是她的外祖母，和她同名的简·利，原姓沃克。从清晰明了的家谱细节里可以看到，她出生了，她与沃克和佩罗特家族有血缘关系，她结婚了，生育了六个孩子，然后她丧偶了。我们知道她在去世之前和女儿女婿在史蒂文顿的牧师住宅住了一段时间。她被埋葬在那里的教堂墓地里。教堂里，一块方形的小石头斜放在祭坛旁边的地板上，它是那么的普通，几乎毫无意义。上面只列出了她婚后的姓氏，还有她的死亡日期。

简的小说里很少有祖父母的角色，除了对最年幼的孙辈而言；她的主要男女主角也没有一个活着的祖父母。* 读者可能会认为 19 世纪早期没人能活过 50 岁，但事实上，如果你算上更高的婴儿和产妇死亡率，那时的平均寿命并不比今天低多少。

然而，在有些人的内心深处，他们可能希望事实就是如此。

在 19 世纪早期的英国，土地就是一切。如果你想要坐在陪审团席位上，想要当上地方官，想要在选举中投票，想要打猎，超过一定价值的土地所有权才能让你拥有这些资格。没有土地，你就一无是处，肯定不是一个职能完备的社会成员。再加上一种想要模仿贵族行为的欲望，而且最重要的在于，事实上，一个女人的财产在结婚时会自动变成她丈夫的财产，除非事先起草了复杂的法律文书，而且家族不动产基本上都留给长子的这种做法也越来越明显。当土地意味着权力和影响力的时候，只有傻瓜才会选择浪费掉这种影响力，或是眼睁睁地把它

---

* 《爱玛》中的简·费尔法克斯有一个活着的祖母，但是贝茨夫人和一般情况的祖母非常不同。

传到另一个家族手中。

如果你明天即将死去而且没有立下遗嘱，现代的英国法律会把你一定数量的财产给你的配偶。* 如果你有更多的财产，一部分就会给你的孩子。如果你既没有孩子也没有配偶，就会追溯到你家族里的人——父母、兄弟姐妹、侄子侄女、祖父母、姑妈叔叔、表亲，等等。这种划分本质上是基于他们和你的血缘关系；它在数学上是准确的，是一种严谨的平等。那些被合法收养进你家族的人也会被包括进来，在大多数情况中，婚外出生的子女也包括在内。

两百年前，无遗嘱死亡的情况却很不一样。

在没有其他财务安排的情况下，一个寡妇有权享有“寡妇所得遗产”，即她可以使用已故丈夫三分之一的财产，直到她去世，届时这些财产将重新并入他的财产。但假如一个男人去世时未婚，还留下了两个儿子、三个女儿，且没有留下任何遗嘱，他的所有土地——每一寸土地——就要直接传给他的长子。针对无遗嘱死亡的法律不会把完整的土地权交到妻子手上。只有在没有儿子时，它才会交到女儿或女儿们手上。在这种情况下，才会回到一种感觉自然公平的状态，姐妹们才能拥有平等的继承权。但是私生子不包括在内。

在有些国家，根本不可能剥夺任何子女的继承权。在 18 世纪的英格兰，政府却在等着替你这么做。长子继承权发展到了近乎狂热的地步，长子们也几乎变得神圣起来。

---

* 在某些情况下，孩子有可能对这第一笔财产提出索求。

简的大家族里也有贵族和金钱。[*]在沃里克郡有一座庄园——丽石庄园，像海市蜃楼一样在远处闪闪发光。但简的父母过的并非贵族或富裕的生活。如果外祖父利不愿意让奥斯汀先生当他的女婿，他是有道理的。乔治·奥斯汀并不是个理想的对象。他没有什么财产，也几乎没什么家人；没有经济资源，也没有人际支持网。他唯一的资本是和奈特家的远亲关系，这对夫妇事实上给了他在史蒂文顿的工作并最终收养了他的儿子爱德华。当《曼斯菲尔德庄园》里的玛丽·克劳福德断言“做叔伯的或做爷爷的往往会给第二个儿子留下一笔财产”时，我们很容易去笑话她。这是一厢情愿的想法，这表明她是多么幸运，多么娇生惯养，但更小的孩子们不能靠空气过活，他们基本上没什么亲戚，也少有人会留给他们什么。

奥斯汀的父母自己只继承了很少的遗产，而他们有八个孩子。他们一直很清楚，当牧师乔治·奥斯汀去世时，史蒂文顿的牧师住宅就得交给新的牧师和他家人。

面对这种现实，他们作为父母的行为体现出一定的精明和实际。他们把其中一个孩子过继给没有继承人的富亲戚。最小的两个儿子弗兰克和查尔斯在还是孩子时就被送去当了海军。参加陆军，即使是担任下级军官，也要花一大笔钱，参加海军则不用。

---

* 这家人显然对他们和钱多斯公爵的关系深感骄傲——简的侄子詹姆斯-爱德华·奥斯汀-利在回忆录里用了好多页来解释这种关系，尽管他们的关系并非特别密切。

但是，尽管他们几乎没有什么遗产可以留给如此多的孩子，尽管奥斯汀先生自己很清楚被剥夺继承权是什么感觉，但他们也无法摆脱偏爱长子的文化影响。

1800年年底，简的父亲决定把他的教区交给长子詹姆斯负责，退休去巴思。奥斯汀先生本可以像其他牧师在感到工作压力增大时那样，他本可以雇佣一个助理牧师（一个年轻的牧师），把教区的大部分收入留存给自己，或者存起来留给他的孩子们。但是，他把自己的大部分收入、房子，还有房子里几乎所有东西都留给了詹姆斯。

詹姆斯第一次结婚时有一个女儿安娜。1798年，他的第二任妻子玛丽生了一个儿子。这个儿子，也就是后来成为简第二位传记作家的詹姆斯－爱德华，并不是奥斯汀的第一个孙辈，但他是第一个最可能继承家族姓氏的人。爱德华的孩子们名义上是奥斯汀家族的，但很显然爱德华可能要把他的姓氏改成养父母的。1800年的弗兰克和查尔斯还没到谈婚论嫁的时候。小乔治（由于患有奇怪的昏厥症，很少被提及）永远都不会结婚。亨利的妻子年近四十，很显然不大可能怀孕生子。

在奥斯汀先生看来，詹姆斯和他儿子的身上留存着奥斯汀血脉的未来。尽管如此，像他那样放弃工作、职位和房子，也是很不寻常的决定。

1805年，简在向哥哥弗兰克告知父亲的死讯时，她称他为“杰出的”父亲，充满“柔情”。但不管他可能有多么溺爱简——给简买笔记本，鼓励她写作，甚至可能还教了她一点拉丁语——

就保障她的未来而言，其实他几乎没为她做过什么。* 他显然认为，儿子，尤其是长子，比女儿更加重要。这与詹姆斯已经能够赡养他自己和家人，并且有望继承一个富裕叔叔的财产的事实无关。他的舒适和安全，他的骄傲，比妹妹们的更重要。事实上，奥斯汀夫妇似乎很少考虑他们的女儿们。或许他们认为，被过继给富人家的爱德华会永远给她们一个住处。他们没有做过任何努力为奥斯汀家的姑娘们提供哪怕一点点嫁妆。卡桑德拉在她未婚夫过世时继承了一点儿遗产，只够她勉强支撑她自己生活。在她一无所有时能有人愿意娶她，已经很幸运了。

简则是身无分文。她的父亲可能的确爱过她，但在临终前却没有给她留下任何东西，甚至在他去世前，他还导致她无家可归。

※ ※ ※

在尚存的信件里，简没有公开批评过她的父亲或是兄弟们。但是在《理智与情感》和《傲慢与偏见》里，她则允许自己描写不赡养自己女性家属的男人的粗心和疏忽，还谈及了女性的财务焦虑，以及受惠于更幸运的亲戚并因蒙恩而承受的心理压力。

受到《傲慢与偏见》银幕改编版影响的读者可能会把贝内

---

* 简显然懂一点儿拉丁语。一本保存着她年轻时期作品的笔记本里用拉丁语刻着“ex doni mei patris”（“父亲赠予我”），而且她在信中不止一次用到了拉丁文的表达。

特先生看作一个和蔼可亲、有点古怪，愉快幽默的父亲。但简也表明了他的不严格是多么危险：既无效，也无能。在莉齐看来，她的父亲是有“天赋的”，但是它们并没能“用到正确的地方”，在一个仍然浸透着《圣经》语言和故事的教会文化中，这是一种毁灭性的控诉。*他没有“尽到职责”——经济上的职责。当贝内特先生刚结婚时，“完全不必省吃俭用”。当他之后开始希望“不要花光全部进项，每年都能储蓄一笔款子，以便使女儿们将来不愁吃穿，如果太太比他命长，衣食也能有个着落”，他也只是这么希望的，实际上却并没有做任何事，并说服自己“省吃俭用也来不及了”。

《理智与情感》里埃莉诺和玛丽安的父亲则是另一种经济无能，与自己努力省钱或挣钱相比，靠别人过活要快乐得多。我们有充足的信息，能够了解他的财务状况，并判断他多年来的行为是否符合常识。尽管他自己的财产很少，他的第一任妻子是个继承人（而她的财富“曾很丰厚”），直到他去世时，他一直享用着她一半的财产。当他最初被邀请和他的叔叔一起居住时，经济上比较谨慎的做法是出租他在斯坦希尔的房产，而不是卖掉。如果他那么做的话，就可以为他的第二个家庭存下十二年的租金，关键是他们就仍能拥有房子。

---

* 此处的句子结构似乎是对《马太福音》24:14-30 中有关才能的寓言相当明确的引用，至少从字面上看，它赞扬投资和理财的精明胜过懒惰，甚至胜过谨慎。这比喻的结尾是警告说，富人的确继承了土地：“因为凡有的，还要加给他，他还要富足。凡没有的，连他所有的，也要夺去。”

我们能把这些财务管理不善的虚构例子追溯到简自己的生活里吗？或许可以。我们很难确定这两部小说的具体完成时间。有一份 1799 年被认为是《第一印象》的手稿。* 这是否就是简的父亲在 1797 年寄给知名出版商托马斯·卡德尔的那部手稿，我们不得而知；我们也不能确定《第一印象》就是后来的《傲慢与偏见》，毕竟，在《理智与情感》中，甚至在简的所有小说里，都有大量对人物的重新评价。家里传统认为《理智与情感》的早期版本是《埃莉诺和玛丽安》，这种看法可能不过是家族的传统，可能是真的，也可能完全是虚构的，就像经常重复的论断认为，两部小说中的任何一部或两部最初都是以角色间的书信形式呈现的。

但可以肯定的是，《理智与情感》是在 18 世纪 90 年代以某种形式先创作的。小说中提到被作为礼物赠送的"由移民制作的针线盒"，表明那个时期的伦敦满是来自法国大革命的难民，其中很多人穷困潦倒，靠施舍过活。在那十年间，这个词语非常普遍（著名作家夏洛特·史密斯在 1793 年写的一首诗就名为《移民者》），但在 1811 年小说出版时已经不再使用了，至少在英格兰是如此：对于这部小说最早的读者而言，这个词语的存在很可能让它显得有点儿过时或有历史感。

布兰登上校的一个妹妹——她只在对话中被提及了一次——当时正在法国南部的阿维尼翁休养身体，这是有点儿意

---

* 简在给她姐姐的一封信（1799 年 1 月 8 — 9 日）中写道："你想要再读一遍《第一印象》，我并不感到惊讶。"

外的。这意味着小说的背景时间更加受限，即《亚眠和约》期间的 1802 年到 1803 年，这是 1794 年到 1814 年间唯一可能去法国的时间段。玛丽安喜欢威廉·考柏的诗——我们之后还会谈到这个诗人，还有沃尔特·司各特的诗。考柏的作品在 18 世纪 90 年代和 19 世纪前十年都很流行，所以并不能给我们任何时间上的线索。

如今司各特以他的小说（《劫后英雄传》《罗伯·罗伊》）而著名，但在 1805 年他是靠诗歌出名的。他有一本早期的诗歌集《苏格兰边境的吟游诗人》（1796 年），但是对玛丽安来说，这是个有点奇怪的选择。18 世纪 90 年代的司各特并不像他在几年后那么广为人知。但是提到他的名字可以轻易把这部小说的时间定位到 1811 年。

在《理智与情感》中有一两个因素或许可以把修改的时间指向 1805 年之后，甚至到 1809—1810 年。正如我们在第一章所见，正是在 1809 年夏天，简和她的姐姐和母亲，以及她们的老朋友玛莎·劳埃德在汉普郡的查顿村、在爱德华·奥斯汀提供的村舍里共同安家落户。爱德华除了在肯特的财产，还在查顿拥有一栋大房子和庄园。

查顿乡舍几乎在各个方面都和巴顿乡舍相似，甚至连名字都类似，巴顿乡舍是达什伍德家的四个女人不得不搬去的小房子：

巴顿乡舍作为一所住宅，尽管太小，倒也舒适紧凑。

不过作为一座乡舍，却有不少缺陷，因为房子造得太正规，房顶铺瓦，窗板没有漆成绿色，墙上也没有爬满忍冬花。一条狭窄的穿堂过道直通屋后的花园。过道两旁各有一间客厅，约略十六英尺见方，客厅向里是下房和楼梯。构成小楼其余部分的，是四间卧室和两间阁楼。

这差不多就是对查顿乡舍的描述了，这个地方现在已经作为简·奥斯汀故居博物馆*向游客开放。现实和小说里的乡舍都是有钱男性亲戚庄园的一部分。

爱德华的慷慨受到了欢迎，但是来得也有几分晚了。奥斯汀牧师在1805年1月去世，这意味着爱德华花了四年半的时间才抽出工夫来考虑给他守寡的母亲和妹妹们提供一个家，在这四年半间，奥斯汀家的女人们从绿园大厦搬到了巴思的其他房子里，先在盖尔街上，然后是特里姆街；在搬到南安普敦城堡广场的房子之前，也就是我们在第一章开始遇到简的那栋房子前，她们还在肯特、布里斯托尔、格罗斯特郡和斯塔福德郡都住了很长时间。就我们能推断的而言，搬去查顿乡舍的提议几乎是在爱德华的妻子伊丽莎白去世后立刻被提出来的，这是个有趣的巧合，尽管我们只能猜测。

这并非《理智与情感》里唯一和现实明显呼应的地方。在达什伍德先生去世后，达什伍德家的女人们的年收入是五百

---

* 简的姐姐卡桑德拉去世后，查顿乡舍被分成了几部分，用来供庄园的工人们居住。目前的楼层平面图和简居住时接近。

镑。奥斯汀家的女人们每年有四百五十镑用以维持生计，包括玛莎·劳埃德的贡献在内。那些轻易讨厌露西·斯蒂尔的读者可能需要记住，露西和卡桑德拉之间是有一定程度的相似之处的，和露西订婚的年轻人是她叔叔教过的学生，而卡桑德拉的未婚夫则在奥斯汀牧师在史蒂文顿的小学里上过学。经常离家在外，在各个亲戚熟人家里靠照料孩子而支付食宿的斯蒂尔姐妹俩，与简和卡桑德拉也并没有那么不同。从简的信件中可以清楚得知，姐妹俩经常到亲戚家探望，而且每次都需要照看孩子。

不论有意还是无意，《理智与情感》和现实最痛苦的呼应就在小说的开篇，即达什伍德家的女孩和她们母亲的安全都牺牲给了一个蹒跚学步的小男孩的未来；她们的房子和里面的一切都被一个被当作篡夺者的嫂嫂给接管了。这一切正如我们从简在 1801 年 1 月的信里得知，正是她自己家里发生的事，她认为发生的事。家族的房子被放弃；在经济上宽裕一些的可能性被牺牲，而这一切都为了一个不可能有太多需求的小男孩，一切都为了延续家族姓氏、稳固家族遗产的梦想。詹姆斯·奥斯汀的妻子玛丽在她丈夫的妹妹们还住在史蒂文顿的牧师住宅里时就带她的朋友来四处游览，这是否就是《理智与情感》里贪得无厌的范妮·达什伍德觊觎“瓷器”和“漂亮家具”的现实版本呢？很有可能。人们很容易这么想。无论如何，简特别说明达什伍德家的女人们带走了“书”和玛丽安的“漂亮钢琴”，这已经比她自己当时能允许做的还要多。

小说是这么开始的，“达什伍德一家在苏塞克斯定居，可有些年代了”。但很快可以确定的是，“一家”是可以随意变大或缩小的。就达什伍德一家来说，没有什么是真正定下来的。

我们在第一段短暂打了个照面的“老绅士”，他最后的遗愿和遗嘱加速了情节的发展，他也是他这一代人中最后的幸存者：一个长子，有一个妹妹（要么未婚要么丧偶，因为她和他一直生活到去世），显然还有个弟弟。我们知道最后一个事实是因为老绅士有一个和他姓氏相同的侄子，而且是庄园的“法定继承人”，即根据无遗嘱死亡法律他将会继承这座庄园。这是我们在这部小说里反复看到的兄妹模式的第一个例子——两个兄弟和一个妹妹的模式。它是研究继承问题的一种非常巧妙的方式，以至于看起来就像是设计出来的一样。

这种模式的其他例子有费拉尔一家：长子爱德华、次子罗伯特和嫁入达什伍德家的范妮，还有布兰登一家：布兰登上校有一个已经去世的哥哥，而且我们知道他还有个妹妹。约翰·米德尔顿爵士一家似乎也是这种模式，尽管我们得知他家里有四个孩子，但小说里只列举了三个——约翰、“第二个男孩”威廉，还有“可爱的小安娜玛丽亚”，他们都是达什伍德姐妹们的小表亲。

国教教会附属的保守的《英国评论家》一条获得普遍赞成的早期评论认为，“第一章的宗谱有点儿混乱，读者在同父异母的姐妹们、表亲等关系间感到有些困惑”。这种困惑是故意为之，至少在我看来是如此。简在开篇描述的是限定继承的设置方式，在简的下一部小说《傲慢与偏见》里，这种相同的用以控制遗产的法律手段也威胁到了贝内特姐妹们的未来，以及电视连续剧

《唐顿庄园》里的克劳利一家。

限定继承之所以能够存在，是因为英国的法律假定某物可以被不同的人用两种不同的方式同时拥有。*假如说我有一支笔——这是我的笔，我用自己挣的钱买的。从法律和道德上来说，这支笔都是我的，这毫无疑问。我可以对它做任何事：扔掉、送人、卖掉，或者在遗嘱里把它留给猫咪之家。但假如我的祖父给我留下一块手表，他的遗嘱还规定我应该把这块表留给我的长女。从我按照遗嘱指示继承那块表开始，她也部分拥有这块表，即我们俩共同拥有这块表。我可以佩戴它，也可以把它放在我的抽屉里，任我喜欢，但我不能卖掉它，我不能把它留给我的侄子，也不能把它赠予他人。在我死后，这块表必须给我女儿，因为她已经拥有一种所有权了——衡平法所有权——法院可以强制执行这种所有权。

这位老绅士在他的遗嘱里所做的——贝内特一家的某位先祖肯定也做过同样的事——就是制造比这种所有权更复杂的版本。简单来说，他把达什伍德家族的房产诺兰庄园同时留给了三个人：他的侄子、他的侄孙，还有他的从侄孙。他的侄子拥有房产，但并不是完全拥有；约翰·达什伍德和他的儿子小亨利也有所有权，尽管在“轮到”（可以这么说）他们之前，他们还没有权利使用诺兰庄园。这不仅控制了继承，还意味着埃莉诺和玛丽安的父亲就他对于这处房产所能做的事受到了极大的限制：“但

* 1925年的《物权法》禁止设置新的限定继承，但还是有一部分正在运行，尽管法院对于强制打破这种限定继承已经略微倾向于表示赞同。

财产却偏偏要世袭给……这样一来，他便无权动用田庄的资财，或者变卖田庄的资财，来赡养他那些最亲近、最需要赡养的家眷。”他不能向银行抵押贷款，因为他无权抵押这块土地。他不能出售木材，因为那会被当作“挥霍”，是对其他所有者的欺骗。但是当约翰·达什伍德接管诺兰的时候，他也不能做那些事。而且根据法律的确切措辞，这种事务的状态可以无限持续下去，而没有所有者能够真正自由地处理这些财产。*

限定继承基本上强迫一个家族遵循长子继承制，它明确了长子的优越性和重要性。其他人都不重要，兄弟姐妹、寡妇、小儿子，肯定还有女儿，都不重要。†考虑到“家族树”一词在简出生前就已经存在，因此不难猜测她选择达什伍德（Dashwood）这个名字是不是有意为之。毕竟，她在小说开篇向读者描绘的，就是一棵所有无关的枝丫都被折断、被抛弃的家族树。

第一章之所以令人困惑，是因为它描述的概念就是如此。

---

* 如果继承权链条下游的个人（或多个人）同意，就有可能解除限定继承。人们会同意某种形式的财务安排，或者，如果所有人都处于核心家庭中，可能会承受情感上的压力。不过，除非每个享有权利的人都年满二十一岁，否则三代人的限定继承通常是不可能被打破的，所以无论如何，达什伍德家族也不会出现这种情况。

† 从理论上来讲，把财产留给第二胎的女儿们也是同样可行的，但是基于我上文概述的原因，留给长子才是惯例。不过，在《傲慢与偏见》里，最初的贝内特限定继承很可能规定了长子、长孙、曾孙的继承权，规定如果男性的血脉断了，继承权应该转到同一脉的女儿身上。这就解释了为什么柯林斯先生和贝内特先生有不同的姓氏，尽管也有可能这家人的某一方为了娶一个女继承人或为了继承另一个亲戚的财产而改变了姓氏，这两种情况在18世纪都非常普遍，不足为奇。在简自己的近亲里，除了她的哥哥爱德华被收养以外，还有两个这样的例子。

简在说明一个根深蒂固（且相当矛盾的）文化观念：女人，本该在家里、在亲人的怀抱里度过一生的人，却并不真正属于那里。不论达什伍德家的女人们为家庭做出了什么样的贡献，她们提供的“坚实的安慰”和“乐趣”，她们给予的“关注”都不值一提，这些贡献的“价值”可以轻易被超过、被忽略，被抛弃。在埃莉诺、玛丽安和玛格丽特和她们的母亲背后，是一大群想象中的人，一代代他们这样的人，是无数被剥夺继承权的像达什伍德一样的男男女女。

简并不是唯一质疑长子继承权的基本公平的人。女权作家玛丽·沃斯通克拉夫特也是如此，她在1792年出版的《女权辩护》一书中，主张“同一父母的孩子”享有“平等的权利”。她提出这种观点的段落值得更加仔细地研究。

沃斯通克拉夫特首先探讨了男性的“理性”和女性的“感性”之间的普遍对立，然后探讨了女性如何被说服（或是被逼迫）把自己献身到“母亲和家庭女主人的职责中去”。接下来，沃斯通克拉夫特谈到了继承的财产以及它助长自私和罪恶的倾向，她认为这种事态将继续存在，“直到世袭的财产被扩散得更广泛为止”。然后她又回到对“感性”的探讨上，关于女性的“力量”是如何成为“感性”的，以及“男人”如何“不知道后果，并竭尽所能地让这种力量吞噬了其他力量”。在沃斯通克拉夫特看来，“女性的感性”类似于一种“性反应”；无论社会是什么样，女性都只为一件事做好准备且接受教育——吸引一个结婚对象。如果她们做不到这一点，那她们的感性对自己就毫无用处，因为她们的感性对其他任何人都毫无用处。

> 那些因此而没怎么受过教育的女性（她继续道），通常会被父母残忍抛弃，得不到任何保障；当然，她们还得依靠她们兄弟的理智和慷慨。公正地看待这个问题，这些兄弟都是善良的人，他们能把同样父母的孩子所享有平等权利的东西作为恩惠来给予。在这种模棱两可的屈辱处境里，一个温顺的女性可能在某段时间里仍能享有一定程度的舒适。但是，当兄弟结婚时，一种很可能的情况是，仰仗房子主人和他新伴侣的仁慈，她不会被当作这个家庭的女主人，而会被当作一个不速之客，一个多余的负担。
>
> 谁能讲述这种情况下许多身心同样脆弱的不幸者所遭受的痛苦——无法工作且羞于乞讨的痛苦？是妻子，一个铁石心肠、心胸狭隘的女人，而这并非不公的推测；因为当前的教育模式并不会开阔她的心胸从而让她理解，她只会嫉妒丈夫对他的亲戚所表示出的微不足道的善意；而且她的感性也并没有上升到人性的层面，她很不乐意看到自己孩子的财产被浪费到一个无助的妹妹身上。

这比我经常引用的文本更长，但我认为原因很快就变得清晰明了。简而言之，这就是《理智与情感》的前几章，达什伍德家的各种人物之间的关系和愤恨就是这样展开的，一切都与探讨感性与继承以及二者造成的破坏后果有关。

在沃斯通克拉夫特看来，很显然，目前的继承制度侵蚀了公平和慷慨的本性，歪曲了家人和自然情感的本来意义。在这样的社会里，即使是感性、体谅、与他人的联系感，都只能直白自私地运作，而且同时还得紧盯着能谋利的机会。至于（大多数）男人在女人身上寻找的性反应？那也变成了可以交换的东西。

奥斯汀在《理智与情感》里从《女权辩护》中汲取灵感的观点并不新鲜。如果你把这篇文章放到一屋子学生面前，几乎所有人都能找出平行的地方。真的非常明显。但是否明显到能让我们得出这样的结论：简就是希望她的小说被解读为对女性社会地位的沃斯通克拉夫特式的批判呢？当然，这要看她是什么时候想出这个故事的。正如我在第一章指出，沃斯通克拉夫特在1797年去世后遭到了恶意的人身攻击。甚至在她去世前，她和无政府主义哲学家威廉·戈德温的不正当关系已经让她进入了保守派思想家的视线里。如果《理智与情感》是18世纪90年代或19世纪早期的作品，那它看起来就是一部故意且自觉的女权主义作品。当然，到1811年，由于相当一部分读者并不是很熟悉沃斯通克拉夫特，这种效果可能会减弱。

我们能说的是，即使在1811年，《理智与情感》也可能被解读为关于财产和继承的小说：关于贪婪和需求，还有家庭之间为了金钱而相互做出的可怕而自私的事。

W.H. 奥登在20世纪30年代晚期出版的诗歌《给拜伦的信》中，谈到了他认为简的小说有多么让人心神不宁：

你无法像她震撼我那样震撼她；
在她身边，乔伊斯如同青草一般纯洁。
我很不适地看到
一个中产阶级的英国老姑娘
描绘“黄铜”的多情效应，
如此坦诚和清醒地揭露
这个社会的经济基础。

这是简出版的第一部小说，它持续关注了“社会的经济基础”和“黄铜”。

※ ※ ※

从中世纪起，“黄铜”就是金钱的俚语，“黄金”和“白银”也是。在19世纪早期，“锡”和“锡铅合金”也被使用。简在给侄女范妮的一封信中抱怨道，人们没有购买《曼斯菲尔德庄园》，还借用了她侄子的说法：“虽然我像所有人一样喜欢赞扬”，她承认，“我也喜欢爱德华对锡铅合金的叫法”。

《理智与情感》专注于金属，尤其是作为交换、支付或者转移财富手段的金属。约翰·达什伍德和他妻子痴迷于被带到巴顿乡舍的“盘子”。“盘子”是大型的银质餐具，通常价值几百镑甚至上千镑——这是一种安全的存钱方式，还有一个优点是容易出售和相当便携。当威洛比不屑地提起布兰登上校在东印度群岛的经历时，他嘲笑地提到给人刻板印象的 18 世纪的印度物品，例如“地方长官，莫霍尔金币和轿子”，一个莫霍尔（通常拼写为“moher”或“mohur”）是印度货币的一个单位，用黄金制成，根据 1801 年的《大不列颠百科全书》，其价值“约三十三先令”，不到一英镑的两倍。

与简的其他小说相比，《理智与情感》提到珠宝的次数要多得多，对珠宝的购买和出售的提及也是如此。我们得知，在伦敦的时候，埃莉诺和一个真实的珠宝商“格雷珠宝店”（Gray’s）有贸易往来，她“同店家洽谈，想替母亲交换几件旧式珠宝”。她在出售或抵押它们：不管哪一种方式，都是在把它们变成现金。就是在这家店，她遇到了爱德华的哥哥罗伯特·费拉尔，他正在“订购一只牙签盒”，用“牙饰”“金饰”和“珠饰”装饰而成。她还遇到了哥哥约翰，他正在为妻子订购“一枚图章”，印在蜡上来密封信件的。在他们下一次的对话里，约翰·达什伍德抱怨钱花得太快；简解释说，他的目的是在他下次回珠宝店取订单时“用不着给他妹妹一人买一副耳环”。角色们用金银线、金属丝或金属纸做成精致的金银丝篮子。露西·斯蒂尔送给她未婚夫爱德华一枚镶嵌有她头发的戒指。*

然后，《理智与情感》里还有比例惊人的姓氏跟金属有关。我们有斯蒂尔（Steele）姐妹俩。我们有费拉尔（Ferrars）一家（含铁的 ferrous）。威洛比富裕的表亲叫作史密斯（Smith）太太，

* 尽管在我们看来头发珠宝很特别，但在 18 和 19 世纪却是很普通的东西，既可以用来哀悼，也可以作为爱情的信物。

这是个很普通的姓氏，简在三部小说里都用到了，但史密斯在英文里指的是铁匠。* 威洛比娶了女继承人格雷（Grey）小姐，让人想起了格雷珠宝店，我们还会回到名字相同的话题上。巧合的是（或许并不巧合），“gray”或者“grey”同样也是标志金属缺陷的污点，尤其是在枪上，而当我们第一次见到威洛比时，他就带了一把枪。†

简的小说里经常突然出现枪、刀、剪刀、针和别针。但它们只在《理智与情感》里才被提到，也只在这里才产生了破坏。‡ 达什伍德姐妹们的表妹安娜玛丽亚·米德尔顿因为“夫人头饰上的别针轻轻划了一下孩子的脖颈”而受伤（尽管是轻微地）。威洛比剪下了玛丽安的一缕头发作为爱的信物。爱德华·费拉尔解除和露西的婚约时，跑到巴顿乡舍向达什伍德一家解释他的做法，他在表达压抑的情感时，拿起了“一把放在那儿的剪刀……一边说话，一边不仅把剪刀鞘剪得粉碎，把剪刀也剪坏了”。露西·斯蒂尔——后来的费拉尔太太，她的两个姓氏都有金属的含义——三次被描述为“锋利的”。角色“切掉”了他们的熟人，拒绝承认他们之间相互认识，而这个词并没有出现在简的其他小

---

* 《理智与情感》和《劝导》里各有一个史密斯太太，《爱玛》里还有一个哈里特·史密斯。

† 威洛比和范妮·伯尼的《埃维莉娜》（1778）里非常令人讨厌的克莱门特·威洛比爵士以及夏洛特·史密斯的《塞莱斯蒂娜》（1791）里的男主角同姓，后者对女主角的残忍行为后来证明是由误解所导致。

‡ 《爱玛》里的埃尔顿先生显然是切到了他的手指——哈里特·史密斯珍藏了他用过的一部分创可贴，但我们并没有看到这一幕。《劝导》里的受伤和摔倒有关。

说里。

《理智与情感》的世界是一个锋利闪光的世界，在这个世界里，拥抱可能会让人流血，金属既是贿赂和武器，也是奖赏和威胁。这部小说刻画了简最富裕的女继承人索菲亚·格雷小姐，据詹宁斯太太说，她有五万镑的财富。这个数字可能是准确的。詹宁斯夫人或许很粗俗，或许喜欢仓促下结论，但是她很精明，她了解格雷小姐的家庭（“我还清清楚楚地记得她的姑妈比迪·亨肖，她嫁给了一个大财主。她一家人都跟着发了财。”）。此外，这种信息很可能是常识。在简生活的年代，一个女人带到婚姻里的财产被印到报纸上的结婚启事里，是相当正常的。

格雷小姐的五万镑能够免遭威洛比的毒手吗？她显然“现在成年了，可以自己选择了”。也就是说，她已经年过二十一，不需要任何允许即可结婚。那么我们可以假设，她的钱完全由她自己支配。不过我们也希望，她以前的保护人埃利森夫妇会帮她拟定一个无懈可击的婚姻财产协议，尤其是和威洛比这样一个大手大脚的丈夫。婚姻财产协议一般都强调平衡丈夫和妻子的经济利益；它们为女人以及早于丈夫死亡的女人的孩子托管钱或财产。要记住，已婚女性在法律上是不能独立存在的，她们自己不能拥有任何财产。但包括寡妇在内的单身女性却可以。

根据婚姻财产协议，一个女人对其财产的所有方式和小哈利·达什伍德对诺兰庄园的所有方式是一样的；所有权生效，而且是法律强制生效，只能在特定的情形下：当她变成寡妇的时候。每个婚姻财产协议达成的平衡是不同的，这取决于谁更想要这场婚姻、双方都得到了什么，以及谁占据了更强大的地位。通常，父母和其他亲戚也会被牵涉进来。约翰·达什伍德的母亲肯定在结婚时签订了非常有利的财产协议，因为我们得知她会在儿子“成年”时给他一半的财产，而另一半则会在他父亲去世时“确保”给他。这种协议就是男人想要和女继承人私奔的原因；这也是为什么在某些情形下这么做就成了一种特定的犯罪：一个女人在结婚时就变成了所谓的“已婚女子”，一个“受到保护的”女人。在法律上，她和她的丈夫融为一体，在婚姻里，她拥有的或将要拥有的一切都变成了他的，他可以任意处置。* 和女继承人私奔是一种有效盗取其遗产的方式。在我们看来，庆幸的是，格雷小姐是一个很坚定的人。威洛比为了钱财和她结婚，但他到底能从中捞到多少利益，就不得而知了。

《理智与情感》还刻画了很多经济独立的单身女性。詹宁斯太太拥有寡妇所得遗产，有自己的房子和收入，但只限于她在世的时候。她去世后这些东西都要传给她的女儿们，或者取决于她们婚姻财产协议的明确要求，传给她们的丈夫。但是还有达什伍德太太，她可能并非很会理财，但她却能掌控自己的七千镑财产。威洛比的表姑史密斯太太似乎完全拥有艾伦汉大院，因为威洛比把她要剥夺其继承权的威胁很当回事。范妮·达什伍德——血缘上是费拉尔家的人——提到她父亲留下来的钱，若不是要年

* 根据亨利七世统治时期的一项法令，一名男子和有（或将来可能有）任何实质财产的女子私奔，如果她在整个过程中的任何时候不是完全自愿，该男子则犯下了罪行。

年支付三个仆人的退休金，“这钱还不都是我母亲的，爱怎么用就怎么用”。

值得一提的是，不论在简的小说里还是她生活的时代，对女性而言，这些情形都是很不寻常的。尽管很多读者认为《傲慢与偏见》里的罗辛斯庄园并不属于可怕的凯瑟琳·德布尔夫人，而属于她的女儿安妮（“罗辛斯庄园的继承人，有很大一笔财产”）。* 对于一个把所有财产完全留给其寡妇支配的男人而言，这样做风险极大，因为在那个年代，再婚可能意味着所有财产会直接略过孩子而传到第二任丈夫手上。这样做需要丈夫高度信任妻子的智慧和经济头脑。

当然，这么做的一个原因在于可以留给妻子掌控孩子行为和人生选择的手段。正如18世纪伟大的法律评论员威廉·布莱克斯通所称，尽管父亲对他未成年的孩子们拥有法律上的权利——身体上惩罚他们、从他们的劳动中获益，以及不允许他们结婚，“一个母亲却没有任何权利，只能拥护和尊敬”。但是，一个控制财权的母亲却有权阻止儿子去追求未经慎重考虑的职业和消遣方式（例如赌博和赛马），并引导她的孩子谨慎结合，即使孩子成年以后，她也仍然享有这些权利。希望自己的孩子有段好姻缘是因为唯利是图，对长子野心勃勃可能是因为渴求权力，但费拉尔太太的罪恶也就仅此而已。

然而，我们凭着读者的直觉就是要讨厌她，要在她的女婿约翰·达什伍德坚称她是“一个非常优秀的母亲”时带着怀疑

* 据推测，安妮·德布尔尚未成年。

嘲笑。她的确对埃莉诺很粗鲁，但从小说开始时，在有人替她做任何辩护之前，埃莉诺就已经决定不喜欢她了。*“他母亲究竟是什么样的人，我们无从得知，”她向妹妹承认道，“不过……我们从不认为她是和蔼可亲的。”对于埃莉诺，以及（在一定程度上）对于她的母亲和玛丽安而言，费拉尔太太是个很合适的替罪羊。爱德华任何无法解释或令人困惑的行为都可以怪罪到他母亲身上。我们得知，“埃莉诺把他这些令人惊讶的行为完全归咎于他的母亲”，安慰自己这只是因为爱德华的“从属地位”不允许他“感情用事”。简讽刺地说道：“使她感到庆幸的是，他能有这样一位母亲，她的脾性她不甚了解，爱德华一有什么莫名其妙的事情，就可以到她那里找借口。”而真相远远没有这么令人愉快。

费拉尔太太无疑是个慷慨的母亲，而且非常慷慨，只要她的孩子都按她的意愿行事。范妮和约翰·达什伍德的婚姻显然得到了母亲的认可；范妮是带着钱结婚的，而且在伦敦时，她还得到了母亲给的“两百镑”的“钞票”，用来在社交时留下好的印象。要记住，这几乎是德文郡的达什伍德家半年的收入，是一笔很大的费用。

爱德华和他的弟弟罗伯特肯定都从母亲那里得到了大量的津贴。爱德华自己只有“微不足道的资产”，但他却能或多或少

* 尽管费拉尔太太的女儿嫁给了埃莉诺的哥哥，我们不应该为她俩没见过面而感到惊讶。在简的时代，婚礼是更小型更低调的事，关系很亲的家人不出席婚礼也是相当正常的。爱德华·费拉尔的家人都没有出席他和埃莉诺的婚礼，但他们之后都去看望了这对新婚夫妇。

随心所欲地在国内旅行。罗伯特“打扮得时髦绝顶”，而且会购买像珠宝做的牙签盒这种无用的东西，他不可能缺钱。

然而，费拉尔太太赞同普遍的观念，即长子是所有孩子里最重要的。从我们能找到的信息来看，她花了大量的时间担心爱德华的职业前景：“他母亲希望他对政治发生兴趣，以便能跻身议会，或者结攀一些当今的大人物。”她想为自己的家人获得权力和影响，换句话说，不幸的是爱德华是长子。正如达什伍德太太带着不屑一顾的语气评价爱德华“一不爱花钱，二不好交际，三没有职业，四无自信”。他永远成不了“一个大演说家”。

“我无心出人头地”，爱德华在小说里曾说过。他既没有愿望，也没有机会。罗伯特这种“天生的、绝妙的卑微小人”也不太适合公共生活。费拉尔家族里唯一能言善辩的是范妮，我们都看到她在小说的第一章里说服了她的丈夫。但女人无法直接参加公共生活；她们不得不升华自己的雄心壮志，把精力都集中到她们的男人身上。

费拉尔太太对其对爱德华的政治雄心感到失望，于是她不辞辛劳地努力给他安排和莫顿小姐阔绰的婚姻，“一门最合适的婚事”，莫顿小姐是“莫顿勋爵的女儿”，也是三万英镑的继承人。当她发现爱德华和身无分文、亲戚卑贱，完全不够格的露西·斯蒂尔小姐秘密订婚多年时，她的愤怒是可以理解的。

让人不太能理解的是，她不仅拒绝了爱德华，还把他弟弟罗伯特一家安置在了每年有一千镑收入的诺兰庄园。当一个儿子已经表现得忘恩负义和不孝时，让另一个儿子在经济上独立于她似乎有些鲁莽。詹宁斯太太对此做出了评论：“每个人有自己的方式。但是我认为我不会因为一个儿子折磨了我，就让另一个独立于我。”

我认为，在这里，简对心理活动的合理性不感兴趣，而对解决情节矛盾更感兴趣，罗伯特获得财富和独立，这让他赢得了现实的露西·斯蒂尔的喜爱，从而使爱德华得以和埃莉诺结婚。但这也显示了把资源集中在一个孩子身上是多么的武断和荒谬，这对其他孩子是多么的不利和不近人情。小说里几乎每个角色都对费拉尔太太决定让罗伯特“实际上……被视为长子”以及“得到了他母亲的过分宠爱和厚待”感到惊讶；大家都在讨论爱德华有多么不幸，他的家庭对他多么无情。但是，这恰巧就是长子继承权一直以来的做法，这是一种零和博弈。

※ ※ ※

正如简不断在《理智与情感》里向我们展示的那样，一个人的获得总是意味着另一个人的失去。

在这部小说里，威洛比承认他欠债多年，给自己建造了一个金钱的牢笼，完全指望别人来拯救他，无论让别人蒙受多大的损失。“我的表姑史密斯太太一去世我就会获救”，他快活地说，但“那靠不住，很可能遥遥无期”，他打算“娶个有钱的女人，以便重振家业”。他一直靠期望活着，四处借钱，指望着继承的那一天。他带玛丽安参观史密斯太太的房子时，俨然把它当成了自己的房子；史密斯太太的钱，也被他当成了自己的钱。他一直以来的意图就是娶一个“有钱的女人”，他的目标是在可行的情况下获得尽可能多的财富。

鉴于威洛比那十分贪得无厌的本性，史密斯太太试图通过钱财来控制他也是有道理的。她那控制冲动的背后，也有道德正直的可取之处。当她得知威洛比引诱并抛弃了布兰登上校的被保护人伊丽莎，留下怀有身孕的她孤身一人时，史密斯太太责备了他。我们已经知道，结果是“彻底决裂”。她坚持让他娶这个女孩来赎罪；当威洛比拒绝时（“这是不可能的”），他被史密斯太太“赶出了家门”，她“不再喜爱我”。

威洛比称他的表姑是个“好女人”，但很显然，当她妨碍到他自己的进步时，他就不再善良了：“她一向洁身自好、思想正统、不晓世故——这一切都对我不利”，他抱怨道。此外，他暗示史密斯太太“对我对她不够关心、很少把时间花在她身上感到不满”。在威洛比看来，每一个美德私底下都被自私所驱使。至于他引诱又抛弃的十五岁的伊丽莎，在他看来和他自己一样应该受到责备。他谈到“她那强烈的感情和贫乏的理智”；暗示“普通常识”就能告诉她如何找到他。他的妻子，他打算娶进家门的有钱妻子呢？“不要对我谈起我妻子，”他对埃莉诺叹气道，“她不值得你怜悯。我们结婚的时候，她知道我不爱她。”他甚至能够幻想妻子的死亡——一个能够让他“重获自由”的“幸福的机会”，让他能够自由地把别人的大笔钱塞进自己的兜里。

威洛比很乐意从女性那里得到东西——钱、一绺头发、童贞和体面。作为读者，我们也不应该错误地给予他同情。他的解释或许激起了埃莉诺“一点恻隐之心”，“她很快认识到，她的惋惜与懊悔正遂了他的心愿，而与他的德行并不相称”，但一旦他不在眼前，她就能得出一个更加理智的结论，即“他的整个行为……都是建立在自私的基础上”。

简没有为威洛比的所作所为想出任何理由。最终，他的悔改是“真诚的”——简认为“毋庸置疑”——但那只是因为史密斯太太可能已经原谅了他，他本可以和玛丽安结婚并且仍然得到足够的钱。在我们听到的他的忏悔里，他是自作多情、自我放纵的；要记住，他出现时是他以为玛丽安快死了而喝醉的时候（“是的，我喝得醉醺醺的”），并理所当然地要求得到埃莉诺的关注。这个场景没什么可救赎的。《英国评论家》的评论家直截了当地谴责了威洛比，称他是个“卖弄风情的男人”，“负心、虚伪，奸诈”。这也应该是我们的结论。从一开始，简就表明我们应该怀疑威洛比，他不值得被信赖。

我在上一章提到，由于安·拉德克利夫的哥特小说《尤多尔弗的奥秘》在18世纪90年代末非常受欢迎、被广泛阅读，以至于简希望她的读者能够辨别出她参考的哪怕是最小的细节。当威洛比第一次出场时，他的做法和瓦兰柯尔特几乎一模一样，瓦兰柯尔特是《尤多尔弗的秘奥秘》的男主角，是艾米丽的爱慕对象。*他证明了自己是个赌徒，非常喜欢“迷人的”侯爵夫人和

* 威洛比在小说里露面时，是“一个带着枪的绅士，身边有两只猎犬”的猎人身份。瓦兰考特第一次被形容为“一个年轻人……带着一群狗”，“穿着猎人的衣服”，“肩上挂着……枪”。

伯爵夫人的陪伴。尽管他和艾米丽在一起时是爱她的，但她的形象会褪色。当她卷入危险中时，他没有做任何事去营救她。熟悉《尤多尔弗的奥秘》的读者在发现威洛比是个意志薄弱，在两性问题上变化莫测，而且经常欠债的赌徒时并不会感到惊讶；他和瓦兰柯尔特的不同之处在于，简并不认同一个令人欣慰的观念，即一个罪人可以因为爱情而改过自新，或者他们应该如此。她避免惩罚威洛比。我们知道，“说他永远得不到安慰，说他要逃离尘嚣，养成阴郁消沉的习惯，最后死于过度悲伤，这可令人无法置信”，但她也不愿意给他一个一切都得到解决和原谅的结局。

在这部小说里，幸福的结局，真正幸福的那种，是很稀缺的。在很早的时候，埃莉诺和玛丽安对她们各自的男人都充满了信心，她们讨论多少收入才会带来幸福。玛丽安指责她姐姐认为“财富”是必要的想法，而她只想要“充裕的生活条件”。

> “也许，”埃莉诺笑笑说，“我们得出的结论是一致的。我敢说，你所谓的充裕生活条件和我所说的财富非常类似。如今的世界假如缺了它们，你我都会认为，也就不会有任何物质享受……你说，你的充裕标准是什么？”
>
> “一年一千八百到两千镑，不能超过这个数。”
>
> 埃莉诺哈哈一笑。“一年两千镑！可我的财富标准只有一千镑，我早就猜到会有这个结果。”

正如我们从精明的詹宁斯太太那里得知，布兰登上校一年的收入是两千镑，詹宁斯太太一度把他当作自己潜在的女婿。玛丽安和他结婚时，她得到了她“充裕的生活条件”。但埃莉诺并没有得到她的“财富”。简告诉我们，爱德华作为一个牧师的新工作将会带来“一年约两百镑的收入”。* 她提醒我们埃莉诺自己有一千镑，爱德华有两千镑。假设这笔钱放到政府公债里，“百分之五”就几乎是简所有角色的投资，那一年就会增加一百五十镑，一年总收入就是三百五十镑。

这点儿钱是不够用来结婚的。达什伍德太太不应该再给他们预支任何钱了；他们要结婚的唯一办法就是让爱德华请求他母亲。她很勉强地给了他一万镑，和“之前给范妮的”数额相同。爱德华不仅被变成了次子，还被变成了女儿。不过，多亏了爱德华的母亲，他和埃莉诺一年有了额外的五百镑，总共有八百五十镑。这个收入完全足够了。但是也比不上假如缺了“就不会有任何物质享受的”“财富”。他们请得起仆人，可能也能置办个马车，但是要想把儿子送去读书或者上大学，或者替他们安排职业则会比较困难。他们也不大可能给女儿准备什么嫁妆，肯定准备不了太多。作为牧师，爱德华没有房子能够留给他的妻子和孩子——就像简自己的父亲一样。

除了财务状况，我们还有其他原因怀疑埃莉诺和爱德华在一起能有多幸福。

最初，他和威洛比看起来是完全不同的人。爱德华“并不漂亮”，也不迷人，却很“腼腆”“羞怯”。简告诉我们，他的

---

* 要想了解这个阶段的教会的事业是如何运作的，请参见第五章。

“仪态”，“只有和他熟悉了才觉得逗人喜爱”。同样，和威洛比相反，他对诗歌、艺术和自然没有任何品位，也无法假装欣赏。但是，他也并非特别聪明。简对他最多的评价就是：“他头脑机灵，受教育后就更加聪明。”“更加”并非很高的评价。简并没有解释为什么爱德华是由地方的家教教育的，而没有像他弟弟那样被送到威斯敏斯特。威斯敏斯特自中世纪以来就是伦敦的大型寄宿学校。罗伯特吹嘘他在那里结识的人脉，我们也能想象出他和达官贵人勾肩搭背的情景。老男孩们包括首相、桂冠诗人、剧作家、哲学家、历史学家、法官和贵族，例如约翰·德莱顿、克里斯托弗·雷恩、约翰·洛克、波特兰公爵、埃尔金伯爵、罗金汉侯爵。我们将在第五章遇到的曼斯菲尔德勋爵也去过那里。还有一个叫作沃伦·黑斯廷斯的人，他是印度总督，也是简的表亲伊丽莎的教父。

这个学校为什么被认为不适合爱德华，一定是有原因的，尤其是考虑到他母亲对他的政治野心。很显然，一个叔叔（“罗伯特爵士”）说服费拉尔太太她的长子应该接受“私人教育”。他生病了吗？他被人欺负了吗？他的行为在某些方面不受欢迎，甚至是怪异的吗？为什么要把他送到埃克塞特？那是德文郡的一个城市，离伦敦有几天的路程，在这部小说里你很难逃避这个事实，即书中的角色总是不断往返于各个郡县之间。这个地方离诺福克更远，那是家族房产的所在地。爱德华本可以从在首都工作的一些优秀的专业导师那里接受更好的教育。他本来也不会和导师的侄女露西·斯蒂尔订婚，有人怀疑她是被故意弄到家里来的。

有趣的是，爱德华并没有责备他之前的家庭教师，而是更加责备他的母亲。他把自己和露西的订婚称作是“愚蠢和惰性引起的”，但又很快指出任何愚蠢和惰性都是“不谙人情世故的结果——无所事事的结果”。“我母亲若是给我点儿事情干干，”他说道，“我想，不，我敢肯定，这种情况绝不会发生。”他的母亲应该给他选择一个“职业”，或者“允许”他自己“选择”，她应该早点儿送他去上大学。她“没给我安排个舒舒适适的家”，爱德华抱怨道；他和弟弟“不友好，合不来”。这就是爱德华和威洛比相似的地方，这种总能责怪他人的能力。

除了两人相反的人物设定以外，这并非他们唯一的相似之处。两人在经济上都依附于试图用金钱来操控他们的女性亲属。两人都鼓励达什伍德家的某个姑娘相信他们有意和她们结合，简向我们表明，不但玛丽安和埃莉诺被误导了，几乎所有观察这两对情侣在一起的人都是这么认为的。就这一点而言，哪个男的表现更糟糕是有争议的。不管威洛比刚开始是怎么打算的，有一段时间，他说，“我认为自己的意图是完全正直的”。从小说一开始到小说几乎结束的时候，爱德华都知道自己已经和另一个女人订婚了。他没有资格对埃莉诺怀有正当的意图。两个人都沉溺于自己的虚荣心和情感中，却对他们声称所爱的女性并不怎么关心。

玛丽安允许威洛比剪掉她的一绺头发作为爱的信物（或者可能只是一个战利品）；埃莉诺认为——错误地认为——爱德华戴的戒指里的那缕头发是她自己的。简解释道，她“意识到”，

“这一定是他暗中要弄什么诡计，偷偷摸摸地搞到手的”。埃莉诺“无心……把这看成一种冒犯”，但让我们在这里稍微停顿一下——她认为他偷了她的头发。怎么偷的呢？她想象他从梳子上扯下了她的头发？贿赂了她的女佣或是美发师？甚至可能在她睡觉时带着把剪刀偷偷溜进了诺兰庄园？*

别忘了，爱德华似乎对剪刀也有一种特殊的感情。在小说的结尾，当他来巴顿乡舍解释他和露西·斯蒂尔已经解除婚约时，他因为告诉这个消息而感到尴尬和紧张。他穿过客厅，走到窗户那里，“显然不知如何是好”，然后用“一把放在那儿的剪刀”帮助自己。当他解释露西现在嫁给了他的弟弟罗伯特时，他“不仅把剪刀鞘剪得粉碎，把剪刀也剪坏了”。

难怪爱玛·汤普森在1997年《理智与情感》的电影剧本中认为有必要改动这一幕，她让爱德华摆弄放在壁炉上的瓷器饰品。想象一下西格蒙德·弗洛伊德本来可以有多快乐。鞘的拉丁语意为“阴道”，有着一知半解拉丁语背景的简很可能是知道的。在她的时代，这个词已经被作为医学术语使用了。

那么，这个鞘指的就是露西，或者严格地说，指的她的私处了。剪刀呢，是什么？阴茎？罗伯特的？爱德华的？甚至是其他人的？简很少用象征，但这看上去就是象征，而且是非常令人不

---

* 与头发有关的恋物癖在18世纪肯定得到了承认。在这时期最著名的色情作品《范妮希尔——女性欢愉的回忆录》（1748）里，范妮的一个顾客是“严肃沉着而古板的老绅士，他的特殊癖好就是喜欢梳长发……拿着梳子穿过发丝，在指尖缠绕头发卷，甚至亲吻头发”。

安的、不健康的、性暴力的象征。或许我们不用再去寻找为什么爱德华远离他的弟弟妹妹而接受私人家教的原因了。就像《无事生非》里的歌词唱的那样，“男人们都是些骗子”。威洛比和爱德华都是骗子，能够向母亲、爱人和姐妹撒谎的骗子。通读整本小说，一个细心的读者会发现简建议我们不要急于对人做出评价。有的人或许看起来是一个样子，但他们的真实面目却难以确定。几乎每一页都有些句子在重读时会显得犹豫不决、模棱两可。

例如爱德华，“他看起来和蔼可亲，”“他给出种种心胸开阔和深情的迹象”（我的强调）。甚至连埃莉诺都不得不长篇大论地赞扬他的美德：“对于他的德行与理智……凡是经常见到他，能同他畅所欲言的人，我想谁也无法怀疑。他有卓越的见识和操守，只因生性腼腆，经常寡言少语，一时显现不出来。”我认为，这几句话里用到“怀疑”和“显现不出来”这样的词并非偶然。在读《理智与情感》的过程中，读者对爱德华已经足够了解，从而会怀疑他的理智，甚至他的善良；我们认识到让他显现不出“见识和操守”的并不仅仅是因为“生性腼腆”。

简通过埃莉诺这个媒介提醒我们，错误判断他人是多么容易：

> “我曾屡次发现自己犯有这种错误，”埃丽诺说，“在这样那样的问题上完全误解别人的性格，总是把人家想象得同实际情况大相径庭：不是过于快乐，就是过于严肃；不是太机灵，就是太愚蠢。我也说不清什么原因，怎么会引起这种误解的。有时候为他们本人的自我谈论所左右，更

多的是为其他人对他们的议论所左右，而自己却没有时间进行考虑和判断。”

埃莉诺最好留心她自己的话，我们也要留心。《理智与情感》里的秘密比简的其他小说都要多。书里还有忏悔，而几乎全盘接受这些忏悔的人就是埃莉诺。简为了让这一切发生而所费的周折证明这是很重要的，可能因为我们注定要把她的这些话记在心里。人们的“自我评论”不应该在“没有时间进行考虑和判断”的情形下作为导向。

在埃莉诺收到的四个忏悔里，第一个，露西的忏悔，明显是可疑的。露西听说和她订婚的男人好像正在追求别的女人。她是在警告埃莉诺。当威洛比赶到玛丽安的病床前，并花了相当长的时间跟埃莉诺慷慨陈词时，他声称他打算向她“敞开全部心扉”。我们知道，爱德华最终“向埃莉诺完全敞开心扉”，“所有的弱点、所有的错误都得到坦白”。但每个人的话都需要经过自我辩护和前后矛盾的筛选。它们都不能按照字面意思去理解。

埃莉诺被迫要听的另一个忏悔也是如此，即布兰登上校过去的故事，他和表妹的关系，以及他和被保护人伊丽莎·威廉姆斯的关系。

※ ※ ※

简把三个男性浪漫对象放到了这部小说里。鉴于其中两个花了大量的时间撒谎，并在他们的浪漫故事和性经历中隐藏了阴暗的秘密，我们完全有权问一些关于布兰登上校的尖锐问题。“谁也不会受他的骗！”达什伍德太太喊道。但是，她被爱德华和威洛比都欺骗了，所以我们不要太把她的话当回事。

其他人是怎么评价布兰登的呢？他第一次被约翰·米德尔顿爵士作为一个“特别要好的朋友”提到，“即不年轻，也不活跃”。约翰爵士“曾经暗示过，他以前遭受过创伤和挫折”。詹宁斯太太十分自信地宣称他养了一个私生女——“威廉姆斯小姐……是上校的一个亲戚，亲爱的；一个非常近的亲戚……她是他的亲生女儿。”她同样确定他先爱上了玛丽安，然后爱上了埃莉诺。她告诉了埃莉诺，并通过她告诉了我们，布兰登的庄园大约价值“一年两千英镑”，尽管“他的哥哥把事情搞得一塌糊涂”，上校“时至今日，庄园的开支肯定早就结清了”。威洛比开玩笑说不喜欢他，同时也断言，他相信“他的品格在其他方面是无可指责的”。威洛比和玛丽安都声称布兰登讲的关于“东印度群岛”的故事很无聊。另外，玛丽安认为他是一个“老单身汉”，“老得都可以做我父亲了”。

从这些混杂的事实和观点中，我们可以得到的信息是，布兰登上校不是很年轻：我们第一次见到他时是35岁；他是家里的小儿子，他的大量资产需要认真打理，他曾经去过东印度群岛；他和年轻的被保护人之间有一些神秘的背景关系。

玛丽安在小说的早期部分，认为他俩之间的年龄差距会让任何浪漫关系显得荒诞可笑。这个时期的丈夫和妻子之间相差五岁是最普遍的，简的男女主人公之间的年龄差距会再大一点；差不多是六岁到七岁。[5*] 布兰登上校比玛丽安大十八岁。对玛丽安而言，当她说布兰登老得都能当她父亲时，她并没有夸张，事实的确如此。

然而，简最初的读者并不像我们这样被年龄差距所困扰。更有可能困扰他们的是上校和印度之间的关系。

布兰登上校到底在印度待了多久，我们不得而知，之后我会再谈到这个细节。但是他去过那儿，为英国军队或由英国东印度公司控制的私人军队服役。东印度公司是在 1600 年左右开始和印度开展贸易的几个欧洲组织之一。到 18 世纪晚期，由于战争、代理人战争，道德上存疑的税收计划和更糟糕的事情等，它变成了次大陆上的主导力量。

东印度公司实际上以低廉的价格为英国获得了巨大的帝国控股。但民众的舆论却充满敌意。从印度发财后回国的英国人被讽刺地称为"大富豪"（nabob），是乌尔都语的"大地主"（nawab）的变体。公司的统治被认为是腐败堕落的，甚至是犯罪的。

在 1772 年塞缪尔·福特的戏剧《大富豪》中，主角马修·迈特爵士就是用完全负面的形象呈现的。他被指控"散发遭到毁灭省份的战利品"，是"毁掉成千上万人而成就自己的"那个人。他的财富是"掠夺品"，是"靠欺诈得来的"。在剧中的某一处是这么描写东印度公司的犯罪手法的：

---

* 我们可以推断出简的小说里一些父母的婚姻存在较大的年龄差距，例如，贝内特先生和太太，还有伍德豪斯先生和他的妻子。

哎呀，这里有一群请求被当作朋友的商人，他们占据了城市里的一个小地方，和那些无害无辜的人们进行有利可图的贸易，这些人善良地给予了同意……于是……我们狡猾地蚕食，一点点增强，直到最后，对于当地人而言，我们变得太过强大，我们把他们赶出他们的土地，占有了他们的金钱和珠宝。

除了战争罪行和普遍腐败的指控，这几乎就是威斯敏斯特学校的老男孩、印度总督沃伦·黑斯廷斯在1787年被指控的罪行：他偷了属于奥德皇室女性的金库。事实上，控诉与其说是针对黑斯廷斯和他的行为，还不如说是针对印度政府。起诉由埃德蒙·伯克主导，他是著名的演说家和政治家，偶尔还是理想主义者。在下一章，我们会更多地谈到他和他最著名的作品。

对沃伦·黑斯廷斯的审判在下议院进行，由知名政界人士代理起诉和辩护。在一段时间内，公众的兴趣非常浓厚。然而，这种兴趣逐渐消退。审判一直拖到1795年，当时随着对法战争的政治气候发生变化，黑斯廷斯最终被判无罪。但这对他自己和英国在印度的声誉都已经造成了损害。

简似乎被印度所吸引。在一部叫作《凯瑟琳》或《凉亭》的早期小说里，她把女主角的朋友魏恩小姐派到了孟加拉。魏恩家的第二个女孩被送到了苏格兰，我们得知女主角和她俩都有书信往来；如果简继续写下去，我们几乎确定能看到从印度寄来的信，甚至还可能有把故事场景设定在那里。在《曼斯菲尔德庄园》里，女主角的一个弟弟就被一艘“大商船”雇用，那是东印度公司的贸易船之一。这种着迷是自然的。简的姑妈费拉德尔非亚·奥斯汀曾经航行去过印度，去面对她在出发前可能就已经安排好的婚姻。简的表亲（后来的嫂嫂）伊丽莎就出生在那里。正如我提到的，简的教父就是沃伦·黑斯廷斯。一直以来都有传言，也或许是事实，据说他就是简的亲生父亲。

但无论简的家庭关系或家庭忠诚可能是什么，她都不可避免地知道，对于大多数读者而言，提到印度会是个污点，会提醒他们腐败和贪婪。布兰登因这种关系而遭到污染。她本可以轻易地避免这种情况，要么不提布兰登去过哪儿，要么用其他地方来代替“东印度”，例如加拿大。但她没有这么做。

事实上，如果我们看一下布兰登上校自己及描述的悲剧历史就会知道，他不可能在印度待那么久。这段历史包括以下内容；布兰登上校有一个表妹叫伊丽莎。身为孤儿的她在他家“从襁褓时”开始被抚养长大。他和伊丽莎年龄相仿（“我俩几乎同年”），他们“从小青梅竹马”。随着他们长大，友情发展为爱情。他们计划一起私奔“到苏格兰”，那里在过去和现在都允许年满十六岁的人在没有父母的同意下结婚。但计划被发现了，他俩被分开了，伊丽莎被迫嫁给了布兰登上校的哥哥。

此处，我们再次看到了长子继承权的作用，也能看见它对自然的忠诚和高尚的冲动所带来的危害。伊丽莎是继承人（“她有一大笔遗产”）。布兰登上校的父亲作为她的舅父和保护人，采取行动阻止这场计划好的私奔是完全合理的；如果没有正当的文书，她的财产会立刻从她手中溜走。舅父的直觉和保护人的职责应该是保护，而不是利用。但在不起草婚姻财产协议的前提下把她嫁给自己的大儿子，他就把她的财产都转移到了自家名下；强迫伊丽莎“违心”结婚，根据法律，他可以说是犯了“偷取女继承人”的罪行。这一切都是为了金钱，金钱和布兰登家族长子的利益。家族庄园“负债累累”，正如布兰登上校所说，这“是对她的舅父和保护人的行为所能做出的全部说明”。从法律上说，这种行为是有问题的，从道德上则更应该遭到谴责。

正如预想的那样，这段婚姻没有成功。布兰登上校“失去了”伊丽莎——“她十七岁那年”结婚了。这个时间点似乎是确定的。但是上校别的讲述中开始出现了矛盾。伊丽莎结婚“大约两年”后他听说“她离了婚”。在那个时代，离婚不是一件很容易的事，每一起都需要在议会提案。再加上上校当时在印度的军队，这个消息要想从英国传过去，即使在天气很好的情况下，也需要四个月甚至更长的时间，这样看来，这段婚姻很早就开始出现了严重的问题。上校告诉埃莉诺，“这段悲苦的日子过去了将近三年，我回到英国”。这三年是从离婚后算起的三年，还是自从听说离婚后算起的三年，抑或是从伊丽莎结婚后算起的三年？完全不清楚。

伊丽莎彻底消失了。上校试图找到她，但却在找到“第一个诱她下水的人”之后就追查不下去了。她在离婚时得到的极少的赡养费被转让到了别人名下。但上校最终还是找到了她，“最后，我回到英国六个月之后”。他发现她在“拘留所”（一个私人债主的监狱）即将死于肺结核。和她在一起的是“她唯一的孩子”，也叫伊丽莎，“那是个女孩，是她同第一个非法男人生下的，当时只有三岁左右”。这孩子是在婚后还是婚前出生呢？我们再次无法确定。布兰登上校提到这些日期显然是想表明这个孩子不是他的。他花了半年找她们。加上路上航行的时间和三年，不论他在印度的时间有多不准确，这都不可能是他的孩子。但是，上校解释道他负责照顾她。他把她送到学校，后来他哥哥去世，他继承了家业，他把她“交给居住在多塞特郡的一个非常体面的女人照料”。他甚至让她跟自己住在一起。在一次去巴思的时候，她不幸地遇到了威洛比并被他引诱。她消失了，也有了一个私生女。母女命运如出一辙。

在这个版本的全部事件中，上校的行为都无可指责：他坠入爱河；他自己远走他乡，努力让伊丽莎婚姻幸福；他回国之后试图找到她；他在她弥留之际照顾她；他照顾她的孩子，以及她孩子的孩子；他甚至和威洛比决斗。这就是至死不渝的无私的爱。

果真如此吗？

抛开上校故事里显然的利己主义不谈（只需看看里面的“我”和“我的”就知道了），他似乎从没想过他在某种程度上应该尽可能地攒钱给他的被保护人，去偿还从她母亲身上偷来用于壮大自己家业的那些财富。约翰·达什伍德惊奇地发现上校还没有卖掉他在当地教区作为牧师的权利（“至于给继任牧师那个数额的俸禄……他也许能得到——一千四百镑”）。那一千四百镑本可以有一部分用来弥补布兰登家族曾经犯下的过错，然而并没有。

然后就是日期对不上的小问题。布兰登上校提到“三年前”，他的被保护人“刚满十四岁的时候”。他似乎想说她刚刚满了十四岁。但他在别处提到她母亲在她三岁时去世，他说“那是一个十四年未曾触碰的……话题”。我们在刚遇到他时他是三十五岁，小说快结束时是三十六岁。他的年龄至少被提到了八次。简真的很不想让我们忘记这一点。她是想让我们做一个相当简单的算术题吗？

小伊丽莎出生时，布兰登上校一定有十八岁，或者最多十九岁。再加上她母亲怀孕的九个月，我们突然面临一个问题：她是什么时候受孕的呢？如果真的是十八岁或是布兰登去印度后的两年，那他打算私奔去苏格兰的时候到底是多大呢？十五岁？尽管他小心翼翼、隐晦婉转地声明，尽管他用这种方式给埃莉诺讲故事，好让她推断出他在印度待了五年而不可能是孩子父亲，但是看起来布兰登很可能是小伊丽莎的父亲。实际上，他从来没有明确地否认这种关系。他说这个孩子是她表妹“同第一个非法男人”的“女儿”。他说，“我称她为远房亲戚，但是我心里很清楚，人们都怀疑我和她是至亲骨肉”。

所以她是他的女儿吗？

她的名字是伊丽莎·威廉姆斯。威廉姆斯很可能是她母亲的娘家姓，或者是给她随便选的姓氏。尽管她无权使用她父亲的姓氏，但它也有可能表明了他的身份，即她是“伊丽莎和威廉的孩子”。那就简单了，我们只需要看一看布兰登上校的教名就知道了。无论如何，这是非常有力的线索。

简一直没告诉我们到底是怎么回事。*

在《傲慢与偏见》里，她也从没告诉我们达西的表亲菲茨威廉上校的名字，所以这种沉默不是例外。但布兰登上校是这些小说里唯一一个没有告知教名的主要角色。《理智与情感》里的名字是有问题的。正因为如此，它们占据了不适当的突出地位。我们已经研究了一些姓氏的重要性。† 此外，相当一部分角色的教名相同，不总是因为他们有亲戚关系，而是因为有时候巧合就是如此。

我们有两个伊丽莎，母亲和女儿。我们有玛丽安和她的小表妹安娜玛丽安——可以推测两人都是以某个女性亲戚命名的。还有两个亨利和一个哈利。讨人厌的托马斯·帕尔默和达什伍德家的男仆同名。我们在一次脱口而出的对话中得知范妮·达什伍德和布兰登上校的一个表亲同名。我们有三个成年的约翰——约翰·达什伍德、约翰·米德尔顿爵士、约翰·威洛比，还有一个小约翰，也就是米德尔顿的长子。

18 世纪的英国能选的常用名很有限，这种巧合一定是不断

---

* 爱玛·汤普森在李安导演的电影版《理智与情感》的剧本里给他起名叫“克里斯多夫”，这完全没有任何根据。

† 布兰登上校的姓氏有相当负面的含义。正如澳大利亚评论家奥利维亚·墨菲指出的那样，在塞缪尔·理查森的第一部小说《帕梅拉》中，布兰登庄园是善良的女主角被囚禁并遭到强奸未遂的地方。这是塞缪尔的第一部小说，它主导了18 世纪中期的同类小说。

在发生。但是在一部小说里，这也太过逼真，太过自然。很难怀疑这其中的部分原因在于简在写作方面缺乏经验。正如我之前提到的，我们并不知道这部小说是什么时候写的，或者什么时候修改的，甚至是否修改过。但简在寄给出版商之前肯定是通读过的，我们知道她会通过校稿来检查。

那这些名字的重复有什么深意吗？

我们来看看达什伍德家的表亲们，三个米德尔顿家的孩子。女儿叫安娜玛丽安，男孩叫约翰和威廉。我说过安娜玛丽安和玛丽安都是以同一个人命名的。约翰的名字尽管和约翰·达什伍德和威洛比一样，但他肯定是以其父亲的名字命名的。威廉是以谁命名的呢？很可能是一个教父。一个可能的教父候选人就是他父亲的近邻和“特别要好的朋友”——布兰登上校。所以或许上校就是威廉？

这是我们作为读者得到的唯一提示。我们不能确定，但还有怀疑的余地，怀疑布兰登上校的道德和动机。最终，我们会怀疑玛丽安跟他在一起能否幸福，即使他并没有偷走自己女儿和外孙女的口粮，他也愉快地用一笔从道德上本该属于他女性亲戚的财富去充实了自己。

简自己似乎从来没想真正说服我们对布兰登上校和玛丽安的婚姻抱有好感。为什么让年龄差距如此巨大？为什么让角色自己认为这个差距大到难以逾越（“三十五和十七岁最好不要结成姻缘”“他闲着没事，总在盘算三十五和十七岁之间的不相协调”）？为什么在读者看来，要把故事安排为让两人从来不和对方交流？*为什么不给我们展示玛丽安的感情如何是渐渐变化的，而要告诉我们玛丽安的母亲和姐姐姐夫出于对上校的感激而希望促成他们的结合？简写道："他们都感到了上校的悲伤和自己的责任。他们一致认为，玛丽安将给大家带来慰藉。"玛丽安结婚的时候，"怀着崇高的敬意和真挚的友情"，她发现自己"屈从于新的情感"。在所有这些描写里，玛丽安都扮演了令人担忧的被动的甚至牺牲的角色。我们被一种更愉快的语气确保"玛丽安爱起人来绝不会半心半意，她的整颗心就像一度献给了给威洛比那样，现在终于完全献给了她的丈夫"。

那段时间一度可能有多长，我们不得而知，我们也不知道这段爱情可能会持续多久。

在沃斯通克拉夫特看来，激发女人感觉尤其是性感觉的情感，会成为她们一生的负担，这是不言而喻的。就像她所说，"一个丈夫不可能长久地用激发活泼情感所必需的激情来关注这些事情，而一颗习惯了活泼情感的心，就会转向一个新的情人，或暗地里渴望成为美德或谨慎的猎物"。

这种用它自己的方式结束的结局，就像爱德华玩弄剪刀那样令人毛骨悚然。

在《理智与情感》的世界里，爱情和家庭、荣誉和责任几乎没有任何意义。承诺是用来打破的。女人被驱逐出家庭。保护

---

* 我们从来没有见过这两个角色在一起交流。我们唯一一次看到玛丽安真正在对上校发表评论的时候，他并没有回复。甚至在小说的结尾，也只有几处间接谈到了他俩交换非常基本的礼仪。

人并没能恪尽职守。兄弟忽视他们的姐妹，母亲剥夺儿子的继承权，父亲没能保护他们的女儿。埃莉诺·达什伍德嫁给了一个我们知道的不忠的骗子，而且他（可能）有令人不安的性倾向。玛丽安·达什伍德在对一个邪恶自私的无赖死心之后，嫁给了一个道德存疑、她永远无法确定的男人。爱德华开始后悔曾与唯利是图的或者说过于实际的露西·斯蒂尔订婚。布兰登上校则爱上了一个他并不了解的女孩。

在这样一个社会里，未婚男女基本是分开的，只在适当的陪伴下才被允许社交，一个女人怎么可能对一个男人的性格有任何了解呢，一个男人又如何能期望了解他娶进家门的女人是什么天性呢?

在《曼斯菲尔德庄园》和《爱玛》里，女主角与家庭关系密切并认识多年的男人结婚，并在这种半乱伦的婚姻里寻求安全感。但是在《傲慢与偏见》里，简却提出了一个更为革命性的办法来解决这个问题。

第四章 “我们所有的旧偏见”
——《傲慢与偏见》

史蒂文顿，1798 年圣诞节。*

今晚她本来要和玛莎·劳埃德在迪恩一起吃晚饭，可是天快下雪了，她在怀疑是否应该前往，哪怕只是去邻村。玛莎不会介意的。她是亲密的朋友，自从她俩共同的侄子詹姆斯·爱德华上个月出生以后，她俩就更亲密了。要是詹姆斯娶了玛莎而不是她妹妹玛丽就好了。简本可以爱上玛莎的，她是最赏识《第一印象》的读者。但是，既然她不能和玛莎聊天来消磨这个晚上，于是她拿出了给卡桑德拉写了一半的信，她现在在肯特。但是在传达了她们哥哥弗兰克马上要成为上校，还有弟弟查尔

* 改编自简·奥斯汀写给卡桑德拉的信件（1798 年 12 月 24 日）。

斯过不久就能升职这两个最令人振奋的消息之后，其他话题都显得平淡无奇了。

最近一阵的天气有点冷。她们的母亲就受到了影响，她比别人更容易感到冷。简已经厌倦了舞会。这里少有舞伴，也就不到十二对；她戴着黑色的帽子；她不知疲惫地跳了二十支舞；她的舞伴名单——这些事实都记录在她的信里了。在最近的一封信里可以看出，卡桑德拉自己刚参加了一场舞会，并和一个王子共进晚餐。简在汉普郡的熟人里没有谁能够和王子媲美。但是，还有衣服，还有身体不适，有这样一个母亲和爱德华这样一个哥哥，总有充足的话题可以聊。

还有慈善。她花了半个基尼买了四双精纺长袜，一条连衣裙和一条围巾，然后把它们分发给了史蒂文顿贫困的女人们。卡桑德拉听到这些一定会很高兴的。她自己也很高兴。

她的手指敲打着桌子。还能写点儿什么呢？

也许卡桑德拉听了会觉得好笑，就在她们父亲去找甘比尔上将询问弗兰克和查尔斯的晋升前景时，查尔斯却直接攻击了另一个海军军务大臣。“海军部的大臣们现在已经受够了我们的请求，”她写道，竭力装出一种幽默的口气，“恐怕陛下会大发雷霆，命令砍掉我们的一些脑袋。”

拿这种事开玩笑是不行的。

砍头是一种什么感觉呢？她从报纸上搜集到的信息得知，爱尔兰叛乱现在几乎已被彻底击败。但今年以来，她似乎一直在读到叛军首领如何被挖出心肝，他们的头颅如何被钉到科克郡和韦克斯福德的铁锥上的新闻。可以确定的是，这是他们把法国人邀请到爱尔兰所应得的下场。但是，想象一下看到自己的父亲、兄弟或者丈夫身首异处的场景……

靠得太近了。

她给科克郡寄过信，给她的弟弟查尔斯，那时他还在“独角兽号”上，还不到两年。

她的表亲伊丽莎，聪明、迷人的伊丽莎，从她教父那里继承了一大笔印度财富，她现在嫁给了她的哥哥亨利。她的第一任丈夫费利德伯爵就在恐怖时期被送上断头台。简连续几个月都梦到了篮子里的头颅。

然而，从一开始，一切看起来都不太一样。在十四五岁的时候，她曾坚定地相信对自由和平等的需求——为了公平。

简想到了那些在史蒂文顿附近的村舍里瑟瑟发抖的女人，想到她的慈善给她们带来的温暖是多么微不足道。她想到了楼上病倒在床的母亲，身上盖满了被子，炉火在壁炉里熊熊燃烧。

她现在不知道自己应该相信什么了。

☆ ☆ ☆

每个人——几乎每个人——都喜爱《傲慢与偏见》。* 它经常排在最重要或最受喜爱的100部小说的榜首。男女主角达西和伊

---

* 一个著名的例外是马克·吐温，他曾在一封信里写道，每次他读这本书时，都想把简从坟墓里挖出来，“用她自己的胫骨敲打她的头盖骨”。

丽莎白各自有了自己的生命，就像柯南·道尔的夏洛克·福尔摩斯那样。他们凭借自己的能力变成了文化偶像，他们的关系变成了文学浪漫的终极形式。

几年前的圣诞节，别人送了我一个马克杯。就是你能买到的那种“缩略版经典小说”系列。这个杯子把《傲慢与偏见》的情节概括为“达西先生是个骄傲的人”，上面就是这样写的。“伊丽莎白·贝内特不喜欢他。他们改变了主意，然后结婚了。剧终。”

当然，小说远远不止于此。

1995 年 BBC 电视剧版的《傲慢与偏见》比其他的改编都要重要，它造成了目前持续了二十年之久的对简·奥斯汀强烈的、近乎全球性的痴迷。正是这个版本进入了文化意识，创造了如此强烈的自我意识，以至于当普通大众的一员听到这个书名时，出现在他们脑海中的第一个形象一定是书中没有对应内容的那个画面：大汗淋漓的科林·费斯脱掉半身衣服，跳入彭伯里的湖水里。还有其他很多有名的《傲慢与偏见》的改编版本，很多很多——2005 年由凯拉·奈特莉主演的电影版，宝莱坞版的《新娘与偏见》,《BJ 单身日记》《迷失奥斯汀》《死亡降临彭伯里》《傲慢与偏见与僵尸》，还有科蒂斯·希登费尔德的《合格者》。甚至“传记电影”《成为简·奥斯汀》也依附于《傲慢与偏见》。所有的这些再次讲述和改编作品都是基于读者或观众非常了解角色和人物的假设，简的其他小说都没有这种假设。这种假设并不是错的。

但也正是这种了解，这种熟悉感，妨碍我们去真正看待

《傲慢与偏见》作为文本想要传达的东西。或许，这导致这本书成为简的小说里最难让我们以她想要的方式去读懂的那一本。

即使我们没读过，我们也都知道《傲慢与偏见》是一本愉快、欢乐的书。这在一定程度上是真的，但也只是在一定程度上。

简自己在她一段几乎无法固定基调的作品中称这部小说“太轻快、太明亮、太耀眼”。* 她说，这本书需要“阴影”，“如果可以的话”，需要“用有意义的长章节扩充文本”。她认为，如果这本书没有较长的、合理的章节，那它可能会增加“严肃却华而不实的废话，与故事无关的东西；关于写作的文章，对沃尔特·司各特的评论，或是波拿巴的历史”。

在18世纪的小说里发现一些似乎不知所谓的长篇大论是很平常的事，关于写作的理论探讨也会出现。† 曾经有一段时间，一直普遍的观点认为小说作为一种文学体裁还不够好——不够严肃、益智和具有启发意义。我们在《诺桑觉寺》那章里探讨过这一点，此处出现的“小说的辩护”在某些方面来说和简的说法是相呼应的。在《诺桑觉寺》里，她将这部小说与其他传统上更受尊重的写作形式如散文、历史做了对比，并在文学评论家面前为它辩护。

但是任何“波拿巴的历史”从性质上来说都是政治性的，

---

* 给卡桑德拉·奥斯汀的信；尽管从内部参考资料会发现写信的年份很清楚，是1813年，但此处日期只写了“2月4日”。

† 亨利·菲尔丁的《约瑟夫·安德鲁斯》（1742年，有时被称为第一部英文小说。）是个值得注意但并非孤立的例子。

尽管被叫作“历史”，实际上也是时事。* 毕竟，波拿巴在1813年早期仍然是一个非常现实的威胁。尽管沃尔特·司各特的诗歌就像他后期的小说一样，很大程度是中世纪风格的，尽管受到了广泛好评，但曾经也有一个相当著名的批评——一篇“评论文章”。这篇文章出现在1808年的《爱丁堡评论》上，重点探讨了司各特关于邪恶骑士、邪恶修女和弗洛登战役的长诗，它就是《玛密恩》。

《玛密恩》结束的时候，对“政治家坟墓”发表了演说，希望他们“头脑清醒、手脚干净、机制敏锐，胸怀爱国之心——就像皮特一样！”——皮特是指威廉·皮特，英国最年轻的首相，死于1806年。正是皮特在18世纪90年代监督了政府对激进主义的镇压、国家监控的加强、人身保护令的暂停、起义后与爱尔兰的强制联盟，以及海军和民兵的扩充。《爱丁堡评论》对《玛密恩》的批评文章在结束时嘲笑地提到“作者的政治信条”。跟现在相比，19世纪早期的评论可能是个更加敏感的话题。

简在此处似乎开始讨论政治的原因是什么呢？为什么她在引用之后又声称她的通信者卡桑德拉像往常一样会有不同的想法（“我怀疑你在此处会赞同我——我知道你的刻板观念”）？政治真的“和整个故事”完全“无关”吗？

在几天前写的另一封信里，简提到她在《傲慢与偏见》的

---

* 《伦敦通讯协会》的杂志刊登了一本热情洋溢的《波拿巴将军回忆录》，这个团体确实想要进行革命，推翻英国政府。〔《伦敦通讯学会道德与政治杂志》（1796—1797，卷1）〕。

文本里注意到的几处印刷错误："有几处印刷错误——'他说'或'她说时会让对话立刻变得清楚很多，——"不过没关系，她接着说，"那些缺少聪明才智的人，我的书本来就不写给他们看"。

此处基本引用了《玛密恩》的倒数第二节。在寥寥几行间，读者被鼓励去想象男女主角威尔顿和克莱拉是如何结合的，以及所有分散的情节线索是如何被联系起来的：

那些没有想象力的人，
我的诗本来就不写给他们看，
在弗洛登凄惨的夜晚，
威尔顿在战斗中一马当先……
……我也不向那单纯的少女歌唱，
必须明确对他们说，
国王和亲戚们都同意，
祝福美丽的克莱拉忠贞不渝；
除非我述说，
谁又不能
在她脑海中想象新娘的模样……

当简在思考她的新小说应该如何被阅读时，脑海里突然浮现出的这一节探讨了一个作者对读者会做何期待。它谈到了作者期望读者能够串起各个点，跟随暗示和隐喻自己得出结论，他们可以自己"想象"，自己"描绘"，并不一定要看到所有的话都明白地写在纸上才能读懂作者想要传达的信息。

简想要的是“有聪明才智”的读者。那有没有可能，《傲慢与偏见》并非我们所认为的那样轻松愉快、闪闪发光呢？书里是否还有更加黑暗严肃的元素尚待发掘呢？

※ ※ ※

1943 年 12 月，英国战时首领温斯顿·丘吉尔在突尼斯访问期间患了严重的肺炎。之后他回忆自己当时卧病在床，不能工作，于是他“决定读一本小说”，或者更确切地说，让他女儿给他读一本小说。他“在很久之前”读过“简·奥斯汀的《理智与情感》”，他认为自己

> “应该读读《傲慢与偏见》。莎拉用动人的声音在床尾读给我听。我一直认为这本书比它的同类图书要好。那些人的生活是多么的平静啊！不用担心法国大革命，也不用担心炮火纷飞的拿破仑战争。只要循规蹈矩地控制自然的激情，温文尔雅地解释所有的不幸。”*

这并不是一个独到的见解。帝国著名作家迪亚德·吉卜林

* 这个故事出现在不止一个地方。如今在查顿乡舍的博物馆里，也就是简曾经生活过的地方，曾经有一封信里讲述了这个故事，这封信被装裱在据说是简曾经的卧室的墙上。

就在《简的拥趸》里做了非常相似的直接对比，这部短篇小说讲述了一个角色在“一战”战壕里的经历。在这个故事里，简的小说是荒谬可笑的，几乎毫无意义，而且矛盾地代表了文明、救赎和英国特色，是受伤心灵的一剂良药。主角伦敦理发师汉伯斯托尔学习背诵的名字和篇章刚开始对他而言都是一头雾水——但这些东西多次帮他摆脱了棘手的局面。战后，当他再读这些书的时候，却发现“书里一无是处”，除了看到平淡的和平生活给他带来的那种慰藉。

在保罗·斯科特1975年的小说《战利品的分配》里，一个归来的战犯回忆和一个之前抓他的人讨论回家可能经历什么。（20世纪80年代的电视剧《王冠上的珠宝》是根据一套“四部曲”小说改编的，而《战利品的分配》就是这套小说的终篇。）他们讨论的家是在殖民地印度，但是想象中的归来带有明显的英国特色，抚慰人心，甚至有几分催眠效果——“舒适房间里的一把舒服的椅子”，“读着《傲慢与偏见》，喝一杯特制的麦芽威士忌，抚摸着一条‘忠诚的黑色拉布拉多’的耳朵”。狗、威士忌，《傲慢与偏见》，对印度而言都同样陌生，而且在战争中同样也是无法想象的，至少在20世纪的战争中是如此。

不过，认为简的小说提供了一种近乎毒品的幸福、让人从严酷的现实中逃离出来的想法是站不住脚的。别忘了英国从1793年到1815年和法国正在交战，中间只有两段短暂的和平期。我们必须把这本书放到这个背景下来看。《理智与情感》中顺便提到的“移民”是从法国大革命中来的难民。如果你试图让这场战争和革命的动荡消失，就会很容易遗漏这些参考信息，但是简没有。

战争不断出现在这些小说里，就像背景静电一样嗡嗡作响，不时发出震耳欲聋的尖叫声和哀鸣声。之后，我们将会看到《劝导》的情节是如何紧密围绕拿破仑战争的“鏖战”进行的。在这部小说里，女主角的家人反对她嫁给海军军官，不仅是因为他们势利，还因为他有丧命或受伤的风险，导致她最后身无分文。多年后，他带着从敌人的船上夺得的大笔财富回到家乡，这几乎或没有付出流血代价的收获。当安妮坐在家里“安静、封闭”、焦急地读着报纸时，温特沃思舰长在勇敢地面对军刀、战火和大炮。《劝导》以“唯恐将来打起仗来”而结束。

可能温斯顿·丘吉尔很熟悉由劳伦斯·奥利弗和葛丽亚·嘉逊主演的1940年版电影《傲慢与偏见》，这部电影把所有的故事都转到了维多利亚时期，而且几乎软化了简所有的锋利边缘，甚至还完成了一个艰难的任务：成功地让达西的姑妈德布尔·凯瑟琳夫人变得可爱起来。丘吉尔在还没打开小说之前似乎就知道他会看到什么（他“一直认为这本会更好”），我认为他并不是唯一一个透过朦胧的偏见来看待这本书的读者。不管怎样，我们不得不好奇他在打盹时到底听到了多少简·奥斯汀的《傲慢与偏见》，又有多少是没听到的。

因为他似乎没有注意到的是，对于一部被认为与战争毫不相干的小说来说，它其实无处不提及士兵。小说里充斥着“军队”“民兵”和“军官”这样的字眼。《理智与情感》里有一位上校，似乎已经退役的布兰登上校。[*]《傲慢与偏见》里刻画了两位军人，据我们所知都是在役军人。一个主要角色和相当一部分次要角色都在追求军人这个职业，不过，当然都是军官这个职业。民兵的编制应该是由抓阄决定的，但你可以花钱不让自己成为候选人，所以在实际操作中，地主甚至中产阶级都可以被豁免。[†]

《劝导》和《曼斯菲尔德庄园》都被叫作海军小说；如果说简写过什么陆军小说的话，那就是这一部了。

和《理智与情感》不同，这一部小说的背景肯定设置在战争时期。在书的结尾，当简详细描述各个角色的命运时，她明确提到“重建和平”。那么整部小说的情节就是在战争期间发生的。但是对于简最早的读者而言，这从一开始就是很明确的。第七章里的“民兵团”冬季把营地驻扎在梅里顿，在小说中间部分，他们又搬到了南海岸的布莱顿那里一个更大的营地，只有在战时的民兵团才可能在全国这样四处驻扎。军队夏天去南海岸驻扎，可不仅是为了在微凉的海风中训练军队，他们还是去那里抵御入侵的。

我在肯特郡的查塔姆长大，几个世纪以来，这个地方都是一个主要的海军基地。在拿破仑战争期间，山顶上新建或大规模重建了环城的防御工事。在简的成年期，人们很害怕法国入侵。其中有一定程度的危言耸听。报纸刊登危言耸听的报道，使入侵

---

* 我们知道《爱玛》里的韦斯顿先生曾经在民兵里当过一阵上尉，那是故事开始前二十到二十五年间的事。正如我们即将所见，我们很难确切地判断《爱玛》的时间背景。

† 确保不被民兵抽调入伍是可能的。如果你愿意，可以花二十五先令的保费逃避服役（例子，参见1797年2月1日的《赫里福德日报》）。

显得迫在眉睫，这并不罕见。但谣言并非使人们感到害怕的唯一原因。1400 人的法国军队于 1979 年登陆了威尔士的菲什加德。*虽然他们很快就投降了，但他们上岸了。

其中一个危言耸听的报道至少是相当准确的。该报道发布于 1796 年，它详细讲述了一个逃跑的战犯如何亲眼看见法国的志愿者在敦刻尔克附近集结，他们充满了革命般的杀戮欲，警告称法国已经“沿岸”收集了“大量的平底船，其结构都便于他们的骑兵登陆。每艘船都装备有两门野战炮（例如大炮）。法国人说远征队在 11 月底将会准备就绪”。†

的确如此。法国人并没有进攻防御完备的南海岸；他们选择在爱尔兰西南海岸人烟稀少的班特里海湾登陆。从科克郡航行出发去肃清法军残余舰队的一艘船就是独角兽号，这艘船由简的表妹简·库珀的丈夫带领，船上的军官里有简的弟弟查尔斯。

从某种程度上说，当时的爱尔兰比今天离英格兰更近。简在她的小说里却从不冒险去那里，可能是意识到她描绘的场景无法与更加著名的小说家玛丽亚·埃奇沃思的描述相提并论，玛丽亚在爱尔兰度过了大半生。不过她却常常让书里的角色去爱尔兰，比去其他任何地方的次数都要多。《爱玛》里，简·费尔法克斯的养姐嫁给了迪克逊先生，并和他一起生活在他位于爱尔兰的“乡间住宿巴利克莱格”。在《劝导》里，克罗夫特海军上将和太太在

* 法国人把穿着红披肩、戴着黑色高帽子的威尔士女人错当成士兵的故事很有意思，但没有早期的资料。

† 见 1796 年 11 月 7 日的《阅读水星报》。该报道还出现在至少六家其他报刊上。

科克郡驻扎了一段时间，女主角安妮也有家人生（平淡乏味的贵族达尔林普尔一家）活在爱尔兰。在未完成的小说《沃特森一家》里，女主角回到她出生的家庭，因为把她抚养长大的姑妈改嫁给了一个叫作“奥布莱恩”的人，并且“去爱尔兰定居了”。

我们不用依靠那些神秘消失的信件和简爱上了爱尔兰律师汤姆·勒弗罗伊这个观点来解释这一切。简认识很多在爱尔兰生活过的人，汤姆·勒弗罗伊是一个，但还有我们上文提到的她的堂亲和弟弟。1799 年，她的哥哥亨利也在爱尔兰的牛津郡民兵团度过了一年的大部分时光。他在 1793 年加入了这个民兵团，并成了一名代理军需官。

对于简而言，爱尔兰并不遥远，但是在查尔斯和亨利之间短暂的时间间隔里发生的恐怖事件（尽管她的两个哥哥都成功躲开了）似乎离家乡很近，近得令人不安。

1798 年法国士兵入侵爱尔兰，以支持曾经的“爱尔兰叛乱”，如今则通常被叫作“爱尔兰人联合会起义”。

对我们而言，爱尔兰的民族主义和罗马天主教密切相关，但在 18 世纪 90 年代，天主教会反对爱尔兰的任何叛乱。统一爱尔兰人联合会的很多成员都不是天主教徒。他们是政治激进分子，大多受到法国大革命的文学和观念的直接影响。爱尔兰人联合会一个突出的领导者是爱德华·菲茨杰拉德爵士，他是伦斯特公爵夫人的二十二个孩子之一。爱德华爵士尽管和不列颠群岛一半的贵族家庭沾亲带故，在军队服役过一段时间，还是议会成员，但是他全身心地接受大革命。他去巴黎的时候和托马斯·潘恩待在一起，可以说潘恩的作品同时鼓舞了美国革命和法国革命。他拒绝了他的头衔，娶了一个很可能是奥尔良公爵私生女的女人，奥尔良公爵是法国王室里唯一支持也的确帮助促进革命变化的人。

这次起义不仅是一次爱尔兰人民族起义的表达，它还是一次根本意识形态的碰撞，在一个湿热的夏天，穿过爱尔兰的山丘，经过卡洛、巴利纳欣奇和恩尼斯科西这些城镇的大街小巷，热潮渐渐褪去。子弹漫天飞舞。建筑破坏殆尽。双方都有残忍的暴行，起义的余波也并没有减轻。菲茨杰拉德遭到背叛和刺杀，在监狱里患了败血症且无人医治，垂垂将死。他的同谋、法国军队的将军乌尔夫·托恩自杀身亡。简可能在《汉普郡编年史》中读到了另一个爱尔兰叛军亨利·芒罗的命运，他被倒挂在自己家的大门口。报道称，“在被挂了很久之后，他的心脏被挖出，头也从身体上割下来，钉在长矛上，放到市场里出售”。

这次起义揭露出，英国政府愿意把它的军队——包括雇佣军和民兵——对准它自己的人民。1797 年，在苏格兰的哈丁顿，由于对征召民兵存在分歧，导致了社会动荡，大量平民被杀。这场紧随着起义发生的动荡看起来不太像一个不幸的事件，而更像是最初设立民兵的不言而喻的理由。当议会讨论扩大民兵的提议时，反对方的一员称“真正的目标是扩大部长们的影响力”。他认为，政府想要的是一个用来恐吓民众的强大的武装力量；他们真正的意图是暗中实行“绝对的君主专制”——暴政和独裁。

在民兵服役很像在英国地方自卫队里——在和平年代，你需要偶尔进行训练，但对你的生活不会造成严重的影响。但在战时或国家危急时刻就不一样了。民兵会有意驻扎在远离家乡的地方，在那些他们没有效忠义务、没有朋友和家人网络的地区。习惯上，他们会被安排在城镇里居住；军官住在租赁的房舍里，士兵在小旅店里，不过这已经开始改变了。在《傲慢与偏见》里，至少士兵们似乎住在兵营里，因为在一个场景里，贝内特家的姐妹们都在一家当地旅社“乔治客店”里吃饭。然而军官们却都在他们的“住所里”，身穿红装的他们是小镇上一个显眼的存在，不断提醒着大家这里有政府的监察和管控。我们知道梅里顿靠近大北路——从首都往北的主干道。当大家认为莉迪亚和威克姆从伦敦逃到了苏格兰时，一个角色哀叹道“他们一定是从离我们不到十英里的地方走掉的”。简告诉我们，从梅里顿到伦敦“只有二十四英里的距离”，一个上午就能到达。英国陆军部不是随意驻扎部队，他们把军队放在那里，以便行军到北方或是用来平息都市里的动荡。

小说里的民兵不是为了给贝内特家的姐妹们提供舞伴而存在的；他们带来了一种高度政治化的氛围，他们尾随着危险的气息——平民反抗和政府镇压的画面，更遥远但却更迫近的对民兵和军队叛变的恐惧。民兵体现了这个时代的核心问题之一——你应该怕谁？在逃避一个危险时，你是不是又迎头撞进了另一个危险的怀抱？

简直率地承认穿制服的男人都是充满魅力的。甚至连聪慧、愤世嫉俗的女主角伊丽莎白·贝内特都不能免俗，尽管她眼光敏锐。当她和姐妹们第一次见到卑鄙的威克姆时，她们很高兴地发现他正打算加入民兵——“这位小伙子只要再穿上一身军装，便会变得十分迷人。”*而且，威克姆“容貌举止样样都很出众：眉目清秀，体态优雅，谈吐又十分动人”。最重要的是，他很乐意批评达西的性格。但贝内特家的女孩里最年轻最愚蠢的基蒂和莉迪亚甚至对“少尉的制服”都非常着迷，少尉是最下级的军官，青少年男孩经常有他们的制服。

不过对于简来说，只有天真烂漫和相当年轻的角色才会持有这种态度。贝内特太太“记得有一度我也很喜欢红制服”，但是，尽管她自己是“一个智力贫乏的女人”，她也不再迷恋制服。她也不希望自己的女儿们随便嫁给哪个军官。只有“一位年轻漂亮的上校，每年有五六千镑的收入”才行。

正如我在前两章指出的那样，我们几乎无法确定早期小说的创作时间。但不论《傲慢与偏见》是什么时候、在什么样的伪装下开始创作，等到简出版它时，她自己已经生活在一个实际上有军队驻扎的小镇上。对于她而言，这种魅力已经渐渐消退。

当民兵营要在夏天搬到布莱顿驻扎时，莉迪亚·贝内特的朋友，也就是上校太太邀请她同行。我们知道她是如何想象的：

> 在这个热闹的海滨游憩地的条条街道上，到处都是军官。她幻想着几十名素不相识的军官，在竞相对她大献殷勤。她幻想着蔚为壮观的营地，一排排帐篷齐楚而立，煞

* 理论上，民兵的军官应该是地主——虚构的威克姆和真实的亨利·奥斯汀都不是——但这个规定很容易也经常被规避。

是悦目，里面挤满了欢乐的小伙子。身穿光彩夺目的红制服。她还幻想着一幅最美满的情景：自己坐在帐篷里，情意绵绵地至少在跟六个军官卖弄风情。

简说得很明确，这是“幻想”，而且是一个十五岁少女的幻想。简很清楚民兵军营一点儿也不“美妙”，也清楚一个充满士兵的城镇并非女性的理想胜地，她也知道她的读者都清楚这一点，或者也能猜到这一点。

布莱顿的军营将是脏兮兮的，如果下雨的话还很泥泞。它会散发着臭气。那里会有卖酒的小摊；到处都是醉汉。那里会有女人（和女孩，甚至可能还有一些男孩）卖淫。这些问题不只是大的军营才有。在《傲慢与偏见》里，本应该用来维护秩序和保护当地居民的民兵实际上也一直是一股破坏势力。

当伊丽莎白第一次听说莉迪亚要去布莱顿时，她很震惊。“天哪！”她心想，“梅里顿只有一个可怜的民兵团，每月举行几次舞会，我们就给搞得晕头转向，如今怎么顶得住布赖顿整个兵营的官兵呢！”我们知道，在威克姆和莉迪亚私奔之后，伊丽莎白对当地的闲话“只是半信半疑”，但即使他并没有“在当地每个商人那里都欠了一笔债”，即使他的爱情冒险——他的“偷香窃玉”——事实上并没有殃及“每个商人家”，我们也能得出结论，即威克姆在经济和性方面确实很危险，他也确实在镇上造成了危害。而他只是一个军官而已。难道我们要相信其他人会品行端正地消磨过整个冬天吗?

事实上，我们知道他们并没有这么做。我们看见他们在大街上漫步、调情、跳舞、吃饭和喝酒。我们知道他们会打扮成女人——“我们给张伯伦穿上女人的衣服，让他扮成个女人。你们想想，这有多逗啊！”——而这还是在上校的允许之下发生的（“这件事除了上校夫妇、基蒂和我以外，谁也不知道”）。

这一切欢乐背后还有肮脏的一面。简用一句让人深感不安的话揭开了这一面，这句话让一切社交上的美好又回到了血腥的暴力：“有几个军官最近跟她们的姨父吃过饭，一个士兵挨了鞭打，还隐约听说福斯特上校就要结婚了。”在梅里顿及其附近肯定有很多二等兵，但我们只瞥到了这一个。作为民兵里非常普通的一员，不是军官的他肯定不是志愿兵；他一定是抓阄被抽中，然后被征召入伍的。很显然他没有钱逃避抽签。他被鞭打了，受到了惩戒，如果判断失误或者时机不对，这种惩戒会在士兵中招致反感，有时甚至还可能导致兵变。鞭打使你背上的皮肤脱落。会让你留下终身的伤疤。这个士兵是因为什么受到了教训呢？懒惰、不服从、醉酒、偷盗、发放煽动性的传单还是“打扰”当地妇女？这些都有可能，但每一种可能都无法宽慰人心。

这部小说里民兵的存在带来了重重焦虑。有大量陌生人突然来到身边的那种焦虑。伊丽莎白在小说开始时独自散步的行为实在不太明智。值得注意的是后来她就不再这么做了。但是还有政治上的焦虑，如果这些陌生人变得激进呢？如果一个会议有点儿失控，他们反过来射击平民呢？毕竟梅里顿并非那么的平静。

还有侵略。1797 年在朴次茅斯和泰晤士河口的海军叛乱；

还有战争期间定期爆发的食物骚乱——它们都发生了。尽管它们都属于当时的背景，但它们都是真实存在的。

正如我在上一章提到的，我们并不知道《傲慢与偏见》是什么时候开始和完成的，也不知道它是否曾经还有另一个名字。它很可能就是简在1799年1月和6月的信里提到的小说《第一印象》。它也可能是简的父亲在1797年年底认为好到可以寄给出版商的小说。但我们无法确定。我们也无法确定《傲慢与偏见》的时间背景。不止一位著名的文学评论家花费时间和精力，试图把简提到的日期与某一年或某些年相匹配。但这是不可能的。简自己解释说小说在出版前遭到了“修修剪剪”，谁知道什么被删掉或改编了呢。

但是从剩下的资料来看，如果我们把时间确定到18世纪90年代的中期到晚期应该不会错得太离谱。这和小说结尾所说的“和平”、民兵受到的重视和布莱顿的大型夏季军营是相呼应的。宾利小姐和她姐姐在小说前面的部分讨论伊丽莎白泥泞的衬裙的方式（“我绝地不是瞎说，那上面沾了足足六英寸泥。她把外面的裙子往下拉了拉，想遮住衬裙，可惜没遮住”）也暗示了18世纪90年代的时尚风格，而不是之后的时间。

伊丽莎白穿的一定是裁缝们叫作“英国长袍”的裙子，到18世纪90年代中期，这种裙子开始显得有点儿过时和土气。它有一条前襟开敞的半开裙，后襟可以收起来，也可以放下来。“衬裙”是一种内衣，通常用料或颜色对比鲜明。如果她的“衬裙”后面溅上了泥，伊丽莎白可能在内瑟菲尔德庄园外面停了下来，松开背后用来系住裙子的带子，尽可能把泥土藏了起来。到1813年，这种风格几乎只出现在职业女性的衣橱里。

宾利小姐和她姐姐不只在批判伊丽莎白独自走过泥泞的田地，她们还在抱怨她的穿着有多么不时髦，很多现代的读者都忽视了这一点。

如果18世纪90年代这个时间背景正确的话，那我们可能需要重新审视一下这本书的名字，因为相比我们而言，它对简最初的读者来说可能蕴含更多的意义。

在18世纪的前九十年里，“傲慢与偏见”是一个相当标准、无伤大雅的短语，就像“爱情与友谊”那样，这是简给她青少年时期的一个作品起的名字。在非常受欢迎的作家范妮·伯尼1782年出版的小说《塞西莉亚》的最后一章里，这个短语用大写的形式出现了三次。

简肯定读过伯尼的书并且很喜欢，《傲慢与偏见》微弱地呼应了《塞西莉亚》和更早的《埃维莉娜》里的一些元素。在小说开始的部分，简让贝内特家最相貌平平的玛丽作为她的代言人，给读者发表了关于傲慢的简短演讲。* 但是从1790年开始，“偏见”这个词就有了一种非常特别的战栗感，这是伯尼在写《塞西莉亚》时没有的意思。而那种战栗感与法国大革命和激进的政治

---

* “我认为，”玛丽……说道，“骄傲是一般人的通病。从我读过的许多书来看，我相信骄傲确实很普遍，人性特别容易犯这个毛病。因为有了某种品质，无论是真实的还是假想的，就为之沾沾自喜，这在我们当中很少有人例外。虚荣与骄傲是两个不同的概念，虽然两个词经常给当作同义词混用。一个人可以骄傲而不虚荣。骄傲多指我们对自己的看法，虚荣多指我们想要别人对我们抱有什么看法。”

是密切相关的。

对于1789年的法国大革命，英国最初的反应在很大程度上是柔和而积极的。在大革命之前，法国是绝对的君主专制，不像英国那样有议会来平衡。他们不经审判就会监禁；英国有人身保护令，坚持拘留必须要公开证明是正当的。如果法国变得更像英国的话，这真的是他们能做的最好的事了。直到1792的恐怖时期开始、人头开始落地，英国的民意才开始反弹。到法国王室都被送上断头台的时候，革命分子在每一个心潮澎湃的英国人心中激起的只有恐惧和厌恶。但是，有人几乎从一开始就看到了法国大革命的危险，其中一个突出代表就是埃德蒙·伯克。

我们已经见过他了。就是伯克领导了针对沃伦·黑斯廷斯的起诉——沃伦是简的表亲，也是她嫂子伊丽莎的教父（据说是她的生父）。黑斯廷斯因为其在印度管理英国事务时的强取豪夺和腐败在下议院遭到审判。

伯克约1730年出生在爱尔兰。他的母亲是天主教徒，他的姐姐也是，但他的父亲不是，爱德华和他的兄弟都不是遵循天主教的信念长大的。这在当时的爱尔兰是很正常的。当时有很多立法故意针对天主教徒，让他们的生活更艰难，而让其他人的生活更容易。几乎所有事都成了问题——财产所有权、继承权、上大学和从事某些职业，甚至拥有一匹好马也是问题。对于生活本就受到极大限制的女性来说，反天主教的法律几乎没什么影响；但对男性是有影响的，所有一代代家庭里的宗教信仰是清楚地按性别划分的。

伯克在作为律师受训了一年之后，又把方向转向了写哲学和历史，最终到了议会的他很快成了知名的演说家。尽管他不是天主教徒，但他选择和一个天主教徒结婚。相反，他是在贵格会学校里准备上大学的。他不但在艰难地废除反天主教立法的斗争中发挥了突出作用，还对各种各样的宗教反对者抱有同情，就并不足为奇了。在1780年反天主教的“戈登暴乱”期间，一群暴民在他家门前聚集，在给建筑纵火、杀人、砸开纽盖特监狱和英格兰银行等一系列内乱中，这件事不可轻视。

但在这件事发生后的几年里，他的本能依然是改良主义，不但针对宗教问题，对经济和宪法问题甚至法律问题也是如此。伯克认为他的一些经济提案是“激进的”。他不喜欢王室仍然掌握那么多权力。他能够赞赏美国革命战争中双方的观点，他对帝国扩张在其他地方的处理方式持批评态度。他力争对黑斯廷斯进行审判。他公开反对普遍实行死刑。有一次他甚至卷入了一个被判鸡奸罪的人戴着刑枷被处死的案件。

但法国的事件激发出了他身上强烈的保守倾向。

“——这是什么观众，什么演员啊！”大革命开始几星期后，伯克在1789年8月的一封信中写道；“英国惊讶地注视着法国为了自由而斗争，不知道应该责备还是鼓舞。”伯克很快就决定了。几个月里，他在议会上公开批评英吉利海峡对岸事态的发展。1790年，他出版了《对法国大革命的反思》一书，在接下来的十年甚至更久的时间里，这本书即将成为英国保守主义的试金石，甚至成为激进派批判的目标。*

《对法国大革命的反思》声称是写给一个陷入革命狂热的年轻人的一封信。它是对于过去、对于确定性、对于一直以来事情运作的方式的漫长、痛苦的呼喊。

“我们知道我们没有任何发现”，伯克写道。(这里的“我们”，很快显露出来指的是英国人，你可能认为这个特别的作者在这里采用了一种很奇怪的身份。) 他继续道，“在道德层面没有任何发现”。“政府伟大的原则”和“自由的理念”在“我们出生以前早就诞生了。”伯克认为，“珍惜和培养”他们“天生的情感”几乎是英国人一个激进的性格特点。他们“完整保留了”自己“天生和完整的感情”。而这会导致英国人做什么呢？“我们恐惧上帝；我们敬畏君主，热爱议会，效忠长官，崇敬牧师，尊敬贵族。”伯克坚持认为这应该是——“自然的”——“其他的感情都是虚假和欺骗的”。

他在几句话后又接着写道，“你看”：

> 我大胆地承认，我们一般都是情感上的无知者，我们不但没有抛弃所有的旧偏见，反而十分珍惜它们……我们珍惜，是因为它们是偏见；它们持续的时间越长，它们越普遍，我们就越珍惜它们。我们不敢让每个人都凭自己的理智来生活和交易，因为我们怀疑，每个人身上的这种理

* 这种转变虽然是真实的，但看起来却非常突然。在十七世纪八十年代，伯克的行为经常是古怪不定的，历史学家和他的同辈人都暗示那是因为他有精神问题。

智是渺小的，而个人在利用国家和时代的一般银行和资本方面会做得更好。

那么，18 世纪 90 年代的“偏见”不仅是没有事实依据的偏见或判断——它是一种传统，是“天生的情感”，是毋庸置疑的文化预设，它是整个社会大厦。君主制、政府、司法系统、有组织的宗教、等级制度，所有这些都应该支持，因为它们存在了很长时间。“敬畏”“效忠”“崇敬”“尊敬”——这些都是“旧偏见”。它们就像是革命的旋涡中旋转的木筏，需要紧紧抓住。

在伯克看来，对一贯行事方式的任何批评都必然会导致混乱和疯狂，他认为革命中的法国已经被这两者所吞噬了。质疑现状的任何方面都近乎叛国。诗人威廉·华兹华斯亲自去法国观察大革命，之后转而同意伯克的观点，并在描述他的青年和他如何成为诗人的史诗《序曲》中写道，他把“所有的戒律、判断、格言、信条，像罪犯一样拖进了监狱”，只剩下一片混乱和黑暗。

但这就是激进主义过去和现在的意义所在：质疑未经探索的设想，毫不夸张地追根溯源。它是在重新评估社会在一个基本水平上的运作方式，是在这个过程中挑战伯克所说的每一种“偏见”。

※ ※ ※

如果简不熟悉伯克的《对法国大革命的反思》，她可能就是同时代受过教育的英国男人和女人中的少数派了。我们知道她至少读过同时期其他有影响的政治作家的作品。我们看到她很可能从沃斯通克拉夫特的《女权辩护》那里借鉴了《理智与情感》的背景，《诺桑觉寺》里也有标志显示她熟悉无政府主义哲学家威廉·葛德温的一些作品。如果《傲慢与偏见》在18世纪90年代以同样的标题出版，它几乎无法避免被当作一部政治作品，也无法避免被认为是故意加入激进言论的。

尽管这部小说直到1813年才出版，但它与伯克对偏见的慷慨激昂和不理性的辩护以及革命有着明显的关系。

首先，男主角的名字（达西）和他姑妈的名字（德布尔）听起来和看起来都像是法语。在这部小说19世纪的版本里，达西的名字有时会被印成D'Arcy。"德布尔"则一点儿没有英语化。如果你不想提起在法国发生的事——放弃头衔、没收财产，还有断头台，那为什么要让有法语名字的角色成为贵族和大地主呢?

简的小说在她那个时代也是不同寻常的，因为她很少描写"贵族"——有头衔的贵族。与她几乎同时代的玛丽亚·埃奇沃思和范妮·伯尼都喜欢勋爵或夫人。简并不喜欢，不止一个早期评论家注意到她作品的这个特点。1830年的一篇文章写道："她笔下的人物，大都是地位次等的普通人，很少通过等级和财富的光环显现出来，而这种光环使许多拙劣的描写骗过了轻信的公众。"

简很少会描绘比准男爵地位更高的角色。《理智与情感》里的约翰·米德尔顿爵士就是准男爵，还有《曼斯菲尔德庄园》的托马斯·伯特伦爵士和《劝导》里的沃特尔爵士。准男爵是最低等的世袭头衔；确切地说，他们仍然是"平民"，而不是"贵族”。《劝导》里有一个贵妇，一个子爵夫人，但她绝不是主要人物，因为我们几乎没听到过她说话。

《傲慢与偏见》是个例外，这也很早就被人注意到。一条对简的再下一部小说《爱玛》的评论叹息道，这本书缺乏“《傲慢与偏见》里那些引人入胜的上流社会的角色”。贝内特一家多管闲事但友善的邻居威廉·卢卡斯爵士可能只是“荣获爵士称号”（不是世袭的头衔）。凯瑟琳·德布尔夫人去世的丈夫可能只是个准男爵，最多也就是个爵士。但是——从作者使用她教名就可以看出——凯瑟琳夫人自己是高级贵族的女儿，结果证明她父亲是一位伯爵。* 男主角菲茨威廉·达西是同一个伯爵的外孙。他的表亲菲茨威廉上校，尽管是个次要角色，却也是这个伯爵的小儿子。伯爵是排名第三的贵族等级。英格兰只有少量的伯爵，苏格兰和爱尔兰要稍微多一些。

在《傲慢与偏见》里，简采用了18世纪早期的小说里一种常用的做法，但自从她年轻时的“小说”《美丽的卡桑德拉》之后，她自己的小说里就再没采用这种做法，即含糊地把她虚构的伯爵叫作“大人”。这样做通常有双重目的，一是避免任何可能的诽谤行为，并同时鼓励读者疑惑你是否在指代一个真正存在的伯爵。然而，此处我们多次被告知姓氏是菲茨威廉。这也是达西

* 贵族的特点之一就是，公爵、侯爵或伯爵的女儿叫作例如玛丽·克劳利小姐、伊迪丝·克劳利小姐、西比尔·克劳利小姐等。婚姻只会改变她们的姓氏，除非她们嫁给一位自己有贵族头衔的男士。但伯爵的小儿子们却是“尊贵的”，他们可以和妻子分享这个头衔，但只会出现在信件里。我见过有人嘲笑奥斯汀把凯瑟琳夫人的头衔弄错了，其实并没有。菲茨威廉上校显然没有头衔也是完全正确的。

的教名。而在《傲慢与偏见》时，的确有一个菲茨威廉伯爵——菲茨威廉大人。他是一个首相的侄子，也是另一个首相的孙子。他自己是个著名的政治家。他同时还是埃德蒙·伯克的赞助人，在他出版《对大革命的反思》时，多亏了菲茨威廉大人，他才能在议会占有一席之地。*

那么，这部小说——书名似乎将我们的注意力引向了伯克，书中人物的名字也与其相似——是否怀着对国王的敬畏、对议会的热爱、对法官的效忠、对牧师的崇敬，以用对贵族的尊敬呢？并非如此。

尊贵的菲茨威廉上校是个没有恶意的小伙子——“人长得不算漂亮，但从仪表和谈吐来看，倒是个地地道道的绅士”。他最大的缺点就是喜欢谈论别人的私事，就是他泄露了达西在破坏宾利和伊丽莎白姐姐之间浪漫关系时所扮演的角色。在简的小说里，谈论隐私并不完全是消极的。我们将会在《爱玛》里发现，贝茨小姐没完没了地谈论隐私经常会揭露真相，对于简而言，真相是很有必要的。《劝导》里对隐私的谈论也有过类似的作用。不过在这部小说里，似乎我们注定要对菲茨威廉上校评价不高。毕竟这件事和他没有一点儿关系，而且他几乎不了解伊丽莎白。

但至少在小说前半部分，他是我们能见到的贵族的最佳代表了。达西在第一次向伊丽莎白求婚时，被恰当地指责为一点儿没

* 也许是因为菲茨威廉大人似乎对简借用他名字这件事完全不知情或不在意，这让简更大胆地从他那里借了更多——菲茨威廉大人在约克郡的宅邸就叫作温特沃思·伍德豪斯。

有表现出“绅士风范”。凯瑟琳夫人的行为也远远没有淑女风范。

从小说一开始没多久，凯瑟琳夫人就是个若隐若现的存在，因为将会继承贝内特庄园的远亲柯林斯先生把他最近当上牧师这件事全都归功于她。* 他对这种关系深感骄傲，并把她本人、她的大量马车还有她那贵得可笑的壁炉拖到每一次可能的对话中。我们也从威克姆和伊丽莎白的朋友夏洛特·卢卡斯那里听说过她，夏洛特嫁给柯林斯先生是比死亡还要糟糕的命运。夏洛特婚后寄给家人和朋友的信里，“每讲一件事总要赞美一番”。她决定要爱上她的新家，“家具、邻居、道路”，也决定认为凯瑟琳夫人的行为“极为友好，极为亲切”。夏洛特有一种能把坏事变成好事的天赋。

伊丽莎白在去肯特郡亲自见到凯瑟琳夫人之前，早就形成了对她的看法。她很早就跟威克姆解释说，尽管她的表兄“对凯瑟琳夫人母女俩真是赞不绝口”，但她却有自己的看法：“从他讲起那位夫人的一些具体情况看，我真怀疑他让感激之情迷住了心窍，凯瑟琳夫人尽管是他的恩人，她仍然是个高傲自负的女人。”

读者此时也很可能对凯瑟琳夫人存有疑惑，主要基于她对教区牧师的选择。简在对待神职人员的态度上几乎没有什么伯克式的“尊敬”，《傲慢与偏见》里则是毫无敬意。

在小说里，柯林斯先生邀请自己和表妹们住在一起的信先于他本人出现，这封信“既卑躬屈膝又自命不凡”。等到他真正出现时，他又是“荒谬可笑的”。他很难被当成一个男人严肃对

* 有关雇用神职人员制度如何运作的解释，参见第五章和第六章。

待，更不用说当成一个认真引导教众的道德导师了。最接近他布道的场景就是他给表妹们读福代斯的《布道集》，而这并不是教堂的布道，这本书是一本关于年轻女性应该如何表现的过时演讲集。对于柯林斯先生而言，机智和社交优雅这些概念是非常陌生的。他在 48 小时内先后向两个年轻女性求婚。他的确写下了“一些能适用一般场合的短小精悍的恭维话”。他甚至都不怎么会跳舞。凯瑟琳夫人能够忍受他的陪伴，甚至认为他适合担任牧师这个职位，都说明她本人的性格或理智都不怎么样。

威克姆向伊丽莎白保证她的怀疑和他的经历是相符的。他说，他已经“好多年”没见过凯瑟琳夫人，“不过我记得清清楚楚，我一向不喜欢她，她为人蛮横无理”。

此处值得我们停留一会儿。威克姆和伊丽莎白因为对达西的共同厌恶团结到了一起。威克姆对凯瑟琳夫人的厌恶实际上是他对达西感情的延伸（他暗示“大家都说她通情达理、聪明过人”，一方面是来自“她外甥的高傲自大”）。但就我们的了解而言，伊丽莎白对凯瑟琳夫人的印象完全和达西无关，她刚刚才发现这两个人是亲戚。简在这里给读者提供的是一种强有力，甚至令某些人感到害怕的鸡尾酒——有少许个人和阶级的憎恨，再加上一定分量的有洞察力的判断。一个与商人有着亲戚关系的年轻未婚女性，和一个身为民兵中尉的庄园管家儿子，坐在一起把一个年纪更大的贵族夫人的性格批判得体无完肤，这个夫人有权选择自己教区的牧师，（我们也注定要去想象）她还可能和首相们也有着亲戚关系。

就在此处，就是一个革命性的时刻。

这同样象征着《傲慢与偏见》是一部革命性的小说。一部保守的小说会向读者展示伊丽莎白错得多么离谱，或者至少引入一个真正积极的贵族角色作为平衡。达西本可以作为这种平衡，但正如我们即将看到的那样，他并不是，至少不是以一种直接的方式。相反，伊丽莎白的怀疑（也是我们的怀疑）证明还远远不够。尽管凯瑟琳夫人有头衔和血统，但她不仅狂妄自大，还缺乏教养到令人震惊的地步，比《理智与情感》中粗俗的詹宁斯太太还要糟糕，尽管詹宁斯太太有时会不得体地犯错，但她至少有一颗善良的心。

凯瑟琳夫人在第一次见到伊丽莎白时，就开始审问她，而丝毫没有意识到自己有多么无礼："她先后问起伊丽莎白有几个姐妹，一个个比她大还是比她小，她们中间有没有可能要出嫁的，人长得漂亮不漂亮，在哪里读的书，父亲用什么马车，母亲娘家姓什么？"她要求知道伊丽莎白的年龄。她还批评她被养大的方式。

而且她和每个人都是这样。当她屈尊去牧师住所看望柯林斯太太和伊丽莎白时，我们知道她"查看他们的家务"——她们的针线活，然后"劝说他们换个方法处置"。家具摆放不当，女仆也躲懒偷闲。她甚至批评了她吃到的食物和夏洛特对家务的管理。

凯瑟琳夫人出生于奢华之家，并且一生如此。她对几乎所有话题都是自封的专家，并且从不要求自己去获取新知识。她一度声称"我想，英国没有几个人能像我这样真正欣赏音乐，也没有几个人比我情趣更高。我要是学过音乐”，她可笑地宣布，“一定会成为一位大家”。她毫无经验，但这并不能阻止她向伊丽莎白提供弹琴的建议。简还告诉我们，她对贫穷完全缺乏认知也没有阻止她在“只要哪个村民爱吵架，好发牢骚，或是穷得活不下去”时冲进“村里”，自信她有能力“调解纠纷，平息怨言，骂得他们一个个相安无事，不再哭穷”。

是否和对待民兵的态度一样，简在此处并没有给读者展示一个完美运转的系统呢？佃农们不但“贫穷”“不满”；而且凯瑟琳夫人除了训斥他们以外并没有为他们做过任何事情。她并不是个女施主。她并没有位高而任重的觉悟，她不认为贵族阶级需要承担某种程度的责任。我们似乎瞥到了断头台的影子。

在《傲慢与偏见》里，没有对贵族不假思索的尊敬，正如对柯林斯先生没有任何敬意一样。

事实上，简清楚表明头衔和血缘几乎不重要。在这部小说里，有没有“绅士风度”和你的社会地位毫无关系。菲茨威廉上校是绅士，达西大部分时候都不是。宾利也是绅士，他的钱财是“靠做生意赚来的”。伊丽莎白的舅舅加德纳先生也是一位绅士，他是个“知书达理、颇有绅士风度的人……富有教养，和颜悦色”，尽管他靠“做买卖”营生。不过这并非总是衡量真正道德价值的可靠标准，毕竟威克姆也被形容为“绅士”，但几乎所有人都有成为绅士的可能。在这个自觉政治化的文本里，“教养”与血统无关，而与你的思考和行为方式有关。凯瑟琳·德布尔夫人“缺乏教养”，而乔治安娜·达西地位低下的同伴安妮斯利太太的社交努力却“证明她确实……有教养”。伊丽莎白最终被说服尊重的不是达西的“高贵”血统，而是尊重他为了挽救她妹妹莉迪亚的名誉而采取的行动，以及他“总是高尚的、公正的”“情感”。

和简大多数的女主角一样，伊丽莎白也有能力不足的父母。他们没有为她提供经济上的支持，也无法为她提供道德上的指导和建议。但是有角色执行了第二种功能——她的舅舅和舅妈，加德纳先生和太太。加德纳先生是个考虑周到的人，比贝内特先生周到得多。贝内特先生试图在伦敦寻找莉迪亚时都懒得给他的妻子和女儿们写信；相反，加德纳先生坚决要保证她们知情。他做了莉迪亚的父亲应该做的所有事。他的妻子也近乎是简让我们在《傲慢与偏见》里能见到的模范角色了。加德纳太太是个“和蔼、聪慧、文雅的女人”。她很善良，她把最年长的贝内特小姐带回伦敦去治疗情伤；她很机智，我们看见她会“出于同情”而转变对话方向，她“及时而善意地”警告伊丽莎白对威克姆产生感情。此外，伊丽莎白不仅赞同她的方式，还感激她的干预，简评论道：“在这种事情上给人家提出规劝而没招致怨恨，这可算是个绝好的例子。”

不仅让商人的角色成为长辈中最和蔼可亲的人，更成为这部小说的道德权威，这种违背一贯认知的做法具有重大意义。简没有试图缓和他们社会地位的现状。加德纳一家人住在伦敦，但是和时尚的伦敦西区非常不一样的伦敦，简在《理智与情感》里带我们见识过那个伦敦。他们的房子在齐普赛德街，“能看到他们自己的货栈”，这里今天仍然是金融中心。加德纳先生是一个乡村律师的儿子；他的妻子没有什么我们认识的亲戚，尽管我们知道在她在结婚以前曾在德比郡靠近彭伯里的地方住过一段时间，她曾经见过彭伯里（似乎是从外面见过），而且和威克姆有很多共同的旧相识。我们可以推测那就是她最初的社会地位，她与管家和律师是一样的。至少她在结婚后没有离开她成长的生活半径。加德纳先生能够为了乐趣而出门旅游——他和妻子提议伊丽莎白和他们一起去湖区度假——但他要优先考虑工作，他的生意需要他转道去德比郡短暂旅行，这为伊丽莎白和达西带来了改变人生的结局。

更重要的是，加德纳先生对他所从事的任何行业都非常感兴趣，这使他与宾利一家等人非常不同——宾利小姐和她姐姐大部分时候都忘记了“她们兄弟和她们自己的财产全是靠做生意赚来的”。正如我们所见，这个时期的社会阶层迷恋土地所有权，但它几乎愿意忽视这样一个事实，只要有足够的钱，而且钱的来源被体面地隐藏起来，那么钱就来自贸易。相反，在《傲慢与偏见》里，我们被鼓励对加德纳先生的评价要比对威廉·卢卡斯爵士的评价更积极，卢卡斯爵士的爵士称号“让他讨厌做买卖了”，甚至让他放弃了生意，尽管他完全不富裕（他在夏洛特结婚时只能给她“一点点财富”，而且他似乎有至少五个孩子）。

在简的其他小说里，读者会知道，城市的角色——与贸易有关的角色——被纳入喜剧范畴或是给女主角带来难堪。我们知道简喜欢的一部小说（夏洛特·史密斯的《埃米琳》）里，职业生涯开始于“城里一名律师的书记员”的角色“很狡猾”，只对“地位或利润”感兴趣。女主角的追求者里有经商的，显然也是令人讨厌的。她唯一认真考虑的男人都是贵族。在伯尼的《埃维莉娜》里，我们美丽年轻的主角对做生意的亲属带来的耻辱感到痛苦不堪。她常常感到懊恼，充满了“屈辱”，唯恐哪个熟人可能会听到这些人中的哪一个“叫我表亲”。她在纸上写下她为自己与祖母的“亲密关系”感到“羞愧”。伯尼的小说从不质疑埃维莉娜的势利。她的城市表亲们总是争吵不休，毫无吸引力，他们的言谈充满了语法错误。她的祖母更是骇人听闻。埃维莉娜比他们都好，在她风光地嫁给了奥维尔勋爵之后，她便头也不回地抛弃了他们。

不过在《傲慢与偏见》里，达西那种盲目的势利是不能容忍的。在小说前半部分，他很确定自己和别人在社会阶层里的地位，把地位当作一种事实，而不是观点。对他而言，这是不能改变而且不言而喻的。这种观点看起来是如此正确，以至于他从未想过去质疑。用伯克式的术语来说，这就是偏见——因为每个人长期这么认为而变得正确的观念。当宾利姐妹俩抓住机会嘲笑贝内特家姐妹们的“低贱亲戚”——那些真正靠工作谋生的人时，一向好脾气的宾利表示了反对（考虑到他的财富来源，他也可能反对）。他试图为他们辩护。“即使她们的舅舅多得能塞满齐普赛德街，”宾利嚷道，“也丝毫无损她们的讨人喜爱。”达西并不赞同，他认为事情不是这样运转的。他并不反对最大的贝内特小姐“和蔼可亲”，但是有那样的亲戚，“要想嫁给有地位的男人，机会可就大大减少了”。要注意，此处他说的是“可就”而不是“将会”或者“很可能”，这与可能性无关，但是与指导“这个世界”运行的方式有关，这个世界就是达西所了解的世界。

达西对伊丽莎白的第一次求婚也带有同样的偏见。简隐瞒了求婚的大部分内容。简在他迅速转向总结之前让他宣告，“请允许我告诉你，我多么敬慕你，多么爱你”，阻止他告诉读者太多信息。如今这已经成为她小说的一种特色，成功的求婚通常不会被完整地记录下来，这让几代编剧都感到沮丧。唯一的例外是《劝导》，这是简最后一部（或多或少）完整的小说，那是一个相当独特的求婚，因为女主角首先间接地表达了爱意。我们知道那需要做大量的剪接，有巧妙的舞台监督才能成功。我们能够更完整看到的是失败的求婚，例如埃尔顿先生对爱玛·伍德豪斯的求婚，或柯林斯先生对伊丽莎白的令人难堪的求婚。

此处我们得知达西“说得十分动听”。但是，“除了爱慕之情之外，还要详尽表明其他种种情感……而且吐露起傲慢之情来，绝不比倾诉柔情蜜意来得逊色”。简告诉我们他谈到了伊丽莎白“出身低微——他自己是降格以求，而这方面家庭的障碍”，阻挡了他的“心愿”，而这种“激动，似乎由于他在屈尊附就的缘故，却未必能使他的求婚受到欢迎”。然而，他到底说了什么，导致了伊丽莎白由最初的“怨恨”到之后的“愤怒”，并不清楚。在伊丽莎白拒绝了他使他感到震惊之后，达西坚持认为没有什么原因让他为“所说的种种顾虑感到羞耻”。相反，他的这些顾虑是“自然的、正当的”。这种对于自然的坚持可能再次让人想起了伯克。尽管读者无法赞同或者反对，因为我们不知道这些顾虑是什么。他在反对谁？是基于什么？他们的出身，还是行为？

现在来看，这可能是其中一个被“删减掉”的场景。从艺术的角度看，这有一定的道理，因为接下来的一整章都是达西给伊丽莎白的信，他说得越少，作为读者的我们对他将要揭露的事就越感兴趣。但后来，达西似乎以特别轻蔑的口吻谈到了加德纳先生和他太太。小说三分之二时，伊丽莎白和舅舅舅妈在德比郡度假，最后去了彭伯里。她如果不尴尬地承认就无法摆脱这个计划，而且她也得到保证说达西并不在家。当然他还是出现了，而且提前了一天，当时伊丽莎白和加德纳夫妇正被人带着参观宅邸。

因为显而易见的原因，在拿破仑战争期间，在英国国内去有历史背景或风景如画的地方旅游变得越来越普遍。现在由英国国民托管组织监管的大房子同样也吸引着游客。但并不是任何人都可以被允许参观。你不用买票——这不是金融交易。实际上，你是在用社会资本支付；你必须要相信你会得到允许，通常是上等仆人的允许。从社交角度而言，这是一个“过客”的问题。加德纳夫妇就是这样。

他们也得到了达西的认可。他问伊丽莎白“能否赏个脸，给他介绍一下她那两位朋友”。我们马上就会探讨这次介绍的重要性。简在此处清楚地表明达西一刻也没有怀疑加德纳夫妇的身份。简解释道，伊丽莎白“想当初他向她求婚的时候，还傲慢地看不起她的某些亲友，而如今倒好，居然想要结识这些人，真让她觉得好笑”。接下来几页里，我们发现伊丽莎白对达西的心真正开始变得柔软了："几个月以前他还不屑于和这些人打交道，如今却要主动地结识他们，极力想要博得他们的好感；她还发现，他不仅对她客客气气，而且对他曾经公开鄙视过的她那些亲戚，也彬彬有礼。"

正如我们将会发现，批评家们指责《爱玛》的女主角是个势利眼，这是带有偏见的。但是他们却没有如此批判达西，尽管在小说最开始的部分他的势利更加明显、更有破坏性。

※ ※ ※

如果我要问你达西和伊丽莎白第一次相互介绍是在什么时候，我几乎可以确定，你会开始形象地描述一个某个改编作品的场景：梅里顿的舞池；木质地板，烛光摇曳。背景有音乐和跳舞的人们。前景是贝内特太太正在追逐有钱的追求者，在宾利先生和达西先生的关注下强迫着自己的五个女儿，而且几乎是把大女儿塞到了宾利先生怀里。在改编作品里，这些都是非常必要的，也有助于确保观众能够一开始就清楚角色的姓名。但书里并不是这样的。

今天的英国社会不像以前那么重视介绍环节。现在几乎没人在意谁应该被介绍给谁，也几乎没人担心头衔是否准确。没有人过度关心第一次拜访新邻居的能让人认可的方式。如今的礼节要灵活得多。但在过去需要花费更多的时间和注意力。作为读者，我们应该尤其关注《傲慢与偏见》里的这些礼节。

《傲慢与偏见》里提到了三十次社交介绍。和其他稍长一些小说比，《曼斯菲尔德庄园》里有十九次介绍，《爱玛》里有二十三次，《理智与情感》里有十五次。好几处场景都明确提到了介绍的恰当形式和正确性，例如当柯林斯先生非常不恰当地把自己介绍给达西先生时。小说的前两章讲述了贝内特先生考虑是否要去“拜访”新来的有钱邻居宾利先生。贝内特太太迫切希望他能去。她非常关注女儿们的婚姻前景，并乐观地宣布宾利先生“兴许会看中她们中的哪一个”。她告诉她的丈夫“你真应该去一次，要不然，我们母女就没法去见他了”。

拜访意味着去别人家里，并呈上你的名片，然后你就可以期待被允许见到男主人或女主人。被拜访的人应该在几天之内回访。对于更加正式而非真正友好放松的社交拜访而言，最初会面的硬性规定是十五分钟——当宾利先生回访贝内特先生时，“跟他在书房里坐了大约十分钟”。拜访这个词，正如它本身暗示的那样，即是见面。贝内特先生出现在宾利的家门口，即是在宣誓他与其平等或大约同等的社会地位；通过回访，宾利能证明他是否认同那种评价。这也是贝内特先生查看新来的邻居是如何生活的（家具、仆人；宾利是否穿着讲究、是否有宿醉等令人无法接受的习惯、是否有情妇）一种方式。一旦拜访和回访让每个人都感到满意，正常的社交就可以开始了。

贝内特太太无法自己开始这个过程，此时的宾利家里没有女主人（他在梅里顿的舞会前才把他的妹妹们从伦敦接过来）。女性不能对单身男士进行首次正式拜访，只可以拜访女性。所以你可以明白当贝内特先生不断说他不会去拜访时贝内特太太为什么那么沮丧，* 如果贝内特先生不去拜访，那就暗示着要么他不认为自己和宾利拥有同等的社会地位，要么就是他不愿意允许自己的妻女们和他社交。不论是哪种原因，这对贝内特太太的婚姻野心来说都如同丧钟一般。拜访并不是一个空洞的姿态，它是有目的的。那个目的正是贝内特先生对太太开玩笑时说的："我可以写封信……就说他随便想娶我哪位女儿，我都会欣然同意。"

"拜访"是少数几个可以接受向陌生人介绍自己的场合之一。介绍通常需要第三人，某个熟悉双方的人——如果你愿意，可以叫作双方诚意和品格的保证人。巴思这样的地方很难找到这样的人，所以需要一个典礼官来担任这个角色。这已经相当正式了。还需要就当事各方的相对社会地位做出决定，因为通常社会地位较低的一方会被介绍给地位较高或拥有更多资源的一方，所以年轻人被介绍给老年人，单身人士被介绍给已婚人士，没有头衔的被介绍给有头衔的，男人被介绍给女人。一旦被介绍，你就可以跳舞、交谈，等等。但是任何一方都可以拒绝介绍，以表示他们不愿意和对方结识。

看看 18 世纪晚期或 19 世纪早期的几乎任何小说，你就知道介绍是怎样进行的：

---

* 我认为，我们应该能从贝内特先生对宾利的行为里看出一丝恶意。贝内特太太一知道她先生已经拜访了宾利，就把宾利邀请到家里来，好让他见见她的女儿们，他因为要去伦敦而不得不拒绝邀请。到梅里顿舞会的这一天，贝内特先生陪着妻女去舞会从而能够自然而轻松地介绍她们吗？没有，他待在家里，待在书房里读书。幸运的是，宾利找人介绍了简。

莱昂内尔急切地请求允许他把妹妹和表妹介绍给阿贝利太太，她欣然同意了这个提议……

“莫蒂默，”德维尔先生说道，“我想您已经有幸见过这位小姐了吧？”“是的，先生，”他回答，“我不止一次享受过这种幸福，但是我从未有幸被介绍给她。”……

有人把贝林顿夫人介绍给那位女士，她谢绝了……*

在简的小说里，介绍几乎总会被特意提到，尤其是主角之间的介绍。《爱玛》是一个例外，因为爱玛从小就认识奈特利先生，他们是近邻，但我们常常会看到其他男女主角的见面。在《诺桑觉寺》里，我们知道“典礼官给她介绍了以为很有绅士派头的年轻人作舞伴。他姓蒂尔尼”，凯瑟琳很激动。在《理智与情感》里，爱德华·费拉尔“是个很有绅士派头，很逗人喜爱的年轻人，他姐姐住进诺兰庄园不久，就介绍他与她们母女相识了”。威洛比与玛丽安相遇的状况特殊，意味着他不得不介绍自己——这可能是一个警告。在《曼斯菲尔德庄园》的第一章里，甚至连孩子们（从十岁到十八岁）都要正式地介绍给对方——全家人聚集在一起，女主角的姨妈陶醉于“领着她去见众人，让众人关照她的脸面”。《劝导》里的男女主角在七年前解除婚约后就再也没有见过对方，他俩努力避免被再次介绍的尴尬——“她发

* 这些例子来自范妮·伯尼的《卡米拉》。

现，他曾经以过去泛泛之交的身份，打听过她的情况，似乎也承认她所承认的一些事实。他之所以要这样做，或许也是出于同样的动机，等到将来相遇时好回避介绍”。

介绍是一个很重要的时刻。

据我们所知，更引人注目而且显然更加故意的是，伊丽莎白和达西从没有被介绍给对方。事实上，他们一直在积极阻止其他角色努力让他俩正式认识。

第一个场合令人难忘，但我们容易错过其真正的重要性。这件事发生在小说很早的时候，在梅里顿的舞会上，这也是我们作为读者第一次见到达西。我们几乎立刻就发现宾利和达西性格迥然不同。当宾利“很快就结识了全场所有的主要人物”时，达西昂首阔步地走来走去，成功地冒犯了每个人。我们知道，他和宾利的妹妹们跳了两次舞，拒绝被介绍给“其他任何女士”。

对我们而言，达西拒绝跳舞——在舞会上拒绝跳舞——使他在社交上显得笨拙，但几乎又讨人喜欢。我们知道，他不喜欢跳舞。“我讨厌跳舞，”他之后说道，“但凡能避免的，我哪里也不去赏这个脸。”相反，他拒绝做任何社会期望他做的事。这很难抵消他“身材魁伟，眉清目秀，举止高雅”，更不用说他的“每年一万镑收入”的影响，但是他做到了。他让自己成了一个奇观。连很少批评朋友的宾利，当他看到达西“一个人傻乎乎地站来站去”时也很恼火。

从达西的角度来说，这是故意的吗？有迹象表明的确如此。要记住，达西本可以远离，正如宾利建议的那样，如果他想避免参加内瑟菲尔德的舞会——“他可以在舞会开始之前上床去睡觉，随他的便好啦”。他本可以和年长的男士们去棋牌室。舞会的房间基本上都有一个棋牌室。他本可以和年长的已婚女士交谈。然而，我们却发现他造成了一些令人相当不悦的场景。*他坐在一位女士“身边”，“半个钟头，没有开过一次口”。当她绝望或蔑视地问他问题时，据说他“不得不敷衍一下……但她说他气呼呼的，好像是在怪她不该跟他说话似的”。当宾利向达西保证有很多“可爱姑娘”，并指了指伊丽莎白，还提出要安排介绍——“让我请我的舞伴给你俩介绍介绍吧”——达西“朝伊丽莎白望了望，等伊丽莎白也望见了他，他才收回自己的目光，冷冷地说道：‘她还过得去，但是还没漂亮到能够打动我的心。眼下，我可没有兴致去抬举那些受到别人冷落的小姐。’”

我们知道，伊丽莎白正“坐在”他“后面”。可能他回头看了她。他引起了她的注意。他想让她听到他的话。梅里顿的好人们一致认为达西“看不起人”，或者像贝内特太太所说的“傲慢透了”。我们可以确定的是，在小说的这个时候，他是故意讨人厌的。他应该得到伯克所坚持的“尊敬”吗？基于这样的行为肯定是不行的。他似乎更愿意和男人打交道。当然他们在社交地位上几乎都是低于他的。他愿意和威廉·卢卡斯爵士交谈，他已经

* 达西拒绝和他认为的社会地位比他低的人交流，这导致了一些如鲠在喉的、三角关系式的对话，就像当贝内特太太对达西在她面前说的话感到生气时，他其实是对宾利小姐说的，这时贝内特太太不得不称他为“那个绅士”。在小说结尾时，当她只用最简短的话语和达西交流时，这种表面上的无礼其实是在试图纠正达西在社交场合里造成的问题。

荣获爵士称号，达西愿意尊称他为“先生”。他几乎在小说结尾时才见到了贝内特先生；有人很想知道这种特殊的介绍是怎么进行的——什么是顶级王牌？年龄还是年收入？但是达西拒绝被介绍给任何女性，他已经清楚表明他不但不愿意跳舞，而且认为女性都低人一等——可能是太低了，都到了不愿意给予传统上对的女性礼遇的程度，也不愿意暂时在介绍中把对方视为地位较高的一方。

至少有一个人似乎是这么认为的。我们来看看第六章里的场景。两周过去了。此时的伊丽莎白和达西还没有正式结识，他们还没有被相互介绍。我们之所以知道，是因为简告诉我们：达西一直在观察伊丽莎白，他被不由自主地吸引住了，他“开始希望对与她交往。为了争取与她攀谈，他总是留神倾听她与别人的谈话”。他们还没有到达交谈的地步。他们还没有相互的社交认同。伊丽莎白注意到了他的偷听，宣布她“一定要让他明白，他那一套瞒不过我”。当然，在没有介绍的前提下和他交谈是“不恰当的”，伊丽莎白也承认。她的朋友夏洛特·卢卡斯挑逗她和达西提起这个话题，“伊丽莎白经她这么一激，立刻转过脸”，发表了具有挑战性的评论。但即使有了她坚定的鲁莽，还有朋友的挑衅，伊丽莎白也只是说了短短几句话而已。毫无疑问，这种情形在社交上让人很不舒服，夏洛特坚持让伊丽莎白坐下弹钢琴，给了她一个脱身之计。

当天晚上再晚些的时候，威廉·卢卡斯爵士正在艰难地和达西交流。正在谈话的空隙，他注意到了伊丽莎白，“恰在这时，朝他们走来”。他“灵机一动，想趁机献一下殷勤”，一时冲动地决定介绍两人好让他们跳舞。不过他却用错了方式——“亲爱的伊莱扎小姐，你怎么不跳舞呀？达西先生，请允许我把这位小姐介绍给你，这是一位十分理想的舞伴。”这明显暗示伊丽莎白在社交上是更低等的。这肯定也是达西感到“万分惊奇”的部分原因。威廉爵士虽然已经进宫觐见过国王，但这种介绍也违背了正常的礼节。

伊丽莎白拒绝了介绍 :“她急忙将手缩了回去，有些心慌意乱地对威廉爵士说道 :‘先生，我确实一点也不想跳舞。你千万别以为我是跑到这边来找舞伴的。’”她“决心已定”。威廉爵士的“劝说”和达西的“恭恭敬敬”——人们可能会想这是他最近才有的——都是“徒费口舌”。伊丽莎白不仅不想和达西跳舞 ；她还不想和达西正式结识，至少不想这样结识。她在此处没有和达西说过话，而是通过威廉爵士和他交流的。在她看来，她传达的信息已经很清楚了——她并不想承认达西比她高一等。

激进的思想者会认为这是一个返璞归真、提出问题的时刻。如果双方不能同意他们相对的社会地位，那像介绍这样日常和直接的事情会发生什么呢？

简一直都在准备读者迎接这一刻。她不但用贝内特夫妇间关于拜访的漫长争议开启了整部小说，而且当贝内特太太因为这件事沮丧得几乎语无伦次而大喊出“无聊！无聊！”时，她的丈夫斥责道 :“你乱嚷嚷什么？”然后他提出了一个问题。我认为，这个问题不仅是针对他的妻子，也是在针对我们 :“你以为替人家做做介绍讲点礼仪是无聊吗？”

简并不太认为它们毫无意义，但我认为，她感兴趣的是，当你开始更仔细地研究它们时会发生什么，当你把它们一起拿走时又会发生什么。

所以她创造了一种情境，首先达西拒绝被介绍给伊丽莎白，然后伊丽莎白拒绝被介绍给他。她让两个人几乎完全是在社会规范之外开始了一段关系。在这种情况下，所有固定的想法和传统的观念、偏见，都被连根拔起。

她把他俩的关系和其他更传统的、得到社会认可的安排放到一起。有性别分明的拜访和活动（打猎、钓鱼，绅士和军官们用餐）。有宾利和伊丽莎白姐姐之间的保守的爱情。宾利用很得体的方式赢得了对最大的贝内特小姐的介绍："他打听她是谁，让人做了介绍，然后请她跳下两曲（舞）"。甚至连宾利的爱慕也是教科书式的。他对贝内特小姐的赞美是直接从伯尼的《埃维莉娜》里摘抄来的。在认识她可能一小时之后，他宣布"我从没见过她这么美丽的姑娘！""至于说到贝内特小姐，他无法想象还会有比她更美丽的天使"。*

简准确地告诉了我们贝内特小姐和宾利之间的关系是怎样的。他们非常适合对方，但感情并不是很浓厚。这两个人"经常

---

* 伯尼的小说《埃维莉娜》用以下对话来赞美同名的女主角："天哪，"男人喊道，"她是我这辈子见过的最美丽的生物！"奥维尔勋爵尽其所能地笑了起来，但回答道："是的，一个相当普通的女孩。"我的上帝啊！"疯子叫道，"她是个天使！"

见面”，但“从没在一起接连待上几个钟头”，“他们每次见面总是跟一些杂七杂八的人混在一起”。贝内特小姐和宾利“跳了四曲舞”，“有天上午去他府上跟他见过一面，后来又跟他一起吃过四次饭”。接下来，她在内瑟菲尔德庄园待了五天，但大部分时间都卧病在床，甚至当她康复之后，身边也总有其他人。他们在梅里顿简短地见过一面，然后又在内瑟菲尔德的舞会上一起跳舞。正在这个时候，宾利离开了赫特福德郡，并在他的妹妹们和达西的共同努力下被说服远离那个地方，两个人的交往也就到此为止了。贝内特小姐直到第二年秋天才再次见到了宾利，然后他们几乎立刻就订婚了。他们的互动根本不足以让彼此了解对方的性格；这是婚姻生活一个摇摇欲坠的基础，尽管这个婚姻恪守各种礼仪。

相比之下，达西和伊丽莎白也有一个相同的时间范围，一起跳过一次舞，吃过几次饭，争吵了很多次，共同散过步，共同在房间里坐着，争论，通信，批评对方的家庭和举止。达西求过婚，但遭到了拒绝。他详细讲述了他妹妹犯下的性过失。伊丽莎白在收到莉迪亚私奔的信息后见到的第一个人是达西，他也是第一个得知此事的人。他立刻冲出去解决这件事。他俩没有见面的最长时间是大约三个半月。两人都改变了自己的想法和行为。他们都承认了自己的错误，甚至还互相介绍了自己的亲属——我们可以想象，人们可能会尤其注意到最后这个行为，因为根据社会规则，他们不是正式结识的。

我们是如此熟悉他们俩之间的事，以至于我们都没有意识到他们的行为有多么不恰当。他们的关系坦诚、认真到令人震惊，而除了他们之外，几乎没有人知道发生了这些事，更不清楚真相了。他们订婚的消息对伊丽莎白的家人而言是个彻头彻尾的惊吓，而且遭到了家人彻底的怀疑。

我们知道，伊丽莎白无法容忍传统和固定的行为模式，不是为了表现得对立，而是因为她认为它们不值得坚持。简告诉我们，她"生性活泼，爱开玩笑……遇到什么可笑的事情都会感到有趣"。"我最喜欢开玩笑"，伊丽莎白很早就在小说里承认，但是当达西出于本能的畏缩，指责她无心、不经思考的嘲笑时，她反驳了他。不。她的玩笑是有方向，有目的的，甚至"我想我从不讥笑英明恰当的行为。我承认，愚蠢和无聊，心血来潮和反复无常，这些的确让我觉得好笑，我只要有机会，总是对之加以讥笑"。

对伊丽莎白而言，时代的智慧和其他任何东西一样，都值得怀疑。达西一度在讨论诗歌的时候提到了莎士比亚。"我一向认为，诗是爱情的食粮"，他半引用了《第十二夜》的内容。但伊丽莎白却不这么认为，"那要是一种美好、坚贞、健康的爱情才行。凡是强健的东西，可以从万物获得滋补。如果只是一点微薄的情意，那么我相信，一首出色的十四行诗就能把它彻底葬送掉"。

从本质上来说，伊丽莎白是一个激进派。她知道自己的想法，她保留为自己决定问题的权力。她不认可很多类型的权威，或只在适合自己的范围内容忍它们。有一次我们看到她几乎在训导自己的母亲："看在上天的分上，妈妈，说话小声点。"她说道。这不是孝顺的女儿应该做的事。对待一家之主的父亲，伊丽莎白也是用批判的眼光来看待的。简告诉我们，“对于父亲在做丈夫方面的失职行为”，她“从未视而不见过”，认为“太不应该了”。当她一度想要说服他不要允许莉迪亚去布莱顿时，她其实是在告诉他他是一个多么无能的家长 ：“对不起，恕我直言。好爸爸，你要是不管束一下她那副野态，告诉她不能一辈子都这样到处追逐，她马上就要无可救药了。”

在小说快要结束时，当凯瑟琳夫人出现在伊丽莎白的家门口，并要求这个年轻的女士不要嫁给达西时，她措辞的方式正是伯克会认同和赞成的，那就是他在《对大革命的反思》中他自己用的那种语言。她的要求里全是义务、服从、要求、“廉耻、礼仪、谨慎”、“本分”和“恩义”。而这种语言遇到了一种完全不同的语言。“你没有权利。”伊丽莎白宣布。“那关我事什么事？”她问道。她说，她“只不过拿定主意，觉得怎么做会使我幸福，我就怎么做”。社会受到了严重的打击——达西和伊丽莎白的关系与任何人无关。

伊丽莎白作为女儿的不孝，她的嘲笑，她对柯林斯先生的不尊，她对凯瑟琳·德布尔夫人的不敬，这些都成了一个整体。简而言之，伊丽莎白整个人构成了保守派的噩梦。

※ ※ ※

伊丽莎白的越轨行为几乎和玛丽安·达什伍德一样多，甚至可能比她还要多，但简从来没为她安排任何惩罚。没有疾病，没有背叛，也不用看着心爱的男人娶别人，而自己却只能退而求其次。简唯一让她做的就是让她在见到新证据时改变对达西的看法，这完全符合激进派的观点。实际上，简似乎非常喜欢伊丽莎白——她对这个角色的评论是我们所知道唯一确定记录下来的她对女主角看法。*“我认为她是出版物里最讨人喜欢的人，”她在小说刚出版后的两封信里写道，“我不知道怎么才能忍受那些不喜欢她的人。”过去两百多年的大部分读者都倾向于赞同作者的看法，但这种赞同绝不是普遍存在的。

与《诺桑觉寺》和《理智与情感》一样，《傲慢与偏见》从来没有得到它期待的读者，有证据显示因为它出版的时间有些不合时宜。文学杂志直到1813年才把伊丽莎白作为一个激进的女主角而看待，尽管《文献评论》谈到了她“敏锐的洞察力”和“精神的力量”，并认为她是“故事里的贝特丽丝”——把她和莎士比亚《皆大欢喜》的女主角进行对比，她是另一个意志坚定、充满自信的女性，有自己坚定的想法和伶牙俐齿，能够戳破她遇到的任何膨胀的自我。然而，评论家也确信伊丽莎白“独立的性格……被保持在适当的礼仪范围内”。

但至少有一个当代读者认为伊丽莎白非常不得体，而且有着

* 经常被引用的关于爱玛·伍德豪斯（“一个只有我自己会喜欢的女主人公”）的评论是没有根据的家庭传统，而我们不能完全确定简在一封似乎写于1817年的信中提到的“几乎对我来说太好了”的女主角是谁。也许是《劝导》的女主角安妮·艾略特，但我们不能确定。

的判断力：一个叫作玛丽·拉塞尔·米特福德的女士，她自己就是个作家，所以她可能更能理解简在这部小说里到底想要干什么。米特福德非常仰慕作为小说家的简，但她却无法忍受伊丽莎白：

> 在《傲慢与偏见》的每行字里，在“伊丽莎白”的每个字里，都能感觉到，像达西这样一个人竟会爱上这样一个鲁莽、世故的女主角，这完全是由于他没有鉴赏力。威克姆也同样坏。噢！他俩真是天生一对，我不能原谅可爱的达西把他们分开了。达西是所有角色中设计得最好、生命力最强的。*

不过，达西绝不是米特福德在此处暗示的完美人物。正如他自己所说，“我有不少毛病”。显然他不是一个保守的典范，尽管他解决了情节里的困难，但他的方式并不是保守派真正能够接受的。他的骄傲是与生俱来的，他有时赞同等级观念的偏见，他有时会求助于公认的权威和“自然的”观念——普遍接受的、由来已久的观念，但简很早就表明他是“聪明的”，聪明到最后无法否认伊丽莎白的批评和争论是公正的。

事实上，在达西被伊丽莎白深深吸引之前，就有征兆表明他能够接受新观念。我们知道达西“总是一个劲地买书”。他说，“如今这个时代”，他不能“忽视家里的书房”。那他买了什么书

* 米特福德给威廉·埃尔福德爵士写信，埃尔福德爵士是小威廉·皮特的朋友，也是民兵中校。这封信写于1814年12月20日，是从更长的书信里保存下来的唯一片段。有趣的是，米特福德似乎预计埃尔福德会同意她对伊丽莎白的负面评价。

呢？在这个场景里，我们得知他是一个非常年轻的妹妹的监护人。他买的是年龄更大的女人们写的关于带大小女孩的书，这种行为非常讨喜，也很激进。他买的并不是传统的、男性写的行为书籍，例如福代斯写的《对青年妇女布道集》，简在《傲慢与偏见》的其他地方提过这本书。达西用女性的成就结束了内瑟菲尔德会客厅里的漫长讨论，他认为舞蹈和现代语言都是很好的，但一个真正有成就的女性“她还应该有点真才实学，多读些书，增长聪明才智”。这显然是在参考海斯特·夏萍的作品《关于思想进步的信件》，书里详细描写了女孩们如何能通过恰当的阅读计划教育自己。简可能意识到夏萍和玛丽·沃斯通克拉夫特在《女权辩护》里一样，都是作为激进派而得到了大家的赞扬，简的很多读者也意识到了这一点。

达西对伊丽莎白的特立独行感到激动不已，因为这深刻反映了他自己性格中某些隐藏的、很大程度上受到压抑的部分。他情不自禁地和她争论，争论女性的成就、诗歌、苏格兰舞蹈、音乐、其他人，还有他们自己。在肯特，他故意而且再三找到她。他去牧师住宅拜访她，和她单独在罗新斯的花园里散步。伊丽莎白在心里生气地总结着这些场合，“他不光是客套几句，尴尬地沉默一阵就走开，而是觉得必须掉过头来，陪她走一走”。在她拒绝他的求婚和他们发生激烈的争论之后，他再次在私底下找到她并递给她一封长信。这封信占据了这一章的大部分内容，全文有两千五百多个词。我们知道，他“在早饭后不久”把信给了她。他在“早晨八点钟”就开始写信——那是信上标注的时间。

之前宾利打趣地解释道达西写信并不“洋洋洒洒”，他“总要琢磨四音节的字”。但这封信的写作时间肯定短到无法“琢磨”。他是从心底写的。把信给伊丽莎白也是个糟糕的主意，非常冒险，因为他可能会在给信的时候被看到，从而引起各种闲言碎语，而且信里坦率地谈到了他的亲妹妹之前败坏名誉的行为。达西想要——他也需要——替自己解释。

在一部更保守的小说里，一个更保守的角色将不会接受他的行为需要解释。他也不会愿意被改变。在保守小说里，像达西这种角色的行为是不会受到批判的。达西比伊丽莎白年长七八岁。他是“一个庄主和家主”，“掌握着多少人的幸福……”，随他所愿，“能给人带来多少快乐，造成多少痛苦”，他很富裕，拥有一座很大的庄园，他是贵族的后裔，简还邀请她的读者去想象他和有影响力的政治人物之间的关系。

但他却听从了伊丽莎白的意见——她是一个乡绅的第二个女儿，没有财产，却有一个愚蠢粗俗的母亲，还有一帮地位卑贱的亲戚。他让自己在她面前变得易受攻击。他向她学习：“我真是多亏了你！你教训了我一顿，开头真让我有些受不了，但却受益匪浅。你把我恰如其分地羞辱了一番。”

18世纪的作家们非常担心让他们的上层角色们和不匹配的人结婚。* 他们不顾一切地想在男女主角之间实现社会平等，因

---

* 唯一真正令人信服的例外是塞缪尔•理查森的《帕梅拉》，即便如此，女主角的社会地位在小说结尾也仍是个问题，甚至在漫长续集的大部分时间里也是个问题。这种不平等的婚姻遭到了其他作家的恶意嘲笑。

此他们几乎总会遇到各种紧急情况。孩子们会被保姆交换，邪恶的叔叔会隐藏合法的继承人，弃儿最后会发现和当地的地主有亲戚关系，财富会突然出现，结婚证书会被发现，保护人会和被保护人结婚，表亲之间也会结婚。

简没有在《傲慢与偏见》里这么做。

达西和伊丽莎白的婚姻并不像她父亲担心的那样“不平等”。双方都欣赏和尊敬彼此。他们的关系开始于拒绝接受社会的不平等，他们的关系也终结于此。

没错，当他们刚订婚时，伊丽莎白有点儿犹豫在达西面前是否要做她自己——“现在还不便跟达西开玩笑，那还为时过早”；她也认为有必要“保护”达西远离她的母亲和姨妈菲利斯太太，焦急地想要“让他跟她自己谈话，跟她家里那些不会使他难堪的人谈话”。但她本不需要担心。达西的改造已经完成了。伊丽莎白很快又恢复了她那种“活泼调皮的口气”，“对她的丈夫放肆”。

简在《傲慢与偏见》的结尾提到婚姻中的“自由”和平等，并且突出谈到了兄弟姐妹和对方兄弟姐妹的关系——从而微弱地呼应了法国大革命中对自由、平等和博爱的呼吁，这难道是巧合吗？我认为不是。她特地告诉我们，威克姆和莉迪亚的性格“没有任何改变”。她让读者们决定在其他角色中谁经历了改变。要记住，简想要的不是“没有想象力的笨蛋”那样的读者，正如司各特在《玛密恩》中提到的那样，她要的是能够而且愿意跟随小说中的线索，得出显而易见结论的读者。

达西因为他妹妹的缘故不愿意接受威克姆来家里做客，人们也能想到他会避免频繁邀请岳母来家里，但他最初很不情愿认识的其他亲戚——伊丽莎白的父亲，她的姐妹们，甚至莉迪亚——他都欢迎来家里做客。相反，出于伊丽莎白的意愿，凯瑟琳夫人只被勉强允许来家里。在伊丽莎白和达西打造的这个新的大家庭里，达西最喜欢的家人，除了他妹妹以外，他“保持着极其密切的关系”并“十分感激”的，是加德纳夫妇，做生意的低等亲戚。彭伯里并不像凯瑟琳夫人担心的那样遭到了“玷污”。相反，它留住了最好的旧人，也欢迎最好的新人。

几乎每一个见到达西和伊丽莎白的读者都认为这两个角色极具吸引力。他们独立的个性，他们的聪明才智，他们偶尔的固执，他们能够审视自己的行为及其原因并努力改正的能力，他们互相支持和有益的婚姻，这些方面几乎完美地契合了当今西方理想状态下的自我表达和幸福的婚姻。但他们是美好的。简在其他小说里从没像在这部小说里那样，给我们创造了男女主角之间如此完美的婚姻。伊丽莎白和达西不仅是作为角色被创造出来，他们也是象征。

任何对大革命和反革命的晦涩语言感到敏感的读者会按照本来的方式阅读《傲慢与偏见》——一个充满革命性的童话故事，一个关于如何通过改革和激进的反思安全地重塑社会的幻想。达西既代表政治上有权势的贵族，也代表拥有土地的上流社会，他不得不接受改变——接受伊丽莎白和她的嘲笑。正如他自己所说，他必须“适当地谦卑”；他必须意识到真正的价值存在于道德和行为里，而不是血统里。他把骄傲搁置到一边，他的偏见也基本被瓦解，当达西花钱把民兵军官威克姆调到一个常驻在英格兰北部的纽卡斯尔并很可能被派驻海外的军队时，他也象征性地消除了民兵所代表的威胁。

如果社会要进行变革，革命能不流血地进行，那就不用担心民众的不满情绪会高涨，政府就没有理由保留一支武装部队来镇压自己的人民。一旦和平回归，就像在小说结尾那样——适时、象征地回归——伊丽莎白和达西就可以继续他们的激进婚姻，远离毫无意义或前后矛盾的规则和惯例。他们会在一起读书、辩论，继续接受新的思想，随时准备摒弃不再适合的偏见。这是一个童话般的结尾，一个甜蜜的结尾。没有人遭到惩罚，甚至连威克姆和凯瑟琳夫人都没有。

这只是一个童话。

回到现实世界，简在出版了两部小说之后，又把眼光聚焦到了一个远远没有这么甜蜜的主题上。她的下一部小说《曼斯菲尔德庄园》将会使她的一些读者们大为震惊。

第五章　“链子和十字架”
——《曼斯菲尔德庄园》

伦敦，1813年。*

本来期待晚上能去看戏剧的小女孩们现在正在生闷气，不过是最温和的那种。在过去半小时里，简坚决不理睬她们，现在又鼓励她的大侄女范妮也不要理睬她们。在涉及妹妹们的时候，范妮并不总是那么明智。毕竟，简确定，如果她不得不像今天早些时候那样，让牙齿屈从于斯宾塞先生的仁慈的话，她自己也一定会相当生气的，挫牙、取牙，金色填充物，谁知道还有别的什么。还有那些愁眉，一阵阵的叹息，很可能是一个象征，倒不是象征着女孩们觉得自己被人利用得很厉害，而是她们要寄给在肯

* 改编自简·奥斯汀写给卡桑德拉·奥斯汀的信件（1813年9月16日）。

特郡家里的兄弟姐妹们的信可能会很难写。语言并非总是那么容易变得流畅的，这一点没人比她更清楚了。

简很喜欢戏剧，但是加上购物和在牙医那里令人疲惫的时间，她很希望能在她们的陪伴下读过一个安静的晚上。她的眼睛又开始困扰她了。去镇上的旅程常常会让她这样。是深夜、烟熏缭绕的灯光，还有总是被马车和十字路口的清洁工激起的街道上的灰尘造成的。在亨利家这间舒适的内室里，坐在圆桌子旁感觉要惬意得多，尽管女孩们有一点儿烦人。她戴着新帽子，知道她的发型多多少少是时尚的，也让人感到愉快。

茶的到来似乎是给信结尾的好时机。女孩们显然也是这么想的。她们笑着把范妮从桌子旁拽走，抱怨道她们都要饿晕了，那些小蛋糕们正好可以拿来解馋。

范妮挣扎着维持她的威严，开始训斥她们吃的所有垃圾和甜食，并威胁她们可能还得再去牙医那里。玛丽安可能得把所有的牙齿拔掉才行！

玛丽安的脸吓白了。她就着酒和水喝下的鸦片酊并没有使她忘记在斯宾塞先生手里所受的折磨，可怜的孩子。

“范妮，”简一边折信一遍说道，“这样是没用的。”

范妮好像没有听到她姑妈说的，就像拿出一张王牌似的说糖是奴隶做的，所以她的妹妹们吃太多糖是最不道德、最粗野的。

“真的吗？”小女孩们问道。“真的吗，简姑妈，我以为英格兰现在没什么奴隶了呢？”

“我们没有，”范妮说道，“你们必须得知道糖来自产糖的岛屿，牙买加、安提瓜岛等那些地方。而且这么大量地吃糖是很惊人的，简直就是异教徒的行为。普伦特先生说糖很可能是在血里浸透的。”

“噢！”莉齐高兴地喊道。“普伦特先生！”

简皱眉让她安静下来，但范妮的脸颊上开始泛起一片红晕。

玛丽安把她热热的小脸靠到简的耳朵旁，悄悄告诉她普伦特先生是范妮特别的朋友。

爱德华出现在了门口，他看起来很严肃，亨利跟在后面，表情尴尬。小女孩们都安静了下来。范妮也是。她的父亲并不喜欢约翰·普伦特先生。

小女孩们都散去睡觉了，范妮和爱德华一点点吃着蛋糕，避免看向对方的眼睛，简低声问爱德华他是不是不舒服。

一直表情痛苦的亨利终于承认胃不太舒服。如果简能好心给他一些加了糖的茶，他会好很多。

简低头盯着精致的杯碟，勺子摆好了，糖也被研成了粉末。

她的另一只手移到了哥哥查尔斯多年前给她买的黄玉十字架上，它现在仍然是她最漂亮的饰品。她在穿衣服准备用晚宴的时候戴上了它，以搭配她的帽子和发型。

她在想，为了做出这一勺糖，又有多少灵魂遭受了苦难呢?

☆ ☆ ☆

《曼斯菲尔德庄园》几乎悄然无声地出版于 1814 年 5 月。所有的文学杂志都没有评论——《曼斯菲尔德庄园》是简所有的小说里唯一一部在出版时没有得到评论的小说。《理智与情感》和《傲慢与偏见》都赢得了媒体的赞誉。《文献评论》认为《理智与情感》"反映了作者的荣誉"。《英国评论家》挑出了一些"小问题"，但仍然称它是一个"非常讨喜和令人愉悦的故事"，并遗憾没有空间可以更突出地讨论它。在 1813 年，它又评价《傲慢与偏见》"远远超出几乎所有的同类出版物"。《文献评论》也认为这部小说"非常讨人喜欢"。这些回应显示出文学评论家在阅读女性小说家的作品时是多么粗心，就像克罗斯比曾经那么粗心。它们也显示出，当这些小说的记忆和帮助启发它们的事件开始变得模糊时，这些小说也在出版时失去了它们的力量。

这些学术期刊都是保守的，遵从传统的、既定的观念。《英国评论家》其实是作为国教期刊而设立的，部分归牧师们所有，部分归里文顿出版公司（Rivingtons）所有，这家公司多年来专注于发行宗教出版物。两个杂志的评论家都很欣赏简的角色和她的写作，但他们对于《圣经》经文更是表示了公开的兴趣，经文即是他们所称的"清醒而有益的生活准则的箴言"。他们没有在《曼斯菲尔德庄园》里找到经文或者"有益的箴言"，至少没有找到他们想要提倡的，这首先暗示我们，在这部小说里，或许简已经有些不太明智。

1815 年的秋天，简离开了出版了她三部小说的公司埃杰顿，转而找到了约翰·莫里。出版拜伦爵士诗歌的莫里是个非常专业的出版商，是行业的翘楚。简向卡桑德拉形容"他当然是个无赖，但是个文明的无赖”。[1]亨利·奥斯汀像往常那样开始协商工作，他可能从1814年年底就开始这么做了，但是他生病了，于是简自己接手了这个工作。[*]自从她在1809年灾难性地试图操纵克罗斯比以来，这是她第一次和出版商直接打交道。她比以前更加谨慎，也更加深思熟虑，她和莫里的通信没有她曾对克罗斯比用过的文字游戏或空口威胁。但是作为《爱玛》协定的一部分，她坚持要求莫里出版《曼斯菲尔德庄园》的第二版。结果证明她的坚持是一个错误的判断，第二版损失惨重，消耗了《爱玛》的大部分收益。[†]

但是她坚持这个事实暗示了她认为《曼斯菲尔德庄园》没有得到它应有的读者。

莫里尽到了对《爱玛》的责任，这部小说得到了多达五个期刊的评价，包括莫里自己的期刊《季度回顾》，这部期刊由他的朋友和亲密的合作者威廉·吉福德编辑。选出的评论家是沃尔特·司各特，他是《威弗利》和《艾凡赫》的作者，这时的他仍然主要以诗歌而出名。这是一个严肃的评价——深思熟虑、考虑周到。全文有二十页，从讨论一种新型的小说开始，这种小说讲述的不是遗失多年的继承人，也不是强盗和冒险故事，而是“可能大多数人都不会注意到的平常事件”。在司各特看来，就这种

---

* 凯瑟琳·萨瑟兰在她的文章《简·奥斯汀与约翰·莫里及其公司的交易》（《英语研究评论》，2012）中指出，莫里档案中的信件提到，在《曼斯菲尔德庄园》出版后不久，就出现了一种尝试性的做法。

† 1816年2月出版了七百五十本第二版的《曼斯菲尔德庄园》。五年后还有四百多本未售出。

新型的小说而言，简自成一派。同为作家的他不但欣赏最终的成品（“如此充满活力和原创性的描述”），还欣赏为了创造这种作品所做出的努力；以及她通过“安静而滑稽的对话”揭示角色特点时所拥有的“简洁”“精确”和“特别的老练”。

在文中某个地方，司各特解释道他的作品包括“对作者之前作品的一个简短评论”，用以说明她现在的这种小说类型。《理智与情感》和《傲慢与偏见》的情节被恰当地总结。《曼斯菲尔德庄园》甚至都没有被提到。简在归还莫里寄给她的杂志的信里质疑了这一点：“我怀着很多感激还给你这本《季度回顾》，”她写道，“我想《爱玛》的女作家没有理由抱怨它受到的待遇，除了完全没有提到《曼斯菲尔德庄园》这件事。像《爱玛》的评论家这样的聪明人居然会认为《曼斯菲尔德庄园》不值一提，我感到很遗憾。”

这意味着什么呢？简想知道一个“聪明人”（引用《劝导》里温特沃思舰长说的“读书人”）对她艰难的、令人失望的第三部小说是怎么看的？她认为这种遗漏是故意的？我认为是——她认为这是抱怨的一个理由。她感到“遗憾”，那她感到惊讶吗？

※ ※ ※

是什么让文学评论家们都对《曼斯菲尔德庄园》避之不及呢？

就我们所知，这是简开始写作的第一部小说，并且花了数年来完成，可能是十年甚至更长的时间。我们无法确定她对《理智与情感》和《傲慢与偏见》修改了多少，但小说里有足够的标志表明，家里流传的这些小说是从18世纪90年代开始创作的这种说法是完全离谱的。每个作家都知道，与从头开始写小说相比，重写和修改是非常不同的。

《曼斯菲尔德庄园》和简年轻时写的小说也是非常不同的，即使小说前几页看起来像是《傲慢与偏见》的某种续集，从小说结束的地方开始说起，三姐妹分别嫁给了不同的社会阶层，二姐嫁入豪门，最小的妹妹却跟人私奔，最后过上了贫困潦倒的生活。如果《傲慢与偏见》正如简开玩笑说的那样，"太轻松愉快而且闪闪发光"，那么《曼斯菲尔德庄园》就是它黑暗而阴沉的反射。

这是一部冷静的小说，比《理智与情感》还要冷静。书里几乎没有幽默的时刻来改变基调。《曼斯菲尔德庄园》结尾的两场婚礼被一场离婚（当时相当罕见）和一个死亡巧妙地抵消，两场婚姻结束了，消散了。书里充斥着不忠，充斥着缺乏教养的贫穷，充斥着欺凌和暴力威胁。女主角范妮·普莱斯在十岁时从自己的家里被送走。她最爱的哥哥、比她稍大的威廉加入了皇家海军，并在战时被送到了海上。普莱斯家的另一个孩子为东印度公司服务，载着价值连城的货物航行了大半个地球，不但要面临大海和海盗的风险，还要面临印度气候和疾病的风险——疟疾和登革热，这些都是欧洲殖民者们没有天然抵抗力的疾病。范妮的另一个手足在年幼时就死了。范妮的姨父牧师诺里斯先生在第三章开始时也去世了。贪吃的牧师格兰特先生在小说结束的前几页

“患了中风而去世”。甚至连范妮最喜欢的“老灰马”也死了。

然后就是父母们。除了这一部小说，在其他几部小说里，男主角或女主角都失去了至少一方父母。在《诺桑觉寺》《理智与情感》《傲慢与偏见》《爱玛》和《劝导》中都是如此。然而在《曼斯菲尔德庄园》里，女主角的父母似乎又太多了，而且他们都很糟糕。对于简而言，完美是属于死者的，她描写的活着的父母们都是有缺陷的人，毫无例外，正如她的男女主角那样。但是，尽管简其他小说里的父母可能是专横的，例如蒂尔尼将军，也可能是极其笨拙的，例如达什伍德太太，或是社交上一个尴尬的存在，例如贝内特太太，他们的行为都是基于他们觉得自己知道什么是对自己孩子最好的。但对于范妮·普莱斯而言却并非如此。她的亲生父母一个是个酒鬼，“肮脏而粗俗”，另一个是“偏心的、判断失误的家长，游手好闲，邋遢随便”。然后还有她的养父母，也就是她的姨妈和姨父，伯特伦太太和汤姆斯爵士。伯特伦太太“很懒惰”，靠在“沙发上”“打盹”来打发时间。汤姆斯·伯特伦爵士“冷酷”而“不明智”，对于范妮进他家门这件事的暗示感到焦虑（“他想到了自己的四个孩子，想到到了自己的两个儿子，想到了表兄妹之间会相爱，等等”）。范妮的另一个姨妈诺里斯太太是一个让人深感不悦的人，甚至对于作者而言她的心智都是个谜（“她毫无自知之明”），她只会注意到范妮并训斥她。

即使我们用最大的善意来解释，女主角两个“父亲”的行为都是考虑不周的。

普莱斯先生在多年后第一次见到他的大女儿时给了她一个“拥抱”，这是简所有的小说里唯一的一个拥抱。对于简而言，“拥抱”所传达的意义和今天不尽相同。它不仅仅是抱，它是亲密的、粗鲁的，而且是强制的。它是身体的一种挤压。它暗含着威胁和激情，甚至还有性亲密。不仅如此。当普莱斯先生在报纸上读到范妮的表姐玛丽安为了另一个男人而离开她的丈夫时，他宣称，如果他是玛丽安的父亲，他会鞭打她，“我不知道托马斯爵士怎样看待这样的事情。像他这样的达官贵人，不会不娇贵他的女儿的。不过，见鬼，她要是我女儿的话，我就拿鞭子把她抽个够”。

我们猜测，普莱斯先生好久都没做过挣钱的营生了，但是他的确曾是一个海军陆战队的军官，作为皇家海军一部分的士兵。他曾经见到过人们被鞭打到后背一片血肉模糊的场景。简在写作时，“虐待狂”这个词还没有被创造出来，但毫无疑问普莱斯先生就是那样一个人。

我们又该怎样看待范妮的两个妹妹争夺一把银刀，以及范妮在回到朴次茅斯后的第一件事就是保证她俩各有一把这件事呢？她怀疑，她知道，她们可能需要保护自己吗？

范妮的另一个父亲，即她的姨父，欣赏她“这个人”，她的“面容”和“身材”——被 19 世纪早期流行的轻薄裙装轻轻包裹的身材。在亨利·克劳福德追求范妮时，他密切关注着，几乎感同身受般关注着。他和他的儿子、范妮的表兄——范妮热爱并最终结婚的男人——讨论她的外貌。我认为，一个五十岁的男人用这种方式关注他妻子的外甥女、一个在他家里长大的姑娘，会让我们感到不舒服。这也让范妮感到不舒服。

值得注意的是，范妮似乎是简的女主角里唯一一个留短发的，她的哥哥评论说这是“一种奇怪的发型”，当他“最初听说英国有人梳这样的发型时”，他“简直不敢相信”。* 有一段时间短发是相当流行的，但也是很大胆的——对于非常羞涩的范妮而言，这种发型是个很奇怪的选择，除非人们认为她是在努力避免异性的关注，避免“被人注意”。

范妮·普莱斯的家庭和简创作的其他家庭不同。我们能看到《爱玛》中的男女主角之间另一种或许是欠考虑的、半乱伦的关系，但在《曼斯菲尔德庄园》里，我们更接近乱伦——危险而真实。在英格兰，表兄妹之间的婚姻是合法的，事实上现在也是如此。的确，简的哥哥亨利娶了他们的表亲伊丽莎。没错，《劝导》里的亨丽埃塔嫁给了她的表哥查尔斯，但这是简在她的写作中极力避免的事。达西先生没有娶他的表妹安妮·德布尔。即使是更远一些的表亲，如威廉和安妮·埃利奥特，柯林斯先生和贝内特家的姐妹们，简也会阻止任何这样的婚姻发生。

在《曼斯菲尔德庄园》里，她不但让表兄妹结婚了，而且还是在她明确表示在已有的关系中加入性元素是一件极其混乱和

---

* 威廉的强烈反应暗示我们这里说的是剪短的头发，而不仅仅是前面短的小卷发。在一封已经消失了的 1818 年的信里，简似乎提到侄女安娜曾经剪短了头发，家里很多人都对她这个决定“深表遗憾”，尽管简自己冷静地认为头发还会再长起来的，“两三年就会恢复原样了。”（1808 年 6 月 15 日星期三—17 日星期五）。

不受欢迎的事之后才这样做的。当范妮发现她的表姐玛丽亚和亨利·克劳福德——那个向她求婚的男人——私奔之后，她的第一反应是出于本能的反感：

> 女的才结婚六个月，男的自称倾心于另一个女人，甚至跟她订了婚，而这另一个女人还是那个女人的近亲，整个家族，两家人亲上加亲地联系在一起，彼此都是朋友，亲亲密密地在一起！这种猥杂不堪的罪孽，这种龌龊透顶的罪恶，实在令人作呕，人只要不是处于极端野蛮的状态，是绝对做不出来的！

从这部小说的第一章开始，范妮和她任何一个表哥之间的性关系或者浪漫关系都被认为是一种罪恶。诺里斯太太认为如果把范妮和他们一起养大，“像兄妹一样在一起长大”，也理应如此，那么“从道德上来说，那将是不可能的事情”。结果证明这并不是不可能的，对任何一方而言，无论这样从道德或心理上是否健康，都完全是另一个问题。

简没有掩饰这些问题。我们得以看到范妮和她的表亲们一起长大，像兄弟姐妹那样亲密无间。《曼斯菲尔德庄园》设定的时间范围比简的其他小说都要大很多。我们第一次见到范妮时她只有十岁。到小说结束时她一定是十九或者二十岁了，甚至可能更大（简声称她的意图是“有意避免日期”）。时间跨度第二长的《理智与情感》经过了三年多。正常情况下是一年左右。

《曼斯菲尔德庄园》和简的其他小说真的不一样。

甚至连这部小说的名字也违反她的惯例；从童年时期开始，她倾向于用人名（《美丽的卡桑德拉》《弗雷德里克和艾尔佛里达》《苏珊》）或固定短语（《爱情和友谊》《第一印象》《理智与情感》《傲慢与偏见》）做书名。简的下一部小说《爱玛》也回归了这种惯例。"曼斯菲尔德庄园"这几个字有似乎什么非常根本和重要的意义——简希望图书订购者们在浏览目录时能够看到的东西，她希望读者在每次拿起这本书时无法回避的东西，这部小说在出版时，三卷的每一卷开头都要用大字单独印刷上这几个字。

20 世纪 60 年代出现了一张吸引人的信的碎片，日期和地址都不详。碎片的一边是几行没什么意思的内容，另一边是一张明信片：

> 可能在 4 月结束前，《理智与情感》和《傲慢与偏见》的作者写的《曼斯菲尔德庄园》就会问世——你要对书名保密。我不想让人提前知道。上帝保佑你。——卡桑德拉的最爱。你亲爱的
>
> 简·奥斯汀

如果这真是简写的信的一部分，那或许我们应该把它当作一种假装或真实的谦虚，或者是一种想要用恰当专业的方式来做事的愿望。它也可能是这个时代一种明智的预防措施，这个时代

的出版商经常会受到压力，被要求在任何时候都要阻止政治或个人破坏性的材料见到天日。

正如多年来很多评论家所提到的，有一个很重要的人叫曼斯菲尔德：曼斯菲尔德伯爵，他完全无意地成功让奴隶制在英国变得非法。

曼斯菲尔德伯爵，本名叫威廉·莫里。1705年出生于苏格兰一个贵族家庭。* 他的父亲和他众多兄弟姐妹中的两个支持信奉天主教的斯图亚特家族的事业，反对新教徒汉诺威·乔治篡夺英国王位。对于一个野心勃勃的年轻人而言，这是一个障碍，于是威廉采取了一种不同寻常的解决方式，他在十四岁时离家去了英格兰，和那些令人尴尬的亲戚断绝了联系。他是威斯敏斯特公学的学者，后来又去了牛津大学基督教会学院，在两个地方都结交了很多有用的人脉。在尝试了教会的想法之后，他又转向法律，这两个领域在英格兰是密切相关的，他先后担任了副检察长、总检察长和王座法院法官——首席大法官。他成为枢密院议员，是为国王出谋献策的机构的一员。他偶尔会短期担任大法官、副议长，甚至是上议院议长。他是一个有影响力和有权势的人。

曼斯菲尔德和他妻子没有自己的孩子，但他们非正式地收养了他的三个曾侄女，安妮·莫里和伊丽莎白·莫里以及黛多·伊丽莎白·贝尔——一个非洲女人和曼斯菲尔德的侄子约翰·林赛的混血私生女。曼斯菲尔德似乎很喜欢黛朵。他给了她一大笔津贴，并在遗嘱里给她留了钱。有人也许是曼斯菲尔

* 显然和出版商约翰·莫里没有任何关系。

德还委托人为黛朵和她的表妹伊丽莎白画了一幅肖像，画得很迷人。的确，黛朵抱着一抱树叶和水果(自然)，而她的表妹则坐着，膝盖上放着一本打开的书(文化)，她手指着自己那张褐色的、有酒窝的脸，但她很漂亮，充满活力，面带微笑。她穿着白色的丝绸衣服，脖子上戴着珍珠一样的东西，耳朵上的耳环闪闪发光。她正匆匆赶往某处(一条薄纱围巾在她身后飘动)，她的表妹伸出一只手来阻止她。这两个女孩的眼睛几乎一模一样。这是画家画棕色眼睛的方式，还是忠实地描绘出了家人的相似性呢？*

简和伊丽莎白·莫里见过几次。伊丽莎白结了婚，成了芬奇－哈顿夫人，成为简的哥哥爱德华在肯特郡的邻居。芬奇－哈顿家族还拥有北安普敦郡的科比大厦，1999年版本的《曼斯菲尔德庄园》改编电影就是在这里拍摄的。科比大厦作为“宽敞、现代的”曼斯菲尔德庄园的模型，时代完全是错误的，但它是这部小说和曼斯菲尔德伯爵的另一种联系。简告诉我们，曼斯菲尔德庄园离北安普敦镇并不远。

在他漫长而多样的法律生涯中，曼斯菲尔德可能会以这样或那样的方式遇到一些与奴隶制有关的案件。†有许多案件需要处理。

---

* 黛朵嫁给了一个叫约翰·达维尼耶的“管家”，生了三个儿子。更多信息请参见宝拉·伯恩的《佳人蓓尔》。由阿马·阿桑特导演的2013年的电影《佳人蓓尔》将事件浓缩在一起，对我们掌握的少数事实进行了相当大的自由处理。

† 西蒙·沙玛的《粗糙的十字路口》提供了一个全面的概述；亚当·霍克希尔德的《埋葬锁链》也是。

西印度群岛的大部分都属于英国——牙买加、百慕大、格林纳达、巴巴多斯、安提瓜、巴布亚和巴哈马。直到1775年，英国还拥有美国东海岸的大部分地区。英国拥有的奴隶船无休止地沿着大西洋的“三角地带”航行，把朗姆酒、糖和棉花运往英国，把制成品从英国运往非洲西海岸，把奴隶从非洲运往西印度群岛和美洲。来自普利茅斯、利物浦、布里斯托尔和伦敦港口的商人致富了。英国也变得富裕起来。历史学家亚当·霍克希尔德估计，在世纪之交前后，英国百分之三十的进口来自西印度群岛。平均每年有四万多人被运送到大西洋彼岸。

跨越大西洋是危险的，但这并没有阻止在西印度群岛拥有房产和商业的人们前往英国。他们经常带着奴隶一起出发。一些奴隶有自己的孩子。一些奴隶逃跑了。简出生的时候，伦敦的黑人人口已经足够多，至少有五千人，可能接近一万人。[2]

1769年，一个叫查尔斯·斯图尔特的人从弗吉尼亚来到英国，并带来了一个叫詹姆斯·萨默塞特的奴隶。斯图尔特定居在伦敦的齐普赛德街；这个地方在过去和现在都是商业中心。《傲慢与偏见》里伊丽莎白·贝内特最喜欢的舅舅加德纳先生就住在那里，尽管简强调他是一个“体面的商人”，他大概与奴隶制没有关系，至少没有直接关系。1771年9月，萨默塞特消失了。斯图尔特费了好大劲才找到他。萨默塞特在穿过考文特花园时被绑架，然后被戴上镣铐，带到一艘即将驶往弗吉尼亚的船上，他即将在那里被出售。反奴隶制积极分子设法获得了人身保护令，这意味着萨默塞特的狱卒必须在法庭上出示他，并清楚解释为什么要关押他。此案于1772年年初由曼斯菲尔德伯爵审理。

曼斯菲尔德的父母和兄弟姐妹都是詹姆士二世党人，这让他在一生大部分时间里都很尴尬。现在，他的侄孙女也要成为另一个了。早在一年前，也就是1771年，曼斯菲尔德拒绝就一个与萨默塞特非常相似的案件做出任何正式判决。陪审团的决定对后来的法庭没有约束力，但如此资深的法官发表的任何正式声明，至少对后来的任何案件都具有很强的说服力。曼斯菲尔德这次也真的不想做出判决。但最终（这个案子拖了好几个月），他在一些相互矛盾的法规和判例法之间进行了梳理，并极不情愿地宣称："买卖奴隶的合同在这里是有效的。该出售是一项法律适当和随时予以重视的事项，并将根据协议维持价格。但在这里，奴隶本人立即成为质询的对象，这就造成了很大的差别。"[3]斯图尔特有权利，但萨默塞特也有。监禁是非法的；萨默塞特必须被释放。

曼斯菲尔德并不想在英国宣布奴隶制为非法。他实际上也没有这么做，但曼斯菲尔德的意图和他的所作所为与大家所认为的事情相比，就显得微不足道了。即使是奴隶制最激烈的拥护者，例如《牙买加的历史》的作者爱德华·朗，也为曼斯菲尔德的判决而哀叹，因为这个判决不仅结束了英国的奴隶制，还有英国统治地的奴隶制："我不能理解"，朗写道，"如果不限制黑人[原文如此]的个人自由和他的行动能力，主人如何能行使永久服务的权利，或者把他的人移到任何他想让他们去的地方。"当法律以曼斯菲尔德伯爵的名义去除了奴隶制所依据的实际基础时，[4] 奴隶制又该如何发挥作用呢？

曼斯菲尔德抗议说他的判决被误解了，但徒劳无功。在后来的宗船案中，他坚持认为，对数十名奴隶的蓄意溺死只能作为保险欺诈进行审判，但这一主张也是徒劳的。废奴主义者庆祝萨默塞特案的胜利。在美国，逃亡的奴隶逃到海岸，在英国船只上寻求庇护。战争爆发时，英国的指挥官们向为他们战斗的任何奴隶许诺自由，以作为权宜之计。一切都太晚了，妖怪已经从瓶子里出来了。

简从她可选的所有名字里选择让曼斯菲尔德的名字和这本小说产生联系，是不可原谅的疏忽，除非她是有意让她的读者想到他和奴隶制。在《劝导》中，史密斯太太通过夺回丈夫在西印度群岛的地产而恢复了富裕。《爱玛》中简单地提到了“奴隶贸易”。在《曼斯菲尔德庄园》里，两个角色——令人生畏的托马斯·伯特伦爵士和他的大儿子汤姆——实际上是去了加勒比海。简特别告诉我们，他们去了安提瓜的糖岛，监督他们的财产管理。

对简来说，奴隶制并不是什么遥远而抽象的概念。它不可能是。简自己的家庭与加勒比地区就有联系。她的哥哥詹姆斯有一位奴隶主教父：詹姆斯·尼布斯，他是乔治·奥斯汀牧师在牛津的熟人。* 尼布斯把儿子送到简的父亲在史蒂文顿开办的小寄宿学校里，这表明两家之间的关系密切而持久。后来，詹姆

---

* 克莱尔·托马林在关于对奴隶制的态度的附录中提到了这一信息，她似乎认为这个问题与简或她的作品没有任何关系。

斯·奥斯汀娶了一位父亲出生在安提瓜的女子为妻。奥斯汀家族的小儿子查尔斯娶了一对来自百慕大的姐妹——弗朗西斯和哈里特·帕尔默。* 简的一个舅妈、她母亲的哥哥詹姆斯·利－佩罗特的妻子就出生在西印度群岛的巴巴多斯，并在小时候被送到英国。我们知道，雷佩罗夫妇有一个叫弗兰克的黑人仆人。简在 1799 年的一封信中提到了他，并在 1801 年再次提到了他。

但简自己是怎么想的呢？我们知道，她读过托马斯·克拉克森的《废除奴隶贸易史》，书中详述了克拉克森几十年来反对奴隶制的经历。她甚至形容自己"爱上了"克拉克森，据我们所知，这种爱远远超过她对任何一个所谓追求者的感情。

她给予了克拉克森特别的赞美。诺里斯太太，范妮恶毒、恃强凌弱的姨妈，与现实中的一个奴隶贩子和反废奴主义者同名：利物浦的诺里斯先生，克拉克森让他在书中扮演大反派。

诺里斯第一次出现是在克拉克森参观港口城镇时，他试图找到一个有奴隶贸易经验、但愿意在即将到来的议会委员会面前作证反对奴隶贸易的人。诺里斯毛遂自荐，他表现得就像废奴运动的狂热者，声称他以前的生活方式和以前的工作都使他感到非常痛苦。然后，他作为另一方的证人进入委员会听证会，开始满口谎言。克拉克森在书中叙述了诺里斯提供的一些证据。

* 弗朗西斯·帕尔默于 1814 年逝世，查尔斯后来娶了她的妹妹哈里特。这在当时的英国是合法的（尽管在 1835 年变成了非法的，并且一直持续到 1905 年），但这种做法不被赞成。帕尔默夫妇证实了简的遗嘱，而简的遗嘱是没有人见证的，这意味着她的签名必须有人担保。作为百慕大前司法大臣，帕尔默可能享有很高的地位。

> ……诺里斯先生把奴隶船上的设施涂成了最鲜艳的颜色。他把他们描绘得比他赞美的那些最豪华的场面还要出色。他说，在环境允许的范围内，他们的房间布置得对他们非常有利：他们一天吃好几顿饭；有些是他们自己国家的食物，加上非洲烹调中最好的调味汁……早饭后，他们有水洗澡，而他们的房间里则弥漫着乳香和青柠汁的香味。晚饭前，他们用自己国家的方式自我娱乐：他们引进了乐器：宣传了歌舞：还设置了赌博游戏：男人们弹琴唱歌，妇女和女孩们则用充裕的珠子做了许多稀奇古怪的装饰品。他们沉浸在他们所有的小幻想中，保持着愉快的心情。

这是很有趣的，如果我们不知道这背后的恐怖的话——锁链的叮当声，尸体被压在他们自己的尿液、粪便和呕吐物里所散发出来的臭气，大海的不断翻腾，还有在旅程终点等待着大家的命运。

甚至在克拉克森刺杀角色诺里斯之前，他似乎就是一个不受欢迎的人。报纸上刊登的一些关于他逝世的简短通知令人非常欣喜。《切斯特纪事报》是利物浦一家当地报纸，诺里斯就住在那里。该报满怀仇恨地宣称，诺里斯的“死”是“因为他从伦敦回来时躺在潮湿的床上，他在伦敦一直赞成奴隶贸易”。克拉克森的书一旦出版，诺里斯这个名字就不仅与奴隶制联系在一起，而且与围绕着它的谎言和公然的虚伪联系在一起。

大多数评论家在注意到《曼斯菲尔德庄园》和诺里斯的名

字都与奴隶制有关时就停笔了，伯特伦家族在安提瓜的庄园可能是靠奴隶劳工经营的，我们知道范妮问她姨父关于“贩卖奴隶”的事。他们大多数人似乎觉得事实也就如此，范妮的问题得到的“默不作声”的回答意味着很简单，没什么别的可看，也没什么别的可说。

但是别忘了，这是简成熟之后的小说，它的写作时间比我们目前看到的要短得多。如果简是一位伟大的作家，一位才华横溢的艺术家，尽其所能地发挥她的才能，难道这句话不该蕴含更多的意义吗？1814 年的读者在这本标题页就大肆宣扬主题的书中，难道不会有更多的期待吗？

他们会这么做的，他们也会找到的，就像我们也能找到那样，如果我们仔细看的话。

《曼斯菲尔德庄园》以“大约三十年前”开头，在前几章里，简迅速向我们讲述了这三十年中的前二十年，显然，她并不想要精确地确定年代。但其实这些都不像看上去那么模糊。简没有以“大约二十五或三十年前”或“大约三十年左右以前”开始这本小说。她写的“大约三十年前”。这一年从两头算的出入都不会超过一年，当然也不会超过两年。在这部于 1814 年出版的小说中，读者被引导着回顾 1783 到 1705 年。1783 年，英国人终于被赶出了他们的美洲殖民地。事实上，小说早期的许多事件都与重大的世界事件密切相关。伯特伦夫人的婚姻和她姐姐的婚姻之间的“六年”把我们带到了法国大革命时期。范妮的母亲和她家人之间“接下来十一年的”疏远期就相当于英法之间的短暂和平期。

简的第一批读者在书名的引导下可能还记得那几十年里的其他日子，那些漫长而缓慢的废奴斗争中的里程碑。1783 年，英国军队带着被解放的奴隶离开纽约，把他们带到新斯科舍。这些奴隶因为萨默塞特审判而逃到英国军队。* 这一年还见证了曼斯菲尔德对宗船案的裁决。1785 年，废奴主义诗人威廉·考伯发表了他的长篇讽刺史诗《任务》，这首诗包含了反对奴隶制的一些最动人的诗句。废除奴隶贸易协会于 1787 年成立。1791 年——根据小说的时间顺序，范妮一定是大约在那个时候出生的——法国奴隶在海地起义了。他们多年来一直控制着这个岛屿，抵抗势不可当的军事力量。1793 年，随着与法国的战争爆发，废奴主义者失去了他们已经获得的一些势头。在接下来的十五年左右，几乎没有取得什么进展，在《曼斯菲尔德庄园》里，这些年的大部分时间都是匆匆略过的。1807 年通过的议会法案规定英国拥有的船只进行奴隶贸易是非法的，据我们所知，托马斯爵士是在 1807 年或 1808 年前后前往安提瓜和巴布亚的，为了保护他的财产不受未来的影响。就是从这个时候开始，小说慢了下来，主要情节开始了。这种效果是微妙却是持久的。

但简并不局限于微妙的暗示。在《曼斯菲尔德庄园》里，她没有使用她通常擅长的微型画家的工具，而用了更宽大的画笔和更明确的笔触。

* 西蒙·沙马的书讲述了他们后来的遭遇。

※ ※ ※

和简很多的女主角一样，《曼斯菲尔德庄园》的女主角范妮也是个喜欢读书的人。她很安静，勤奋好学，通过读书逃脱了曼斯菲尔德庄园琐碎的不友好的事物。她最喜欢的诗人，至少是她唯一引用的诗人，是威廉·考珀。当她的表姐玛丽亚的未婚夫，愚蠢但富得惊人的拉什沃思先生，正在解释他的庄园索瑟顿计划进行景观美化时，范妮为一条林荫大道即将被牺牲而感到悲伤。她转身向表哥埃德蒙引用了考伯《任务》中的几句话："把林荫道旁的树砍去！多可惜啊！这难道不会使你想起考珀的诗句吗？'你倒下的林荫道大树啊，我又一次为你们无辜的命运悲伤。'"

正如我前面提到的，考珀是一位诗人，一位废奴诗人。他时常写这个主题。他在 1782 年发表的诗《慈善》中问道："你能以基督徒之名，| 买下一个女人生育的血肉，而不知羞耻？ | 交易无辜之血，并请求 | 把私利作为契据？"一首名为《可怜的非洲人》的诗是为了支持 18 世纪 90 年代抵制糖的运动而写的。*这首诗的韵律铿锵有力，似乎是为大众读者设计的，或是为了配上音乐而写的：

我承认我对购买奴隶感到震惊，

又害怕那买卖他们的是无赖。

---

* 亚当·霍克希尔德对这次抵制进行了详细的讨论——这是一个很早就有组织的消费者压力的例子，早在"抵制"（boycott）这个词出现之前就有了。

我听到的他们的困苦，他们的折磨，他们的叹息
几乎连石头都会怜悯。
我很同情他们，但我必须沉默。
没有糖和朗姆酒，我们怎能过得下去？
尤其是糖，我们如此需要的糖？
什么？放弃我们的甜点、我们的咖啡，还有茶！

在这里和1788年的《黑人的抱怨》中，考珀都明确谴责奴隶制是粗野的："是否就像你们有时告诉我们的，|有一位在天上作王？|是他在天上的宝座说的，|命你们买卖我们？"

但正是《任务》这首诗使考珀成名。它很受欢迎，非常受欢迎。第一版售罄了。这首诗为什么这么受欢迎？或许，部分原因在于，与考珀的许多其他诗歌不同，它允许甚至鼓励读者将英国视为自由和道德的灯塔，而这几乎与所有事实相悖：

我不愿奴隶来耕耘我的土地，
抱着我，
在我睡觉时扇风，
在我醒来时颤抖，
为那被买卖的血肉之躯所挣得的财富而颤抖。
不：在我心里，自由是珍贵的，
它的价值高于一切，
我宁愿做自己的奴隶

宁愿自己戴上镣铐
也不愿让锁链强加到他们身上。
我们在国内没有奴隶——为什么要在国外有呢？
他们自己也曾渡过那分隔我们的汹涌波涛
他们也曾是自由和解放的。
奴隶在英国没有生长的土壤；
如果他们的肺
呼吸我们的空气，
那一刻他们就自由了，
如果他们踏入我们的国土，
他们的枷锁就解开了。
这是高尚的，
是一个民族为上帝的恩赐感到自豪和珍惜。
那就让自由传播吧，
让它在整个帝国的
每个血管里流淌；
这就是英国的强大所在
人类也会感受到她的仁慈。

《任务》让考珀的诗歌有了更广泛的读者；他的全部诗作在十年间再版了五次。因此，对《曼斯菲尔德庄园》的大多数第一批读者来说，想到考珀就意味着想到奴隶制，至少要想上一两分钟。的确，简并没有让他们长时间忘记这件事。

范妮和其他年轻人以及无所不在的诺里斯太太一起去索瑟顿时，对花园的描述——对那座大门紧锁的荒野的描述——让人想起了《任务》中的另一段话。*范妮的表姐玛丽亚还想起了劳伦斯·斯特恩1768年的小说《感伤之旅》中的一段话。

他们已经分成了不同的团体并各自行动起来；范妮被埃德蒙遗弃在长椅上，埃德蒙渴望能充分利用和玛丽·克劳福德独处的时间。玛丽亚在她的未婚夫拉什沃思先生和亨利·克劳福德的陪同下出现了；所有人都在坚定地谈论着景观改善。拉什沃思先生被派去寻找锁着的大门的钥匙，范妮在一旁看着亨利·克劳福德试图与没有反应的玛丽亚调情。他狡黠地断言，很快就要结婚并成为索瑟顿女主人的玛丽亚，面前有“一片明媚的景色”。玛丽亚的回答很尖锐：

> “你说的字面意思还是比喻意义？我想是字面意思吧。景色的确不错，阳光灿烂，庄园令人赏心悦目。但遗憾的是，这座铁门、这道隐篱，给我一种监禁受难的感觉。正如椋鸟说的那样：‘我无法飞出牢笼。’伯伦特小姐一边神气活现地说着，一边向铁门走去，克劳福德先生跟在她后面。‘拉什沃思先生取钥匙去了这么长时间！’”

在这一段为小说后面两人的婚外情做伏笔的情节中，玛丽亚被说服放弃了礼节，与亨利·克劳福德一起开辟新路。他们两

* 那段话是这么开头的，“现在我们进入了一个凉爽的地带……”

人爬过篱笆（篱笆上有“尖头”）和“隐篱”（一个隐蔽的沟，范妮担心她的表姐会“掉”进去），一起走开了。事实证明，和椋鸟不一样，玛丽亚是可以出去的。

斯特恩还写过《项狄传》，今天的人们没怎么读过这本书；他的作品离题太多，双关太多，不符合现代人的口味，但玛丽亚引用的这段话是18世纪英国文学中最著名的段落之一。

《感伤之旅》的叙述者（斯特恩本人，几乎不加掩饰）正在法国旅行。他在一家小旅馆停了下来，听到走廊里有个声音在抱怨它“无法飞出牢笼”。原来那是“一只挂在小笼子里的椋鸟”：

> 我站在那儿，看着这只鸟：每一个人从过道经过时，它都会带着相同的被囚禁的哀叹，跑向他们接近它的那一边。“我无法飞出牢笼，”椋鸟说道。上帝帮助你！我说，但我要让你出去，不管付出什么代价；于是我把笼子转到有门的一面：笼子被铁丝绞得很紧，不把笼子撕成碎片是打不开的。——我双手握住了它。
>
> 那只鸟飞到我想要救它的地方，把头伸过栅栏，把胸膛贴在上面，好像不耐烦似的。可怜的家伙！我恐怕，不能救你，我说道。“不，”椋鸟说，“我无法飞出牢笼，我无法飞出牢笼。”椋鸟又说道。

下下一段是这样开头的：“还是把你自己伪装成奴隶吧！我说，你还是一股苦味！虽然古往今来有成千上万的人被迫喝你的酒，但你还是照样苦不堪言。”

简可以放心地假设，她的读者知道这篇文章就是这样继续下去的。整个章节，包括对奴隶制的引用，都在《美文集》中再现，这两本书，诗歌和散文，在简的一生中被不断重印。选用的段落（“有用的和有趣的”）旨在为孩子们在学校和家里设置为背诵练习。椋鸟的片段会成为每一个受过教育的人，甚至是没有受过正规教育的人精神储备的一部分。* 从椋鸟想到奴隶，是读者的大脑自己完成的，几乎不用经过任何有意识的思考。

如果这些是巧合，那它们只是众多巧合中的两个而已。

在小说的开头，年轻的玛丽亚和茱莉亚·伯特伦在哀叹范妮的教育程度有多低。“我敢说，我远远没有她这么大的时候就比她知道得多，不然我会觉得害臊的。”其中一个说道。

> “姨妈，我们按照先后次序背诵英国国王的名字，他们登基的日期，以及他们在位期间发生的主要事件，那是多久以前的事情啊！”
>
> “是呀，”另一个姑娘接着说，“还背诵古罗马皇帝的名字，一直背到塞维鲁。此外，还记了许多异教的神话故事，还会背诵所有的金属名称、半金属名称、行星的名字以及杰出哲学家的名字。”

---

* 在《爱玛》一书中，哈里特·史密斯的追求者、自学成才的罗伯特·马丁经常在晚上大声朗读《美文集》里的片段。

很明显，女孩们还没有完全了解罗马皇帝的名单（她们只知道“到塞维鲁”），所以简向她的读者们提出了两个问题——在这里讲话的女孩是谁，她们提到的是三位叫塞维鲁的罗马皇帝中的哪一个？第二个和第三个只在帝国时代晚期统治了很短的一段时间。第一个，塞普蒂米乌斯·塞维鲁，统治了更长的时间。他来到英国，意图征服喀里多尼亚（苏格兰），死于约克郡。他有一个叫朱莉娅的妻子，可能此处说话的是她，而不是玛丽亚。而且，正如那个时期的一本参考书中提到的，塞维鲁“出生时是非洲人”*——一个非洲黑人，从雕像和硬币中可以明显看出。

为什么要提到塞维鲁这个名字呢？除了让一个黑人的形象出现在读者的脑海中之外，它没有任何别的意义。

这是一种不断的提醒，不断的思维操纵。

当在曼斯菲尔德演出戏剧的想法第一次被提出时，关于应该选择哪个戏剧有很多讨论。莎士比亚的三部戏剧中有两部明确刻画了非白人的角色——《奥赛罗》和《威尼斯商人》。《奥赛罗》中的“摩尔人”悲剧主人公在第一幕第三场中提到自己被卖为奴隶；《威尼斯商人》中，一位“摩尔人”王子追求女主角波西亚。在莎士比亚的作品中，“摩尔人”（Moor）可以指来自北非的穆斯林。当然，它也是“黑人”（blackamoor）的缩写，更确切地说，是非洲血统的黑人。我们应该记住这一点。

---

* 参见《罗马帝国传记史：从建国到最终推翻这个曾经伟大而难忘的联邦》（巴斯，1790）中塞普蒂米乌斯·塞维鲁的条目。这一事实在爱德华·吉本的《罗马帝国衰亡史》（1776 年以后）中也得到了阐述。

被考虑的较为现代的剧之一是理查德·坎伯兰德的《命运的车轮》，该剧于1795年首次上演，主角是虚构的“塞内甘比亚”的总督坦皮斯特。法国和英国为控制塞内甘比亚河而斗争了几十年。成千上万的人，也可能是数百万人，从当地市场被卖为奴隶。

最终选定的剧本是《山盟海誓》，这是由多产的德意志剧作家奥古斯特·冯·科泽布创作的《爱的孩子》的英译本。在简的时代，这就是所谓的“温暖”，一个角色是未婚母亲，另一个角色是向她的牧师导师求婚的年轻女士。这部剧也是充满革命性的；背信弃义的男爵被迫娶了他毁掉的仆人，私生子得到承认，农妇谴责上层社会行为放荡。托马斯·伯特伦爵士一回家就烧掉了他能弄到手的每一份剧本。人们不禁会想，如果他发现他的一个孩子会把自己涂黑了去演莎士比亚的戏剧或《命运的车轮》，或者如果他们选择演科泽布的另一个剧本，也许是提到废奴主义者威廉·威尔伯福斯名字的剧本《黑奴》，他又会做何反应呢？

各种提及，不论大小，比比皆是。

时尚轻浮的玛丽·克劳福德唯一一次冒险引用了一句名言，她选择了一首奇怪而晦涩的诗。“你记得霍金斯·布朗模仿波普写的《烟草歌》吗？”她问她姐姐，接着背诵了几行诗，然后自己又仿写了几句。这首诗也许晦涩难懂，但诗人霍金斯·布朗的名字却令人难忘，这个名字就像诺里斯一样，也出现在托马斯·克拉克森的《废除奴隶贸易史》一书中。克拉克森受邀在一名废奴主义者家中共进晚餐，他在那里发现了一个聚会，其中包括“威尔伯福斯先生”，艺术家约书亚·雷诺兹爵士，以及塞缪尔·约翰逊的朋友、传记作家博斯韦尔。还有“霍金斯·布朗先生”——诗人之子、议会议员艾萨克·霍金斯·布朗。“饭后”，克拉克森告诉他的读者：

> 奴隶贸易这个话题是故意提出来的。人们向我提了许多问题，每一个问题我都详细地加以回答，以便尽可能地使在场的人了解和感兴趣。他们似乎对我所叙述的在奴隶贸易中失去水手的事，以及我为了让他们查看而买来的一些非洲布料样品感到印象深刻。约书亚·雷诺兹爵士毫无保留地赞成废除这种残酷的贸易。霍金斯·布朗先生在情感上由衷地赞同他；他满怀感情地谈到这件事，认为它是野蛮的，违反了道德和宗教的一切原则。

霍金斯·布朗和西印度群岛一个家庭的一员结婚，并多次投票反对废除死刑，他这么做可能只是出于礼貌；但简的读者可能会从这段话中认出这个名字。

玛丽亚和拉什沃思先生结婚后，这对新婚夫妇在伦敦温普尔街上租了一栋房子。这件事我们被告知了很多次，事实上有十次之多。很显然这是简不想让她的读者错过的细节。据玛丽·克劳福德说，这是“温普尔街最气派的大宅之一”。在一封既是写给埃德蒙也是写给范妮的信中，玛丽轻描淡写地提到她以前见过这所房子：“两年前我去过那里，当时是拉塞尔斯夫人住在里面。”拉塞尔斯夫人是真实存在的。她嫁进了一个臭名昭著的有奴隶的家庭，尽管她并没有真正住在温普尔街，但家里的其他成员却住在这里。这条街吸引了西印度家庭和在西印度群岛有联系的人。一个在圣基茨和尼维斯有产业的平尼一家住在这里；在牙买加拥有大片土地的贝克福德一家也住在这里。继承了家族大部分财产的威廉·贝克福德一度是英国最富有的人。他花费了一大笔钱建造方特希尔修道院，后来因同性恋丑闻而名誉扫地，被迫和妻子玛格丽特一起流亡海外。* 玛格丽特·贝克福德的一个表亲曾是简的邻居，他在查顿租了爱德华的房子。曾在加勒比服役的康沃利斯海军上将也住在温普尔街；简的哥哥弗朗西斯曾作为候补军官随他出航。克纳特布尔夫妇是爱德华·奥斯汀养母的表亲，他们在温普尔街也有一所房子。不难想象，简自己可能也去过那里。她把玛丽亚，一个西印度种植园主的女儿，放在了她自己的同类中。

在这部小说中，即使是一棵杏树也旨在让读者想起奴隶制。在第二卷中，曼斯菲尔德前牧师的妻子诺里斯太太为了牧师花园里的一棵杏树与新任牧师格兰特博士发生了争执。诺里斯太太坚持认为格兰特博士应该理解这棵杏树“是一棵摩尔庄园杏，我们是当作摩尔庄园杏买的，花了——就是说，这棵树是托马斯爵士送我们的礼物，不过我看了账单，知道是用七先令买来的，也就是一棵摩尔庄园杏的价钱”。

---

* 贝克福德的传记作者中较为温和的人认为，从来没有人对他提起过鸡奸指控，但他与 16 岁的威廉·考特尼之间的关系用任何标准衡量都是极不合适的。

“摩尔庄园杏”是一种特殊类型的杏树，你现在还可以买到。一个园丁1795年的目录上列出了不少于九种的杏树种类。“摩尔庄园杏”也叫作邓木尔杏、桃杏或安森勋爵杏。简真的是在所有的选择中碰巧用了这个名字和这种杏树？莎士比亚用这个词来描述非洲黑人的种族，而“摩尔庄园”和“曼斯菲尔德庄园”遥相呼应，难道这些都只是巧合？

简写作从不草率，但她对某些词的含义却越来越敏感。在《傲慢与偏见》一书中，莉齐·贝内特在心底随便、轻蔑地认为性情随和的宾利先生“一味屈从那些诡计多端的亲友”；在《曼斯菲尔德庄园》里，只有那些不讨人喜欢的角色，令人讨厌的诺里斯太太或不道德的玛丽·克劳福德，才能如此轻松地看待这个问题，一个谈论她如何“奴役”自己，另一个则不愿意成为“机会的奴隶”。在早期的小说中，简会中性地使用“种植园”这样的词；当她写到《爱玛》时，只有埃尔顿太太——一个来自港口城市布里斯托尔的角色，对奴隶制度非常敏感——才会用到这个词。

“种植园”这个词在《曼斯菲尔德庄园》中被使用了五次，比简的任何其他小说都要频繁。《曼斯菲尔德庄园》里多次提到“野鸡”，这种猎禽很难买到，而且（就像奴隶一样）如果逃跑，就无法合法得到，因此必须小心喂养和照顾，以保持足够的数量。简在她的其他作品中几乎没有提到过野鸡。当埃德蒙递给范妮一杯葡萄酒让她提神时，他选择了马德拉酒——一种来自马德拉岛的加强葡萄酒，马德拉岛是欧洲的第一个奴隶种植园。这款酒只在《曼斯菲尔德庄园》和《爱玛》里提到过。简重复了她在

《傲慢与偏见》开头那个关于男人被当作“财产”的玩笑——重复了两遍。当然，在女人和一些男人的确可以被占有的世界里，这个笑话在本质上并不好笑。*

然而，有着最黑暗、最不可避免的含义的词在《理智与情感》和《爱玛》中各出现了一次，在《诺桑觉寺》《傲慢与偏见》或《劝导》中都没有出现，而在《曼斯菲尔德庄园》中至少出现过十三次。这是一本沉重的小说——因为锁链。

简从来没有中立地对待过这个词。在《理智与情感》里，它显然是自由的反面（“她的思想必然要自由驰骋，不过她的想法也不会被拴在别的地方”）。在《爱玛》中，它就像“种植园”一样与埃尔顿太太联系在一起（当她谈论起韦斯顿先生的儿子时，他的注意力被“拴住”了）。

因此，简选择的书名、文学作品和历史参考，以及尖锐的词汇，所有这些都指向一个方向，并且只有一个方向。《曼斯菲尔德庄园》是关于奴隶制的。这个话题不止被提过一两次，它一遍又一遍地出现，没有间断。对于 1814 年任何一个相当敏锐的读者来说，其影响都是产生了一种高度警觉的状态，让他们焦虑地寻找这一切的出发点。

* “伯伦特小姐订婚以后，他便天公地道地应归茱莉娅所有。对于这一点，茱莉娅心中十分清楚”；“托马斯爵士的公子算得上一个人物了，如今他已进入她们家那一行了。她们的父亲是牧师，她们的哥哥是牧师，他们是牧师跟牧师凑到一起了。他成了她们的合法财产，他理所应当是属于她们的。”

※ ※ ※

然而，我们如何把这与简似乎在信中提到这部小说是关于“神职授予”的说法联系起来呢？

简在不少信中都提到了《曼斯菲尔德庄园》。简在1813年1月给卡桑德拉的信中似乎是第一次提到，这封信我们之前已经看过了。简刚从伦敦收到《傲慢与偏见》（“我亲爱的孩子”）。她告诉卡珊德拉将要寄给亲戚们几本新书，也谈到了“今天报纸上的广告是”怎么“第一次登出来的”。她扬扬得意地说她对一个毫不知情的邻居大声朗读了“第一卷的一半内容”。这个版本本身就带有一些作者的焦虑：在印刷过程中出现了一两个“错误”，而且“第二版比我期望的要短”。简在写了一张半纸后，宣布她“将尝试写点儿其他类型的作品；这将是一个完全不同的主题——神职授予。知道你打听的事有了着落，我很高兴。如果你能打听到北安普敦郡是不是个灌木篱墙丛生的乡村，我会再次感到高兴的”。

人们往往认为简在此处提到的是《曼斯菲尔德庄园》，这部小说设定在北安普敦郡，并描绘了很多牧师，包括中心人物埃德蒙·伯特伦。宝拉·伯恩在她最近的简的传记中认为这是一个笑话——简意识到她的整封信都是关于《傲慢与偏见》的，于是就随意选了一个主题，尽可能远离这本小说那闪闪发光的轻盈。

简的确在写信的时候思维跳跃。分段写当然会浪费昂贵的纸张，而且增加了邮费，但我认为这里有一些观念上的联系，在“神职授予”、卡桑德拉的“询问”和“灌木篱墙”之间的联系，这些联系也与设定在北安普顿郡的《曼斯菲尔德庄园》有关。我们将在下一章更详细地讨论灌木篱墙。现在我们继续谈谈神职授予。

神职授予是让人成为神职人员的过程。现代英国国教严格遵守这些规则：未来的神职人员必须年满 24 岁，首先被任命为“执事”，这是一种较低级的职位，一年后被“提拔”为正式牧师。

简所了解的英国国教比较灵活。年龄限制被忽视并不是没有听说过的，而且在成为执事和正式牧师之间的一整年时间也可以被忽略。使命感也并非完全必要。教士是一种职业，如果你认识对的人，它确实可以是一种非常有利可图的职业。“牧师职位”——在某一教区担任牧师的权利——由主教、牛津大学和剑桥大学的学院以及与教会无关的普通地主分发或出售。例如，简自己的父亲是由他的远房表亲给他“牧师职位”(一个在史蒂夫顿，一个在邻近的迪恩村)，这个表亲后来收养了简的哥哥爱德华。简的哥哥詹姆斯继承了他父亲的衣钵，然后又传给了她哥哥亨利，后来又传给了她的一个侄子。我们在简的许多小说中发现了类似的轻易安排。亨利·蒂尔尼从他父亲那里得到了牧师职位。布兰登上校给了爱德华·费拉斯牧师职位，不久他们俩就娶了一对姐妹。曼斯菲尔德庄园包括两处牧师职位，在小说结尾时，这两处牧师职位都属于埃德蒙·伯特伦。柯林斯先生和埃尔顿先生是两个例外，他们的亲戚似乎都没有帮他们一把。

裙带关系和普遍存在的兼任——同时维持多个牧师职位，并让收入较低的副牧师来做所需的工作——难怪卫理公会、浸信会和贵格会等不墨守成规的教会拥有越来越多的追随者。

但这一切似乎与奴隶种植园和大西洋贸易相去甚远。《曼斯菲尔德庄园》这部小说真的关于神职授予和奴隶制吗？英国国教和奴隶制又有什么关系呢？其实关系很大。

2006 年，当时的坎特伯雷大主教罗温·威廉姆斯就英国国教对奴隶制的介入正式发表道歉。18 世纪初，安提瓜的一位地主，也就是奴隶主克里斯托弗·科德林顿去世了。他把他收藏的书都留给了牛津大学万灵学院，这里如今仍然拥有科德林顿图书馆，他把巴布达岛（安提瓜一个离岸小岛）上的产业留给了福音传播协会，为促进该协会的目标而被托管。总的来说，这些都是为了在英国殖民地推广教会。该协会是英国国教的一部分；它的委员会成员中有英国国教的高级神职人员。罗温·威廉姆斯道歉是由于亚当·霍克希尔德的书《埋葬锁链》揭露了大量关于该协会的惊人信息，包括它不仅会留下继承的奴隶，而且经常购买新的奴隶，它还会在奴隶身上烙下“协会”这个词以表明其是教会的财产。然而，对于简或她的第一批读者而言，这些信息什么都没有揭示，它们都是常识。

在很长一段时间里，该协会对其奴隶种植园丝毫不感到羞耻。但是，随着废奴主义者开始努力并慢慢地获得支持，该协会开始含糊地表示歉意，但只是对整件事有点儿敏感。切斯特主教在 1783 年发表的一篇布道中表示有必要告诉他的读者，“当提到西印度群岛上属于协会的地产时，不能假定我们在那里拥有任何我们自己的财产”。不——“我们只是巴巴多斯某些土地的持有者”。协会（显然）“总是对受雇在其种植园里的奴隶的暂时和永久福利表示最值得称赞的关切”。管理者们被教导要“以最大的温柔和人性”对待奴隶。对科德灵顿的计划是使其成为“所有西印度群岛效仿的榜样”——不是现在，也不是很快，而是在未来某个模糊的、尚未确定的时刻。

主教深情地描绘着这个虚构的模范种植园，以及“一个真正由基督教黑人组成的小社会”的构想，这些黑人将愉快而忠诚地从事他们的日常工作；像仰慕朋友、保护者和恩人那样仰慕他们的主人；安慰失去自由和土地的自己，这是为了“让他们的羁绊更简单，负担更轻”，是为了教化他们的礼仪，增进他们的理解，改良他们的心智，让他们展望一个更美好、更快乐的国家，在那里，所有的眼泪都将被擦干，悲伤和奴隶制也将不再。

十年后，布莱恩·爱德华兹——一位有能力的特别辩护人，他在成为康沃尔郡一个腐败选区的议员之前，曾在牙买加度过了大半生——提出，一些奴隶主，包括福音传播协会，几乎应该受到同情：

> 在英国，有许多人……发现自己在西印度群岛拥有他们从未见过的地产……在英国建立的为了在国外传播福音的牧师协会，也正处于这种困境之中。这个可敬的协会在巴巴多斯有一个种植园……他们发现自己不仅需要不悦地

支持随土地一起遗留给他们的奴隶制，还得出于最纯洁和最高尚的动机，偶尔购买一定数量的黑人，以便分配工作，维持库存。

对于反废奴主义者来说，科德灵顿种植园的存在绝对是天赐的礼物。正如克拉克森的老冤家罗伯特·诺里斯在他的《非洲奴隶贸易简史》一书中指出的那样，奴隶主没有理由认为他们做错了什么：

> 奴隶贸易的冒险家们，在过去的近一个世纪里，由坎特伯雷大主教、伦敦主教和许多虔诚的圣公会医生组成的基督教传播学会，作为主人，每年从他们在西印度群岛的黑奴劳工那里得到年收入，他们并不认为这违背了《圣经》精神或道德准则。

对于吉尔伯特·富兰克林来说，“我的领主们、大主教们、主教们、贵族们和绅士们都是国外福音传播协会的成员”，他们在“在西印度群岛购买黑奴”这一事实给整个行业披上了一层体面的外衣。克拉克森是遭到谴责的名字，他被描绘成一个“鲁莽自大的年轻人”，他“试图将西印度群岛的飓风和风暴归咎为上帝对这些岛屿上居民的愤怒，因为他们拥有奴隶……尽管你没有创造出任何一条上帝禁止的命令”的做法几乎亵渎了神明。

英国国教福音传播协会认为奴隶制是完全神圣的，完全符合基督教义的，至少是不可避免的罪恶。对许多普通市民来说，这是一个眼不见心不烦的问题；英国已经没有奴隶了，而加勒比海和西印度群岛都是遥远的国家，几乎无人问津。但对很多人来说，对越来越多的人来说，奴隶制玷污了一切沾染上它的人和事，它编织了一个道德传染病的网络，用人类的苦难造就的金钱购买的糖和朗姆酒，精美的马车和伦敦的房子，商人和奴隶主；还有议会成员和每一个站在讲坛上对他的英国教会布道的国教牧师，他心里非常清楚他的同事和上司在科德灵顿都做了什么勾当。

简就是在这摊浑水中蹚入了《曼斯菲尔德庄园》。

她用所有这些对奴隶制的暗示所构建的，是一个对她而言不同寻常的象征。这一点不难理解。相反，这一点就像白昼一样清晰。她把奴隶制和教会相当直接地放在一起。她的女主角范妮在为她初次进入社交界的舞会盛装打扮时，将“链子和十字架”搭配在了一起——一条金色的项链和一个琥珀十字架。为防止我们漏掉这个时刻的重要意义，简提醒我们它们就是“纪念物”和“纪念品”；它们代表着什么，它们在这儿是为了提醒我们。对范妮而言，它们代表了她最爱的哥哥和最爱的表哥，“她最亲爱的两个人”。对读者而言，在小说中这个节点的这种关联是，或者说应该是，非常不同的。

对于《曼斯菲尔德庄园》的第一批读者来说，将链子与十字架、奴隶制与教会并列在一起或许有些刺耳（不够机智），但他们不好否认它的真实性。

在1814年，他们几乎不可能不知道海外福音传播协会的存在。福音传播协会的姊妹协会基督教知识推广协会致力于在英国推广圣公会，两个协会一起与精力充沛的新圣经协会展开了一场非常公开的地盘争夺战。圣经协会欢迎大多数教派的基督徒。它的主要成员有主教、议会成员等精英人物，也有卫理公会教徒、浸礼会教徒和贵格会教徒。它是全基督教的福音派。它的目的是让世界各地的大多数人接触《圣经》，并为此目的印制和分发各种语言的《圣经》译本。它积极招募成员。国内几乎没有哪个城镇没有它的分支。

对于福音传播协会和基督教知识促进协会而言，圣经协会是一个危险的混合体，既有天真的行善者，也有那些为了达到自己的目的而积极破坏国教权威的人。他们最主要的担忧是，让人们直接接触《圣经》，而没有任何牧师给他们做恰当的解释，也没有任何令人欣慰的主教和大主教的等级制度来加以控制，这可能导致亵渎神明的误解，其中当然包括任何不适合英格兰国教会、英国的商业利益或政府的地方。如果圣经协会开始把《圣经》运到世界各地，难道不会有一个真实的风险，例如，加勒比海和西印度群岛的奴隶可能厌倦了等待仁慈的死亡和比乌拉的海岸，而从《圣经》的其他部分寻求引导，或许从《出埃及记》里在摩西带领希伯来人走出奴隶制的故事里找到引导？

英国国教有理由担心其影响力和权力受到攻击。几乎从一开始，它作为一个机构就受到了许多挑战。自伊丽莎白一世建立国教以来的250年里，它经历了英国内战、罗马天主教君主、一个加尔文宗篡位者和一个路德宗篡位者。在简的一生中，它的地位再次受到威胁，受到异教兴起的威胁，受到反天主教立法逐渐放松的威胁，还受到对什一税制度怨声载道的农民们的威胁，根据这一税制，牧师有权获得教区生产的一切物品的十分之一。人们开始提出问题，教士——主教和大主教们——究竟是如何选出来的，以及他们如何能同时拥有许多教区。教会再次处于防御状态。

国教的主要捍卫者和攻击犬是一个叫亨利·汉德利·诺里斯的人，他抵御了圣经协会、潜在改革者和福音派教徒的入侵。*

诺里斯出生在哈克尼，这个地方现在是伦敦东部一个非常城市化的地区，但在18世纪主要由那些在贸易中发家致富的人占据，他们搬到离城市稍远的地方，以便在一个准乡村的环境中享受生活。诺里斯的父亲是一个商人，他曾与俄罗斯做过生意，让他儿子过上了非常富有的生活。然而，年轻的亨利却选择跟随外祖父加入教会。不过教区牧师的平静生活并不适合他。他成为沙夫茨伯里伯爵的私人牧师。沙夫茨伯里伯爵是兰达夫大教堂分会的成员，而且最终成了威斯敏斯特大教堂分会的成员。他还得到了首相利物浦勋爵的资助。诺里斯是一个善于组织的人。他是俄罗斯公司和东方公司（该公司对与斯堪的那维亚半岛和波罗的海进行贸易很感兴趣）的董事会成员，他积极成立英国教会学校，并且是福音传播协会和基督教知识促进协会的主要成员。

* 诺里斯夫妇——罗伯特和亨利·汉德利——似乎都与航运业和伦敦金融区有联系，所以他们之间可能有某种遥远的家族关系。然而，罗伯特·诺里斯父母的身份存在一定程度的不确定性。

诺里斯也是一位慈善家，当他把钱付给那些不如自己幸运的人，或组织其他人来付钱时，他似乎没有比这更快乐的了。他的名字经常作为善行资助者出现在报纸上。从 1812 年左右开始，诺里斯就是文学杂志《英国批评家》的所有者之一，甚至在编辑被任命之后，他个人仍有十分浓厚的兴趣。他也是一个作家。1801 年出版的《女性性格对社会的影响》一书抱怨了女性时尚。他与各种各样的人保持着全面而繁忙的通信联系，其中大部分是在 19 世纪前十年，通信内容也与他所认为的圣经协会的危险有关。1813 年，他出版了一本由信件组成的关于这一话题的书——《对英国和外国圣经协会的趋势和进程的实际阐述》，这本书后来被描述为"一个狭隘、偏执和恶意的混合物"。这本书从各个角度对圣经协会的各个方面进行了彻底而坚决的攻击。诺里斯反对圣经协会的结构（他说，这与英国内战前的清教徒或 18 世纪 90 年代叛逆的爱尔兰人所采用的社会结构相同）；他反对它的成员资格；他反对圣经协会收取了本可以捐给与他本人密切相关的基督教知识促进协会和福音传播协会的钱。他还反对圣经协会决定在没有任何解释性注释的情况下出版和分发《圣经》，并忽视了授权的圣公会祈祷书。

回到简和《曼斯菲尔德庄园》，我们可以找到许多真实的牧师诺里斯先生和虚构的诺里斯太太之间的对应之处，诺里斯太太是一位牧师的遗孀。和与她同名的诺里斯一样，诺里斯太太也不赞成现代女性的时尚（"那个惠特克太太真是个难得的好管家啊！……有两个女仆因为穿白裙子被她辞退了"）。然后，诺里斯太太也幻想自己是一个慈善家，对收养范妮这项“费用不菲的……善举”“出出主意、做做安排”。简告诉我们，诺里斯太太“就跑腿、卖嘴皮和出主意而言，她还真是大慈大悲，没人比她更会教别人大方。可是，她不光爱指挥别人，还同样爱钱；她懂得怎样花朋友的钱，也同样懂得怎样省自己的钱”。

这些肯定都有诺里斯的影子。

简也展示了她的诺里斯太太对分发祈祷书的看法。范妮因拒绝亨利·克劳福德的求婚而蒙羞被送回了朴次茅斯。她听到母亲抱怨小女儿贝琪没有另一个孩子玛丽曾经拥有的“好教母”。贝琪的教母当然是诺里斯太太。范妮和简显然都同意这一点：

> 范妮确实没有从诺里斯姨妈那里捎来任何礼物，只带来了她的口信，希望她的教女做个好孩子，好好念书。有一次，她曾在曼斯菲尔德庄园的客厅里听到窃窃私语，说是要送贝齐一本祈祷书，但是以后再也没听到说起这件事。不过，诺里斯太太还是抱着这个念头回到家里，取下了她丈夫用过的两本祈祷书，可是拿到手里一琢磨，那股慷慨的劲头也就烟消云散了。她觉得一本书的字太小，不利于孩子的眼睛，另一本太笨重，不便于孩子带来带去。

这里的笑话是诺里斯太太近乎病态的小气——这在小说的其他地方也提到了这一点，但它看起来更像是在提到真实中的诺里斯以及他对祈祷书所强烈表达的焦虑。诺里斯的协会——基督教知识促进协会和福音传播协会——有几十年的时间来组织分发《圣经》和祈祷书，但他们并没有做得很好。诺里斯太太通过范妮传达的信息是，她希望贝琪“好好念书”，即她的祈祷书；她认为对贝琪来说，熟悉英国国教非常重要，但她实际上并没有做任何事来实现这一点。

简自己的宗教信仰到底是什么，是否就像亨利在他的第一本偶尔不诚实的传记中所宣称的那样——“她的观点完全符合我们国教的观点”，这一点很难确定。在不同的时期和不同的人通信的时候，她直接表达了相反的观点。1809 年，她对卡珊德拉说：“我不喜欢福音派。”1814 年，她在给侄女范妮写的一封建议信里，谈到她与一个在福音派边缘摇摇欲坠的圣经协会成员普伦特先生的关系时，她写道：“我绝不相信我们都不应该是福音派，我至少相信那些从理智和感觉出发的人必是最快乐、最安全的。”但在 1816 年，在她创作了《劝导》的女主角安妮·埃利奥特这个明显更安静的福音派角色不久之后，她写了一封信解释道，“我们不太喜欢库珀先生的新布道，他们比以往任何时候都更加强调新生和皈依信仰，还有他对圣经协会的事业充满狂热。”虽然我们知道简不太喜欢“库珀先生”（她的表亲爱德华），但这些观点可能不是她自己的。在其他地方，“我们”有时暗示她在引用第三方的观点，也许在这里指的是她母亲。

奥斯汀家里的三位女性，“奥斯汀太太”“奥斯汀小姐”和“简·奥斯汀小姐”，都被列入了基督教知识促进协会贝辛斯托克分会第一次会议拟定的资助者名单中。据我们所知，这是简一生中仅有的三次出现在报纸上的名字之一。我们知道，爱德华和当地牧师帕皮隆先生一起参加了会议。* 他代表他的母亲和妹妹们捐款了吗？很有可能，他可能连问都没问过。即使他真的问了，即使他的行为得到了简的完全赞同，这也很容易成为她古怪幽默发作的契机，就像她在给出版社的克罗斯比写信时签上了首字母“M.A.D”那样，或者（我们将在下一章看到）在《爱玛》中用不太恭维的方式悄悄提到摄政王，这部小说是她受邀写来献给他的。

不论简资助基督教知识促进会背后的真相是什么，不管她对福音派的真实想法是什么，这些并不是她不知道的事情。她最喜欢的两个侄女范妮和安娜都与圣经协会的热心成员有过恋爱关系；如果这个问题在家里没有公开讨论过，那就是大家在刻意地避而不谈。† 就像简选择用曼斯菲尔德这个名字作为她的书名，选择有深意的词汇，就像她决定使用提到奴隶制和种族的文学参考一样，我们不得不假设简是有意暗指诺里斯和他的协会的，否则我们就会遇到无数次的巧合。

我想 1814 年的读者已经意识到诺里斯是克拉克森的《废除

---

* 范妮·奥斯汀在日记中提到她父亲要去参加会议，但她没有提到她的祖母和姑妈也参加了会议。

† 一位“肯特郡佛雷德维尔的 J. 普伦特里先生”，可能是范妮所说的“普伦特先生”或这位先生的父亲，于 1815 年向圣经协会捐赠了 5 基尼的年费。年轻的普伦特是圣经协会的终生会员，后来担任了坎特伯雷分会的会计（见《英国和外国圣经学会会议纪要》）。本·勒弗罗伊于 1813 年夏天与安娜·奥斯汀订婚，他和他的直系亲属都活跃于圣经协会的汉普郡分会（《汉普郡纪事报》）。

奴隶贸易历》中的一个名字，但他们对其更加熟悉是因为这是个能经常从报纸上看到的名字——慈善机构的资助者和组织者、圣经协会的反对者，以及国教的护卫者。简选择诺里斯这个名字以强调她的中心象征，她的中心思想——锁链和十字架，教会和奴隶制。对简和她的读者来说，诺里斯既是一个自称是废奴主义者但实际上却是撒谎支持奴隶贸易的人，也是一个牧师，是福音传播协会的领军人物，是一个奴隶主。

基督教本身并没有错，范妮的“琥珀十字架”是她哥哥威廉从西西里带给她的礼物，这个礼物本身是无罪的，当我们得知范妮用“一根丝带”把它系在脖子上时，它仍然是无罪的。即使她戴上了玛丽·克劳福德狡猾地送给她的项链，作为亨利·克劳福德求爱的一种方式，这条项链仍然是无罪的。这条项链其实可能就是一条链子，但简总是小心翼翼地称它为“项链”。克劳福德兄妹的道德是可疑的，是有害的，但它并非小说中唯一的或者说最有害的道德。

被感染的是英国国教，是教会污染了这一切。埃德蒙只有几天就要担任牧师了，他买了一条“给范妮的十字架的链子”。这件物品从来没有以任何其他方式被特别提到过，简甚至一度称它为“真正的链条”。从埃德蒙决定在教堂开始他的职业生涯起，他就因此而有罪。

但埃德蒙确定是《曼斯菲尔德庄园》的男主角吗？

是的，但这只是从他娶了女主角的意义而言。坦率地说，埃德蒙与《理智与情感》中和他名字近似的爱德华·费拉斯一样没什么价值。据说，他对范妮“一贯和蔼可亲”，“忠于她的兴趣，体谅她的感情”。他确保马厩里有一匹可以让她骑的马，这对她的健康是非常必要的，他向她推荐书籍，并和她谈论这些书。但是他对范妮的善意并不深。他的关心也是如此。玛丽·克劳福德一出现，埃德蒙几乎就不再多想范妮了。玛丽表达了学骑马的愿望，埃德蒙马上就把原本给范妮的那匹马给了她。范妮想去看星星，而埃德蒙更愿听玛丽和他的妹妹们唱歌。在索瑟顿，范妮想去看看即将在计划好的景观改善中被砍掉的林荫道边的树，但埃德蒙抛弃了她，让她一个人坐着，自己则去陪玛丽去散步。他知道自己是范妮在曼斯菲尔德唯一的朋友，也是她唯一可以信赖的人，但范妮，就像《劝导》中的安妮·艾略特在一样，是那种“个人安适总是被撇在一边”的人。

埃德蒙对人品的判断真的很糟糕，就像他父亲一样，他还像父亲一样试图威逼范妮嫁给亨利·克劳福德。但是埃德蒙——要记得，他承认曾经怀疑过亨利的行为，而且也曾有机会看到亨利挑拨伯特伦家的姑娘们互相作对——仍然对范妮说教了好多页，比托马斯爵士说的话要长，甚至比亨利自己说的还要长。

埃德蒙很容易被说服以一种与他的信仰和道德相悖的方式行事，但与此同时，他又坚信他的道德使他能够评判他人。他允许玛丽·克劳福德影响他，他被她深深吸引，他打算娶她，但同时他也继续和范妮一起剖析她的性格缺陷。“我们有多少次在一起谈论她的小毛病啊！”他说。在强烈反对了演戏这个计划之后，他改变了主意。他“不喜欢被逼得做出这种反复无常的姿态”，但他的动机（当然）更纯粹、更不同。他和其他人不一样。

他是一个杰出的伪君子，非常适合在英国国教教会工作。他承认他选择这个教会不是出于任何深刻的使命感，而是因为他知道他会得到很好的待遇：

> “很可能正是以为我知道我会有这样一份生活保障，我才愿意当牧师。我觉得这也不算错。再说也不存在什么天生的抵触情绪。如果说一个人由于知道自己早年会有一份不错的收入，从而就做不成一名好牧师，我看这是没有什么根据的……我毫不怀疑我在这件事上是有个人考虑的，可我认为这是无可指摘的。”

范妮反对道，“这就像是……海军将领的儿子要参加海军，陆军将领的儿子要参加陆军”，但在一部详细讨论了海军内部的赞助和裙带关系所带来的问题的小说里，简并不打算让我们把这一点当作借口。

她没有让埃德蒙安逸过活。她没有让他变得可爱或有英雄气概。相反，她故意把他与教会的罪恶联系在一起——与奴隶制联系在一起，还与少数的错误联系在一起。

在埃德蒙被授职之前，他和他的父亲都想当然地认为他会住在桑顿莱西的牧师住宅里。简让托马斯爵士阐述了一个牧师“经常住在教区”的优势甚至必要性，他认为“人性需要的教导不是每星期一次讲道就能解决的”，如果埃德蒙“不生活在他的教民中间，不通过经常的关心表明他是他们的祝福者和朋友，那他给他们和他自己都带来不了多少好处”。然而，这种必要性似乎在小说结尾消失了。当埃德蒙要求得到曼斯菲尔德的牧师职位时，并没有提到要放弃桑顿莱西，也没有提到要从一个职位换到另一个职位。毕竟，桑顿莱西的教民们似乎并不需要埃德蒙的持续关注和榜样。

简的第一批读者不可能错过这一点，就像他们不可能错过桑顿莱西教区最近被圈地的事实一样：公共土地的使用权被剥夺了，埃德蒙的教民们受到了限制，变得贫困。下一章谈《爱玛》时，我们再来看看圈地运动对农村经济和生活水平的破坏性影响。

在《曼斯菲尔德庄园》里，如果需要的话，圈地运动和兼任神职是作为额外的提示存在的；简通过它们安慰她的读者，他们真的没误解，她真的是在直接批评教会——因为很多事情，但更重要的是因为不可饶恕的罪恶，因为在奴隶制外面披上了基督教体面的外衣，因为它让拥有奴隶变得可以接受，只要这些奴隶都不在视线范围内就可以。

简在英国国教的牧师家庭长大。她父亲是英国国教的牧师，她的两个哥哥也是，还有她的教父、她的表兄弟，以及只要活着就一定会娶她姐姐的那个人。但是，她仍然能够看到教会的真实面目。在简的小说中，只有一个牧师被描绘成一个积极的好人：《劝导》中温特沃思舰长的哥哥，我们知道他拒绝起诉一个闯入他果园的当地人。大多数读者几乎都不记得他。

简或许是对评论界对《曼斯菲尔德庄园》明显的漠不关心感到沮丧，收集了她的熟人对这部小说以及对《爱玛》的看法。这就是为什么我们知道简的一些读者认为她对牧师的画像是故意表现得具有煽动性的。戈德默舍姆的牧师谢勒先生，“对我牧师的图像很不满意”。一位弗顿太太“认为，在这种时候，这位女作家把牧师都描绘成柯林斯先生和埃尔顿先生这样是错误的”。这也是为什么我们知道，至少，简的一些读者意识到《曼斯菲尔德庄园》是关于英国国教和福音传播协会的虚伪的。读者们提到了小说的“道德倾向”和“更高的道德”，谈到了小说的“纯粹的道德”，以及它是如何被“所有深刻思考和感受丰富的人”所喜爱。“纯粹的道德”是一个带有明显福音派色彩的短语，在福音派的作品之外很少出现。显然，这些读者并没有忽略对亨利·诺里斯和教会的虚伪的提及。

简在《曼斯菲尔德庄园》里对诺里斯的提及可能引起了摄政王的注意。据他的私人图书管理员说，这位“摄政王”“读过并欣赏”简的所有著作，但直到1815年底，她才被邀请将自己的下一部小说献给他。摄政王经常和他的首相利物浦勋爵意见不合，也许他会喜欢利用这个机会公开表示他对这个女作家的赞赏，因为她如此刻薄影射了利物浦勋爵的宠儿亨利·汉德利·诺里斯。

那么诺里斯呢？慈善家、奴隶制的辩护者、杂志老板和编辑？简的六部小说首次出版时，《英国评论家》评论了其中的五部。它是唯一一家这样做的文学期刊，这使得它对《曼斯菲尔德庄园》的遗漏显得更加突出。《英国批评家》的老板、编辑和印刷商都对英国国教投入了大量资金——他们中没有一个人，尤其是诺里斯，有理由推销一本揭露英国国教的小说。

我认为，他们意识到这一事实并不令人怀疑。《英国评论家》对《爱玛》的评论很短，模糊地称赞这部小说"没有攻击性"；是一个由"纤细的材料"构成的"令人愉悦的故事"。不过，评论的最后一段改变了策略，突然宣布："我们并不是不愿意称赞这个故事，因为它不涉及宗教；我们已经厌倦了狂热的小说和狂热的女作家。"

此时的"狂热"通常指的是不信奉国教和谴责国教的人。翻看 1814 年和 1815 年《英国评论家》的文章，我们会偶尔发现一些涉及宗教的女性小说。《纪律》"带有一丝狂热"，而简・泰勒的《展示》则揭示了宗教皈依和"成功的狂热"的运作方式。但《英国评论家》却被《罗赞：父亲的努力白费了》深深吸引，书中详细描写了一个从小被培养成无神论者的女孩对基督教的觉醒，她发现基督教中"没有狂热"，只有"纯洁、深情和真挚的基督教精神"。

在《英国批评家》看来，女性可以写"涉及宗教"的小说，只要该宗教完全符合英国国教的思想。但当时并没有出现大量女性写宗教题材小说的热潮。《爱玛》的评论家根本没有理由开始写关于"狂热"或宗教的文章。评论的最后一段与《爱玛》无关；但"狂热的小说"和"狂热的女作家"的说法更适用于简的上一本书。评论家似乎想让简知道，他理解而且由衷地反对她在

《曼斯菲尔德庄园》里的所作所为。

或许，评论家拒绝讨论这部小说是适宜的，这部小说指出了在礼貌的客厅里关于奴隶制的“默不作声”，它旨在表明无论英国如何为废除奴隶贸易而沾沾自喜，奴隶制仍然紧紧地缠绕在整个社会结构中。简在《曼斯菲尔德庄园》中的目的是，迫使她的读者去面对那些他们已知的东西，去看到那些隐藏在眼皮底下的东西。

范妮·普莱斯从来没能做到这一点。这也是《曼斯菲尔德庄园》如此令人不安的原因之一。

女主角在结尾是快乐的，“非常快乐”，只因为她拒绝承认已经发生并且正在她身边发生的事实。她坚持认为她的姨父托马斯爵士是一位仁慈的家长，而不是一个冷漠、疏远的人，一个在她受到欺凌时只会旁观、欣赏她的身体，并试图违背她的意愿强迫她结婚的人。她不再问关于奴隶制的问题。她忘记了自己是丈夫的第二选择，也忘记了她在小说结尾住的曼斯菲尔德牧师住宅以前住过两个女人——她的姨妈和她的情敌，她们都不喜欢她，并且想伤害她。

在小说的早些时候，范妮被埃德蒙激怒了，她大声说道：“他是什么也看不清了，也没有什么东西能使他睁开眼睛。事实摆在他面前那么久他都看不见，那就没有什么东西能打开他的眼睛。”

《曼斯菲尔德庄园》的悲剧在于范妮肆意地、自愿地蒙蔽了自己。曼斯菲尔德的牧师住宅曾经一直让她“有一种畏缩、惊惧的痛苦心理”，却很快变得“完美无缺了”。

完美无缺，尽管她的两个表亲被赶了出来，尽管她嫁给了一个不爱她的男人，一个傻瓜，一个伪君子。

完美无缺，尽管摩尔公园杏树还种在牧师家的花园里，提醒着大家每个人都知道却无人愿意谈论的邪恶，这不是一棵知道的树，而是一棵忘却的树。每吃一勺杏子酱，每吃一个端上牧师家餐桌的杏馅饼，范妮就会吃下奴隶制的果实。

而这棵树还将茂盛地生长着。

第六章　残忍

——《爱玛》

查顿，1814年6月。*

天气闷热无风，青灰色的天空如白蜡一般。她突然想到，没有一位男作家，也没有一位女作家会这般描述1814年那个夏季的天气。小说中，夏季刚至的几天或几周永远不会出现大雨和风暴来打破那段平静时光。也正因为如此，现实生活反其道而行之令她倍感奇怪。多么荒谬的幻想，但它确确实实发生了。

然而，现实生活就已经足够荒谬了。勃朗宁夫人诞下一女，而她未来将长成一个绝妙的少女，本小姐的坎坷人生还将继续下去，而几乎可以肯定的是，俄国沙皇亚历山大将路过此地，去参

* 改编自简·奥斯汀写给卡桑德拉·奥斯汀的信件（1814年6月13日—6月14日）。

加伦敦的和平庆典。*

这么多年，和平终于降临。想到这儿，她甚至有点不习惯。

走到一棵榆树的树荫下时，简停下脚步，用手帕擦了擦汗湿的前额，但对于腋下传来的刺痛和后背汇聚后流下的汗珠，她无计可施。她担心自己看上去有失优雅，但她要见的人不过是范妮和爱德华罢了。如果哥哥想让她拖着疲惫的身子走进那所大房子，帮他写下备忘录，告诉他整个夏天将房子封闭起来需要做的一切事项，那他就必须接受她此刻的模样。第一项，亚麻罩子；第二项，需要捆扎的箱子；第三项，写信告知承运人；第四项……

如果是在过去，她一定会对这份差事厌恶至极。但如今她更理解她的哥哥，也更爱他了。再加上《曼斯菲尔德庄园》刚刚发行，她手头恰好没什么任务，也无事可做。

她沿着小路，拖着沉重的步子前行，空气中尘土飞扬，滚滚热浪袭来。一片树篱下，一个年轻的吉卜赛姑娘正在采摘路边的野草莓。姑娘转过头，用明亮的深色眼眸注视着她，那目光与她自己的竟出奇地相似。这个小姑娘虽然和她的侄女范妮差不多大，但她过的生活一定美好极了！简和吉卜赛姑娘道了声早安，还没她等回应，简就拐入大门，沿着长长的笔直车道慢慢朝那所大房子走去。右手边，草坪的另一端，是一片茫茫荒地，正是在那里她想象出了莉齐和凯瑟琳·德波夫人站在那里因达西先生而争论的画面。

---

* 历史上，沙皇似乎走了一条不同的路线，但当地人一度认为他途经此地的可能性非常大。

此刻，出现在她面前的是爱德华，他手里正拿着一支铅笔和一叠纸。简将它们从他手中拿走，他就接下来还有很多事情要做而喋喋不休地抱怨起来。

“那么，”简说，“我们最好现在就开始。”

看向花园的方向时，爱德华皱起了眉头。“苗圃主明天会从奥尔顿过来，”他说，“我得跟园丁谈谈这件事。”

“苗圃主？”简一边附和，一边将之记了下来。

“对，来给庄稼估价。”说这话时，他有点儿不耐烦，仿佛觉得这本该是个不言自明的事。

“什么，”她问道，“你是说你要卖掉花园里的所有东西？”

“当然，”他回答说，“这里根本没人想要。我和孩子们要在肯特郡度过这个夏天，不卖掉的话就白白浪费了。”

“不过也许，”简鼓足勇气说，“母亲会想来点儿。（本小姐或勃朗宁太太。勃朗宁太太的女儿还有其他的孩子或许都想要。我们可不全是帝王将相，哥哥。）”

“不，不，”爱德华说，“她有自己的花园。还有，你知道，卡桑德拉和亨利都在伦敦，而你要去波科海姆，不是吗？和咱们的远方兄弟姐妹住在一起？”

“是，”简低声说，“没错。我想起来了。要去一两周。他们很客气，迫切地要我过去。”

“所以，你瞧，这里根本不需要这些，”爱德华笑道，“还是卖掉为好。”

☆ ☆ ☆

“这本书根本就没讲故事，”《爱玛》的一位早期读者曾困惑道，“只是讲了爱玛小姐发现自己给哈丽特牵线搭桥的恋人爱慕的对象竟是她自己——在被爱玛拒绝后，他深感冒犯……还有在爱玛父亲看来，稀粥堪称一道美食。”

说这些话的读者名叫玛丽亚·埃奇沃思，尽管大部分时间她都生活在爱尔兰一个与世隔绝的家族庄园里，还要帮忙教育众多的弟弟妹妹，但她仍成功地成为当时的一位畅销书作家。1815年12月《爱玛》出版，简特意送了一本给她——和现在一样，作家间相互赠书在当时也是一种很常见的宣传方式。不过，如果简赠书是希望埃奇沃思能够帮忙推广她的作品，那她可要大失所望了。事实上，埃奇沃思非常不喜欢《爱玛》，似乎连第一卷都没读完。但即便仅仅粗略地浏览了这本书，她依然留意到了书中关于食物的兴致。在《爱玛》中，简花费了大量的时间和精力描述人物的饮食，笔墨之多远超她的所有其他小说。

婚礼蛋糕、鸡肉、牡蛎、鸡蛋、苹果馅饼、烤猪肉和烤羊肉、斯提耳顿干酪、鸽肉派和冷羊肉、烤苹果、大米布丁、核桃、姜饼、草莓、冷肉、萝卜、胡萝卜、防风根、甜菜根、芹菜、面包和黄油、苹果布丁——从富裕的疑难病症患者喝的“喷香细溜的稀粥”到分发给穷人的肉汤，《爱玛》中涵盖了各种味道以及各种价位的食物。

与简笔下的其他女主人公不同的是，爱玛·伍德豪斯“又漂亮，又聪明，又有钱”——从这部以她命名的小说第一章的第一行，我们就了解到了关于她的这些信息。即将二十一岁的爱玛，在其创作者的笔下“一直过着无忧无虑的日子”。她的个人财富数额巨大：整整三万英镑，正谨慎地投资于政府基金，每年能够带来约一千五百镑的收益。即便最终不能和姐姐一起继承哈特菲尔德，爱玛也完全有能力负担属于她自己的房子，依旧能过得有滋有味。在那样一个战火连连，充满了不确定性的时代，爱玛的生活是安定无忧的，美好得无懈可击。然而，正如我们所见，简真正书写的并不是上层社会男男女女间的浪漫爱情。《爱玛》虽然以这位富有的女主人公的姓名命名，但她并不是故事的焦点。

实际上，爱玛家太富有了，在他们“舒适的家”中，唯一对食物感到担忧的只有她那位爱发牢骚的老父亲，而他担忧的是家里的食物多得过了头。讲到食物时，简写道：“可怜的伍德豪斯先生心里又难过又矛盾”。他喜欢“桌上铺上桌布”，但又“一见桌上摆上了食物，就觉得心里很不是滋味”。

战争年代，很少有人体会过他的这种“痛苦”，也没什么人有能力去体会。

人口快速增长，再加上多年粮食歉收，食物的成本越来越高昂。人们的工资根本跟不上这样的增速。1793 年至 1800 年间，面包的价格上涨了一倍多。集中于英格兰南部和东部的民兵营内，到处可见需要果腹的士兵，这进一步抬高了这些地区的粮价。民兵连威胁要采取干涉措施，不仅干涉政治观点的自由表达，扰乱当地少女的芳心，还要干预人民的口袋和肚子。有义务尽可能筹集资金以资助战争的政府于是增加了对几乎所有物品的税收：包括砖头、发粉和狗之类的特殊物品，也有诸如咖啡、盐、茶和糖这样的日常用品。当代作家常常怨声载道，抱怨穷人把他们的钱都“浪费”在了这些日常用品上，但在那样一个没有冰箱，没有安全可靠的纯净饮用水的年代，茶和盐已不再是奢侈品，它们更是生活的必需品。

简的信件体现出了她一直以来对食物价格的隐隐担忧——“鱼贵得离谱”，“茶叶涨价了”，还有关于“肉铺里的肉”和面包的价格问题。位于查顿的家中来了客人大大增加了一家人的开支，客人离开常常令他们感觉到解脱。当他们最小的弟弟查尔斯和他的家人难得地去家中看望过他们并离开后，简给姐姐卡桑德拉写了一封信，说道：“你一定会舍不得他们，但那种终于能够回到自己房间的感觉真是太爽了！然后就是茶和糖了！”

这里的破折号说明了一切。当茶壶再次空空如也时，我们似乎能看到开销令人伤感地又上升了，而厨房里，卡桑德拉从塔糖上削下几个糖块，然后将它们捣成粉末，脸上暗暗露出愤懑的表情。在查顿，奥斯汀一家有一个厨房花园，他们的柴火也是查顿庄园免费供应的。简那些富有的亲戚和邻居喜欢打猎，偶尔还会送来一些肉当礼物。

然而，对穷人而言，生活要比这艰难得多。

穷人在食物上的支出占他们收入的比例更高，首当其冲受到通货膨胀影响的恰恰是这些人。满足陆军和海军无穷无尽的人员需求的也是他们，有时他们是主动从军，但有时是被迫入了伍——在街上或田间被抓兵的军人或不择手段的征兵人员直接绑走，留下女人和孩子在没有男人挣钱养家糊口的家中苦苦挣扎。穷人，尤其是农村的穷人，随着生活成本升高及众多男性工薪阶层消失，就连他们世世代代赖以生存的土地也被人硬生生地夺走了。

英格兰在很大程度上依然是一个乡村国家；全国只有超过百分之十的地域属于城镇。俯瞰整个英格兰，满眼都是绿油油的景象，令人心旷神怡，一块块田地被树篱隔开，看上去就像一床漂亮的拼布床单，平静又安逸。然而，如果我们往回追溯几代，比如六七代，回到 18 世纪末，眼前的一切会大不相同。

从中世纪开始，人们采用两种不同的方式来划分英格兰：一种是教区制，另一种是庄园制。不过，两种分法之间存在交叉重叠，所以你可能会在一个庄园里发现多个教区，又或者会发现一个教区被划分到了不同的庄园。实际上，教会和世俗体系不仅相互重叠，到了 18 世纪，它们甚至实现了融合。按照惯例，世俗地主可以自由选择牧师在其领地的教区任职，比如凯瑟琳·德布尔夫人选择了柯林斯先生，又比如简的父亲则是被一位远方表亲选为当地的牧师。不少世俗地主还有权从什一税中榨取油水。

本质上，什一税（字面意思是“十分之一”）是教会对教区内生产的一切产品征收的一种税，这种税收制度在诺曼征服发生前便开始实施，并在中世纪和近代早期的欧洲得到广泛施行。这里的“一切”是确确实实的“一切”——从玉米、苹果、猪、鸡蛋到砖头，都包含在内。征收或出售不同种类的什一税就会占用掉牧师大量的时间。除了收取者外，所有人都要缴纳什一税。事实上，我们知道凯瑟琳·德布尔夫人之所以选择柯林斯先生担任亨斯福德的牧师，一部分原因在于他同意放弃部分的什一税权利，制定了一项“不至于触犯他的恩主”的什一税“条例”。

什一税制度的制定初衷是既在个人层面，也在制度层面为教会提供支持，税收中一定比例归当地牧师所有，其余部分则被秘密送往最近的修道院或主教宫殿。当时的想法是，这样一来教会便能够为贫困人群提供生活上的援助，但在实际操作中，教会在慈善方面的工作至多也只做到了参差不齐。亨利八世与罗马决裂，并没收教会财产后，大部分财产被出售，随财产一同出售的还有什一税的征收权。当地牧师仍然能够收取属于他们的部分，但原先进入教堂金库的税款现在都落到了私人手中，落入了诸如蒂尔尼和奈特利家族的手里。

这里，简一定是希望读者明白，从一定程度上来说，《诺桑觉寺》以及《爱玛》中当维尔寺庄园的财富以两个世纪以来征收的什一税为根基；或者，更确切地说，建立在拿走原属于教会的那部分税收的基础之上。这也在某种意义上解释了她为这些庄园取名“某某寺”的原因。

什一税深受人们痛恨，战争税开始征收进一步加剧了人们的不满。到了18世纪末，它们已经完全不适用了。一方面，什一税中大部分最终落入了个人口袋，另一方面，人们还需要缴纳另一种地方税——贫民救济税，又叫教区救济税，目的是为教区的贫困居民提供切实帮助。理论上，每个人都有权得到其出身教区的援助，已婚妇女归属于其丈夫出身的教区。但在实际操作中，教区官员常常试图逃避或尽量减少自己的责任。虽然那些讲述分娩中的妇女被强行从一个教区推到另一个教区的故事可能大多都是虚构的，但沦落到需要依靠教区的救济生活在人们眼中绝不是有吸引力的选择，因此人们竭尽全力避免这种情况发生。

然而，贫民救济税往往算得上一笔相当大的开支，很大程度上以拥有的土地价值为基础征收。可以说，这是当时做地主唯一的真正缺点。土地所有权决定了选举中的投票权，也给了地主担任陪审员以及打猎的权利。地主，比如达西先生或约翰·达什伍德这样家财万贯的人，或者如拥有的资产规模较小的布兰登上校和奈特利先生，还拥有令人难以置信的权势。轻罪和包括颁发许可在内的地方司法事务由地方行政官、治安法官、社会地位高的人，更重要的是，由有钱人处理。他们从未接受过训练，而且往往对法律一无所知，但却被赋予了可能毁掉他人生活的权利。此外，地主在当地也是主要雇主，工人们租住的小屋往往属于地主所有，就连决定谁有资格获得教区救济的权利也在他们手中。

事实上，普通佃农的收入大多最终都径直进入了大地主的口袋，或者由他们管理，如果不是因为存在一张简陋的安全网，即一种原始的社会保障形式，广大劳苦人民根本不可能幸存下来。

这张安全网就是公共用地。

※ ※ ※

最初，官方规定，庄园内所有土地均属庄园领主所有——

庄园上的房屋、庄园周围的绿地、树林、通常划分为小块耕种的可耕地，以及牧场。当然，还存在一些不太适合于耕种的土地，那里要么太过泥泞，要么太过陡峭，灌木丛生，石头遍布。人们常常用各种各样的名字来称呼这样的土地，比如：荒野、森林、荒地。

那时，佃户享受“公地权”的现象相当普遍。人们还借鉴拉丁语和中世纪法语给其中一些权利取了奇怪但好听的名字。比如“捕鱼权”，允许人们带着自己养的猪到林中寻找橡子的“放猪权”，允许人们从庄园荒地割草作燃料的“泥炭权”，以及“放牧权”。在一些地方，这些权利仍然存在——汉普郡的新福里斯特地区和牛津的港口草原都存在公共用地。

从严格意义上讲，“公共用地”指的是受这些具有法律效力的公地权约束的土地。然而，在实践中，长期以来，庄园主其实并不怎么关注合法性的问题。公共用地即“荒地”，以及庄园中不宜进行农业生产活动的土地的使用很少受到监管。只有最冷血残忍的地主才会在深冬时节拒绝一个老妇人在那里拾柴生火，也只有最愚蠢的人才会如此，因为拒绝牺牲一点柴火的另一种选择是缴纳更高的贫民救济税。

因此，人们获准可以在乡村的大片公共用地内自由游走，据估计，在 18 世纪初，公共用地的面积大约有八九百万英亩，占英国国土面积的百分之二十五到百分之三十。

那时，如果需要柴火，你可以派个孩子去捡些回来。若应季，没准还能捡些浆果和蘑菇。如果当地的地主愿意睁一只眼闭一只眼，你还可以设陷阱捕些野兔。此外，你还能养些家禽家畜，如鸡、鹅、猪、牛和羊。收获羊毛、鸡蛋、黄油或奶酪后，你可以将它们拿到市场上出售，或用肉和邻居交换点什么，改变汤、稀粥和面包这样日常的乏味饮食，换换胃口。

历史学家露丝·佩里认为，如果有效利用公地和荒地，农村劳动家庭的收入就能翻一番。*如果需要的话，你还可以在公共用地上建房子，但前提是这房子能在一夜之间建好，第二天一早就能飘起袅袅炊烟。就连吉卜赛人这样的外来者，只要他们不越出公地或荒地的界线，且不逗留过久，就会受到默许。

在左翼历史学家看来，这种根据需求共享的土地简直就是天堂，是伊甸园。但正如每个天堂中都有堕落一样，就公共用地这个天堂而言，圈地便是堕落。

尽管许多历史学家直到今日依然坚称圈地是一种从人民手中窃取公共土地的行为，但事实并非如此。公地和荒地并不是公有土地，而是地主在法律约束下或根据自我意愿允许公众使用的私人土地。如果不愿意，他们完全可以将所有土地买回，并禁止任何人入内。另一种更复杂但也可行的方式是用金钱引诱平民放弃他们的合法权利，或者分出一些小块土地代替金钱将其劝服。

---

* 在2004年的作品《新奇关系》中，佩里估计，在劳动人民预计能在当地获得20英镑年收入的那个时代，从公地收集的燃料价值4英镑，从拾落穗收集的玉米大概也值4英镑，一头奶头产出的牛奶和乳制品约值9英镑：加起来就有17英镑左右。1785年出版的反对圈地的小册子《关于圈地后果的政治调查》声称，充分利用公共土地资源的女人和孩子在整个家庭中的贡献比甚至超过一个充分就业的男性（第43页及其后）。

大多数时候，这根本不值得他们如此费事或费钱。

不过，有时候，这样做完全值得。随着农业工程技术改进，新耕作方法和新品种被引进，土地总产量开始急剧上升。与此同时，英国的人口也开始随之增长。1750 年，英国人口还不足 600 万，但到了 1811 年，这个数字便突破了 1000 万大关。1821 年，英国人口达到 1200 万。

近代早期时代的大部分时间里，人口增长一直被视为好事，但对此时的英国而言已不再如此。英法战争期间，为供养国家，英国苦苦挣扎，可谓举步维艰。要养活更多人口的前景发人深省。我们根本不需要认可托马斯·马尔萨斯牧师的所有理论，就能感受到他在 1798 年的《人口原理》一书中创造的那些幽灵的困扰：死亡、厄运、灾难、“疾病流行的季节、传染病和瘟疫”，以及“不可避免的大饥荒”。

1801 年，英国开始进行官方人口普查，但即便没有官方数据，维持传统的土地利用方式显然已行不通。曾经只够二十户人家捡拾柴火的地方，如今却要供养四十户人家，结果是所有人要么在冬季瑟瑟发抖，要么干脆把整片树林夷为平地，不为来年或后年留下一分一毫。曾经足够三十头奶牛安静吃草的草坪，如今却要被六十头彻底摧残，接下来遭殃的就是作物了。革命年代里，还有什么能够组织饥饿的暴民？

那些从劳苦民众中招募而来的训练不周的民兵？当地的牧师？如果他收取什一税，那肯定不行：他正是那个从民众嘴里抢走食物的人。

是时候改变一些根本性的东西了。

于是，越来越多的地主开始圈地，封锁土地。为使地主的圈地进程更便捷，议会通过了一项《圈地法》，先是提名庄园领主、教区长和牧师，以及其他要求享有公地权或什一税征收权的当地地主，指出他们所享有的确切的权利，接着具体解释了圈地将如何使其受益：

> 各领主敞田内的土地……草地和牧场呈分散式分布，位置不便……其他公共用地和荒地，通过圈地能够获得极大的改进，因此，如果上述所有土地……草地、牧场、公共用地和荒地被合理划分并圈起、排水、变形、筑堤，并将特定部分按比例分配给其中有利害关系之人，将会对全体土地拥有者和经营者大有裨益……*

圈地协议一旦达成，第一步便是绘制一幅地图，除标明教区边界、村庄、教堂和房屋之外，上面几乎完全空白。其他一切，如河流、森林、草地、公路和小径，都存在可变性。其余的土地则被分发出去；一部分分配给什一税持有人以替代他们的征税权，一部分则按比例分配给剩余的所有人。

按照计划，挖掘、开沟、立桩、种植等活动本该如火如荼地展开；人们本该纷纷拆掉以树木或老旧的灌木篱墙为标志的旧

* 这段话摘自1796年通过的林肯郡“金斯堡”“布里顿”和“皮哈姆”教区的《圈地法》。

边界，并划定新的边界；道路通行权可能改变或者被彻底封锁。只要你有法定强制权，你就能获得妥善安排；但如果没有法定强制权，此后，篱笆和树篱就会拦住你前行的脚步。

一段时间内，可能会出现供不应求的问题，这是不可避免的，不过一旦更密集、规模更大的耕作方式建立起来，问题便不复存在了。此外，一旦排除公地，市场就能在控制人口增长方面发挥巨大作用。* 地主及他们的佃农可以专业从事如绵羊养殖，或任何适合其土地的农业活动。这样一来，佃农有能力支付更多的租金，也会产生劳动力的需求。

整个农村经济都将建立在一个更安全、更文明的基础上，因为如果你不能再派孩子到公地觅食，那就只好将他们送到学校去了。既然土地都已经重组了，那么清理掉不得人心的什一税制度也是合乎情理的，这样一来，人们可能就不会继续怨恨他们的牧师，转而真正聆听其讲道。圈地带来的是现代化——秩序和安全；毕竟在如此的制度下运行的一个国家怎么可能像法国那样爆发革命，陷入无政府状态？

这是人们对圈地寄予的希望。然而，伴随而来的还有对圈地可能产生的影响的切实担忧，这担忧并不仅仅来自圈地的受害者和激进派，还来自一些令人颇为意外的群体。圈地法案的通过不需要获得人们的共识，甚至一些法案在议会通过时并未得到足够的支持。1760 年至 1800 年间，有百分之二十三的圈地议案

* 现实却并非如此。正如人们预料之中的那样，当农业集约化的发展终于带来玉米的供过于求时，《玉米法》随之出台，人为地抬高了玉米的价格。

都没有通过。实际上，圈地会令劳动家庭的收入减半，因此除了要支付圈地费外，许多地主发现自己还要支付更加高昂的贫民救济税。就连弗雷德里克·莫顿·伊顿爵士或纳撒尼尔·肯特这样的圈地支持派作家也承认，如果管理不善，圈地会产生严重的恶果，提高贫民救济税，减少就业。*

虽然没有明说，但他们担心圈地可能会加剧而非挫败革命冲动。诗人约翰·克莱尔本人也是一名劳动者，在19世纪20年代曾经短暂成名。他阐释了圈地可能产生的那种疏离感，称“人和畜群被不安地圈起来”。他还描绘了那种慢慢滋生的怨恨，即穷人受到欺骗时的那种感受：“圈地践踏着劳动人民的权利而来，最终让穷人沦为了奴隶。”

但对于支持圈地的农业与内部改良委员会主席约翰·辛克莱爵士而言，圈地是一项爱国义务，是向法国发动的另一种形式的战争：“我们不要因解放埃及或征服马耳他而满足，让我们一起征服芬奇利的公地，一起征服豪恩斯洛的荒原，让埃平森林也在进步的枷锁下屈服。”

英法战争、对人口灾难的恐惧、想要控制并养活整个国家的渴望，都给英国增添了一种紧迫感。圈地从都铎王朝时代开始，断断续续，一直持续到20世纪，但在1795年到1815年的二十年间，出现了井喷式的发展。一百六十年间通过的所有圈地

---

* 弗雷德里克·莫顿·伊顿爵士1797年出版的《贫者之国》和纳撒尼尔·肯特于1775年出版的《给绅士的几点建议》都讨论了圈地如果处理不当可能带来的潜在危害。

法案中，大约一半是在这二十年里通过的。这期间，英国有超过三百万英亩的荒地、公地和荒野被圈起，面积达五千平方英里。五千平方英里大约是英国国土总面积的十分之一，据此各位读者应该会对圈地规模有一个大致的认知。生态历史学家奥利弗·瑞克汉姆教授提出，1750 年至 1850 年间，人们建造的灌木篱墙可能长达二十万英里。据估计，议会一定是按照“一周一个”的速度通过圈地法案的。

这二十年的高密度圈地以及由此引发的激烈争论，几乎与简的整个写作生涯完全吻合。

辛克莱用战争语言形容圈地并没有错：圈地是一种具有侵略性的权力宣示，在乡村地区踩踏出了一套新制度，和罗马的道路或诺曼的城堡一样清晰可见。

1807 年，诗人罗伯特·骚塞的作品《英伦来信》出版，署名并非他的真实姓名，而是一个虚构的外国人的名字。这个外国人是个西班牙游者，名叫唐·埃斯普利拉。从 1813 年到 1843 年去世，骚塞一直是桂冠诗人，不过如今他最广为人知的身份是威廉·华兹华斯的邻居、泰勒·柯勒律治的姐夫，以及最早评论夏洛蒂·勃朗特作品的文学评论家。1808 年，通过婚姻，他成了简的老友凯瑟琳·比格的侄子。作为一位多产且不懈创作的作家，他的作品涉及面极广，既有年轻的激进派诗歌，又有《纳尔逊传》，甚至还有一部关于威尔士土著美国人的“历史”史诗。《英伦来信》是他比较特别的一部作品。我们永远也搞不清楚，他是想让我们嘲笑“埃斯普利拉”这个被误导的愚蠢外国人，还是为他对英国文化中的怪人怪事的洞见感到不安。

埃斯普利拉和读者分享了许多关于时尚和食物的话题，但他也多次提到了圈地的话题。他在一封信中写道："圈地严重损害了英国乡村的美景。"在另一封信中，他忧郁地解释说："我一直更倾向于认为，英国的圈地与其说美化，不如说是扭曲了这里的风景，但现在我才意识到，没有了圈地，致力于农耕的乡村显得多么郁郁寡欢、空旷裸露。"无论是索尔兹伯里平原还是伦敦郊区，无论是米德兰还是贝辛斯托克——离简长大的史蒂文顿小镇最近的英国城镇，埃斯普利拉都一定会说明这里是否经历了圈地。经过圈地的景观清晰无误——由条条直线和正方形构成。"圈地的条条直线仿佛在我们脚下绘制了一张地图。"埃斯普利拉写道。在其他地方他还描述道："这是一片破碎的开阔村庄，不远处有几座被四四方方围起的小山，就像刚被开垦出来一样。"

我们知道，简读过骚塞的作品。她在 1808 年 10 月给卡桑德拉的信中说道："我们已经找到了埃斯普利拉书信的第二卷，我借着烛光大声朗读。作者的语言描述很好，但他非常反感英国。他就该是他心目中的那个外国人。"

这就是说，简认出了那些描述，也不怀疑它们的准确性，因为她所生活的英国的确符合"埃斯普利拉"的描述：一片光秃秃的土地，以圈地的画线、新篱笆和稀疏低矮、摇摇欲坠的树篱为标志；四四方方，大门紧锁；就像一个重造的世界。

她的六部小说中，有五部要么明确提到了圈地，要么讨论了圈地的结果。唯一的例外是《傲慢与偏见》。正如我们所见，这本小说讲述的是完全逃离社会的梦想。但即便是在那样的梦想中，我们也看到了栅栏的存在。然而，在《傲慢与偏见》中，障碍存在的目的是被人克服。在小说的开头，简告诉我们，伊丽莎白“急急忙忙，脚步匆匆，穿过一块块田地，跨过一道道栅栏，跳过一个个水洼”，走进内瑟菲尔德的早餐厅，直抵达西的心。只有在公共通行权与圈地相交的地方，才有必要设置栅栏；它们的存在是为了提醒人们过去随意进入这片土地的日子就像公地的幽灵，已不复存在。

在其余五本书中，关于圈地的话题就没有这么含蓄模糊了。在《理智与情感》中，“圈地”和“政治”“驯马”一样是晚宴上再平常不过的话题。《劝导》中，从厄泼克劳斯步行至温思罗普，需要“穿过大片的圈地”，而女主人公安妮此时发现自己无意中成了偷听者，听到了树篱另一边发生的一场对话。与此同时，从一句随意的评论中，我们了解到主人公的哥哥对圈地造成的愤怒和困惑深表同情。简倾向于把赞成圈地或积极参与圈地的思想和行为与不太讨喜的角色联系在一起。极度自私的约翰·达什伍德抱怨称“正在进行的诺兰公地的圈地耗资巨大”。蒂尔尼将军带凯瑟琳·莫兰参观诺桑觉寺时，曾反复提及“圈（围）”这个字：“整座大楼围成一个大四方院”“新房子……本来只打算用作下房，后面又圈着马厩”“围墙似乎多得不计其数，而且长得无边无际……似乎可以容下整个教区的人在里面工作”。作者很显然是想让我们明白，蒂尔尼将军是圈地者，而且并非仅仅局限于诺桑觉寺一处，亨利·蒂尔尼担任牧师的伍德斯顿也是他忙碌圈地的地方。正如将军对凯瑟琳所说："这是个家传的牧师职位……这一带的大部分田产都是我本人的，你尽可相信，我倒挺留心的，要把它搞成个不坏的职位。"

很明显，简似乎曾设想将《曼斯菲尔德庄园》写成一本关于圈地的小说。

上一章中，我们分析了简于1813年1月写给卡桑德拉的一封信。信的前半部分谈论的主要是即将出版的《傲慢与偏见》，随后她做了些奇怪的评论，似乎是在谈论后来的小说《曼斯菲尔德庄园》："接下来，我将尝试写些其他类型的作品。这将是一个完全不同的主题——神职授予。知道你打听的事有了着落，我很高兴。如果你能打听到北安普敦郡是否是个灌木篱墙丛生的乡村，我会再次感到高兴的。"《曼斯菲尔德庄园》的故事大部分发生在北安普敦郡，角色中有三位牧师——诺里斯先生、兰特博士和"男主人公"埃德蒙·伯特伦。不过，人们普遍认为《曼斯菲尔德庄园》中不存在树篱。

※ ※ ※

一些读者认为，简之所以没在其中提起树篱，是因为她希望这本小说在事实叙述上准确无误。20世纪早期，简的小说编辑R.W.查普曼指出，简曾设定过一个类似《劝导》中的偷听场景，但"在听说北安普敦郡不是灌木篱墙之乡后放弃了这个想法"。作家弗吉尼亚·伍尔夫认为，这体现了简创作中的一丝不苟，并对此深表赞同，她说道：“当发现北安普敦郡没有种植树篱后，她删去了其中关于树篱的描述，而不是冒险无中生有。”

她的这种说法仅仅存在一个小问题——完全无道理可言。事实上，北安普敦郡是一个“灌木篱墙之乡”，或者更确切地说，是一个树篱之乡，事实的确如此。它是受圈地和规定种植树篱的圈地法案影响最大的县郡之一。写过哀叹圈地运动到来的诗句的诗人约翰·克莱尔就住在这里。

《曼斯菲尔德庄园》中有树篱。书里写到了变成牧师家灌木林的“地边上的一排不像样的树篱”；此外，书中还提及了另一处树篱，显然是块圈地，就在桑顿莱西，埃德蒙即将就任的教区。

打牌的间歇，亨利·克劳福德说，他在打猎途中，马“掉了一个马掌”后，他不得不半途回家，结果“发现自己来到了桑顿莱西”的经过。简借他之口详细描述了这个地方：

> 我转过一块陡坡地，一下子来到了坐落在平缓山坡上的一个幽静的小村庄，前面是一条必须涉水而过的小溪，右边的山岗上有一座教堂，这座教堂在那里显得又大又漂亮，非常醒目。除了离山岗和教堂一箭之地有一幢上等人家的房子外，周围再也看不到一处甚至半处上等人家的房子，而那座房子想必是牧师住宅。

愉快地承认自己“不爱问路”的亨利接着说道：“我对一个

正在修篱笆的人说那是桑顿莱西，他表示同意。”在现代读者看来，这个细节似乎与圈地毫不相干。修篱笆的男人很可能是在赶牛或沿路散步。但对于一个在1814年生活在以圈地为显著特征的乡村的读者来说，这片篱笆很可能是受到了故意破坏才需要修补的。人们反对圈地的公认方式一直都是破坏圈地的边界，如果可能的话，重新打开入口。而这正是作者在《劝导》中给我们讲述的男主人公的牧师哥哥温特沃思先生身上的遭遇。当地律师回忆道："我记得他有一次来请教我，说是有一位邻居非法侵犯了他的财产。一个农场主的用人闯进他的果园，扒倒围墙，偷窃苹果，被当场抓住。后来，出乎我的意料，他居然同对方达成了和解。"

正式否定这种说法后，有人提出了另一种最可信的解释，那就是当地人一直拆篱笆，是为了将其用作燃料。毕竟，小说中的这段描述恰好发生在冬季。这样的事在当时很寻常，尤其是在刚刚经历圈地的地方，实际上，这样的事频繁发生，甚至连圈地文献都明确说明了哪些树篱植物不宜燃烧。同样，圈地者们也被特别叮嘱，不要种植任何会结可食果实的植物做树篱，称这是个"糟糕的主意"，会鼓励"偷窃"和"劫掠"。*

在我看来，《曼斯菲尔德庄园》中的这一幕想展现给我们的是威廉·华兹华斯的诗歌《布莱克大娘和哈里吉尔》的压缩版

---

* 查尔斯·温哥华在1813年出版的《汉普郡农业概览》一书中称："这是个糟糕的主意，会增强人们偷窃的诱惑。穷人中那些游手好闲的人已经足够容易犯下劫掠的罪行了，如果每道树篱都提供维持生计的资源，那他们就更不愿意工作了。"当然，汉普郡便是简度过几乎整个四十一年人生的地方。1813年，她开始着手创作《曼斯菲尔德庄园》。

本。这首诗戏剧化地描述了圈地对穷人意味着什么。圈地不仅仅让他们产生了一种对从小生活的环境的一种茫然的陌生感，还造成了他们真正的痛苦，以及真正的贫困。（“然而，当严冰禁锢溪流时；哦，她那身老骨头必将瑟瑟发抖！”）

威廉·华兹华斯受过良好教育，博览群书且游历广泛，是爱玛·伍德豪斯口中那种“有知识”的人，毫无疑问，批评家非常乐意承认一个像他这样的人可能会选择讨论和圈地一样政治意味浓厚的问题。然而，如果你不相信简会谈论具有敏感的政治话题，那么你就是在作茧自缚，因为事实上，她的确写过相关的内容。

一些批评家则选择完全回避这个问题。阿利斯泰尔·达克沃斯在那本影响深远，以介绍简小说中的风景为主的《庄园的改进》中丝毫未曾提起圈地。[*]一些人固执地认为，即便简使用了“圈地”一词，它代表的也并非真正意义上的圈地。[†]因为，我们知道（不是吗？）简眼中的英国乡村和爱玛·伍德豪斯眼中的一样，花园中的一切都是甜蜜美好的。从当维尔寺眺望四周的田野，众所周知，爱玛看到的是“景色宜人——真令人赏心悦目。英国的青葱草木，英国的农林园艺，英国的宜人景色，在灿烂的

---

* 1994 年的修订版在序言中谈到园艺时提到了该词，但“圈地”一词仍未出现在书的索引中。

† 代表人物之一为西莉亚·伊斯顿，她认为“人们欣赏围起的家庭菜园（比如《诺桑觉寺》中的菜园）时，可能是满心欢喜的，丝毫不会联想起圈地在乡村造成的损失”，她还宣称简“将关于圈地运动的政治讨论留给了那些在紧闭的房门后共享晚宴的先生们”〔“简·奥斯汀与圈地运动：土地改革的理智与情感”，《信念》，第 24 期（2002 年）：71–89, p. 88〕。

阳光的辉映下，毫无令人抑郁之感”。

爱玛或许“因为是家里最聪明的人，就被宠坏了”，但鉴于她的父亲和姐姐在这一点上毫无竞争力，这就说明不了什么了。爱玛对几乎一切事物的看法到头来都是错的。在小说的末尾，她承认了这个事实：“怎么来理解她自欺欺人、自作自受的行径啊！她自己没有理智，盲目行事，铸成的大错啊！……她一次次地犯错误。”那么，为何我们还要假定她对风景的看法正确呢？对于简那句经常被引用，用来形容爱玛的“除了我自己没有人会喜欢的女主人公”，我们应该谨慎对待，这句话仅在维多利亚时代简的侄子写的传记中出现过。实际上，我们完全没理由认为简的观点和她笔下的这位女主人公相符。

如果说，1813 年年初，简打算将即将着手的小说《曼斯菲尔德庄园》的主题设定为圈地和教会，那么她在创作中却分了神。教会是圈地的主要受益者——什一税的所有者自动获得任何圈地收益的五分之一，他们还有权挑选负责圈地的官员，且无须支付任何费用。因此，在圈地中，教会是活跃的参与者，而非事不关己的旁观者。教会积极参与圈地，继而将那些已经濒临救济线的人推入贫困的深渊，而这只是简在《曼斯菲尔德庄园》中对教会发出的一系列指控中的一项。教会参与圈地和它接受多元主义（同时拥有多个教区）是完全一致的；它不仅忽视教区人民的精神健康，更是以同样的方式忽视他们的身体健康。它拥有奴隶，并以此令其他所有奴隶主感受到了基督教徒的体面；它道德沦丧，急需改革。福音信徒说得没错。

而真正聚焦圈地的小说——关于它带来的改变，它产生的破坏和它对未来的意义的小说——还需要等待一段时间才会出现，直到简开始着手创作《爱玛》。

尽管女主人公富有且自恋，但《爱玛》是一本关于需求的小说。就连爱玛的姓氏“Woodhouse”也会令读者联想起生活必需品——“wood”（木头）是烧火用的燃料，而“house”（房子）则是能够帮你遮风挡雨的住所。小说中对食物的大量描述同样与此相符。

在《爱玛》中，人们不单单是食不果腹，他们已经绝望了。

试图抢劫哈丽特·史密斯和她校友的那群吉卜赛人是在“里士满的路”边的“一大片草地上”实施罪行的，也就是说他们是在进行拦路抢劫，这在当时是一种可以判处死刑的罪行。这群人中那“五六个孩子”虽然不大可能被判绞刑，但为首的“壮女人”和“大孩子”却是冒着相当大的风险。* 如果被抓住，他们十有八九会被定罪，即便最后他们没有被绳子吊死，也会被流放到澳大利亚。小说结尾的一系列偷盗火鸡之举（也是最终说服极端保守的伍德豪斯先生同意爱玛和奈特利先生定下婚期的原因）所承担的风险与之相当。

由于吉卜赛人常常出人意料地突然离开，所以偷鸡贼很可能不是来自外地的吉卜赛人，而是海伯里的某个当地人。简提出了两个可能的嫌犯人选，但据我们所知，嫌犯可能不止两人。她还指出了造成这种经济困难和绝望状况的直接原因——圈地。这

* 与可判死刑的罪行的巨大数量相比，最终真正执行死刑的可谓寥寥无几。

是毋庸置疑的。《爱玛》中充满了关于农业改良、教区边界和树篱的描写，也不可避免地引用了大量具有政治色彩的内容，除了圈地外，这些信息根本没有被写进这本书的其他理由。

小说以在19世纪的头二十年里经历了三十场圈地运动的萨里郡为背景。[11]不过，没人能够确定海伯里的原型是莱瑟黑德、多尔金，还是爱普森镇，抑或是三者的结合体。简告诉我们，爱玛家所在的哈特菲尔德离她姐姐伊莎贝拉所在的伦敦布伦斯维克广场十六英里远。弗兰克·丘吉尔的父亲韦斯顿先生说过，里士满有九英里远，而伦敦的曼彻斯特街却足有十八英里远。海伯里本身可能离伦敦更近一点。

大致说来，海伯里差不多和大布克姆乡村位于同一个地方，简的教父塞缪尔·库克在那里担任牧师。牧师库克先生的妻子是奥斯汀母亲的表妹，也是一位作家，在1799年出版过一部小说。两人生养了三个孩子，这些孩子比简年龄稍小。时不时，对库克家的表兄妹，简会流露出一种近乎憎恶的情绪。1799年，她对姐姐说："和你一样，我也非常不愿意去布克姆。不过，我希望能发生点什么，让我不必前往。"1808年夏，她抱怨说哥哥爱德华计划了一场旅行，可能迫使她不得不去拜访库克一家："从多尔金到吉尔福德，我距布克姆的距离可能比我希望中的要近得多。"不过，此时，简对他们一家的憎恶似乎缓和了，也许这种憎恶起源于她对库克夫人是拥有出版作品的作家的嫉妒，在她自己的书出版之后，这种嫉妒的情绪就消散了。1814年夏，还在创作《爱玛》的她似乎真的拜访了他们，在作为本章开头场景灵感来源的那封信中，简说她正准备前往萨里郡。

这表明，无论海伯里本身是真实的还是虚构的，那里的圈地很可能是根据真实的圈地塑造的。1813 年，毗邻大布克姆的菲奇厄姆教区被圈，也就是说，简在创作《爱玛》的过程中不断被提醒圈地究竟是什么，它造成了怎样的后果。

在《爱玛》中，圈地同样也是最近才出现的事情，事实上，它似乎还在进行中。奈特利先生相当详细地谈到了他要改道的计划：

> “不过，约翰，先前我跟你说过，我想把通往兰厄姆的那条小路往右移一移，不从家用草场经过，我看这事没什么难办的。要是改道后会给海伯里的人带来不便，我就不改了。不过，你要是还记得那条小路现今的路线……改进的唯一办法，是看看地图。”

如果改道都能实现，“难办”又从何而来？奈特利先生要“改进”给谁看？当然是那些被派去监督圈地的官员了。

当爱玛带哈丽特一起到住在“牧师住宅巷”的“贫病交加的人家”做“慈善访问”时，她天真地想象着在不久的将来，当她将哈丽特嫁给埃尔顿先生的计划成功后，他们一起生活在这条巷子上的场景：“我如今不常走这条路了，”两人继续往前走时，爱玛说道，“不过，以后可是非来不可了，渐渐地，我对海伯里这一带的树篱、大门、池塘和截头树，就会了若指掌了。”

难道她不是应该早就对它们了若指掌了吗？她从小到大一

直生活在海伯里，也很熟悉牧师住宅，发现哈丽特“从未进过牧师住宅”时她还很惊讶。很明显，既然牧师住宅（“一座陈旧的，算不上很好的房子”）并没有改变，那么周围的景致一定发生了变化，而且是翻天覆地的变化。

“截头树”是一种经过修剪的树，被用作一种标志，表明这里的林地即便有，也不提供用作木柴的树枝。圈地者希望尽快打破公地时期的传统。圈地法案坚持要求圈地者建设实体性屏障，比如挖沟渠、竖起篱笆、种植树篱。只有在那些土地被分割并强调私有的地方，才有必要建大门。

这些改变很可能是最近才发生的。罗姆人，即简所谓的吉卜赛人，即便不是更早，也至少自16世纪就一直生活在英国。基因研究表明，大约一千年前，他们离开了印度，但他们刚刚出现在不列颠群岛时，人们误以为这些人来自埃及，因此他们便有了“吉卜赛人”这个古老的名字。在过去的两百年里，异族通婚和同化现象越来越多，对象既包括爱尔兰旅行者和马戏团成员，也包括普通民众，不过依然有不少人保持着传统的生活方式。他们年复一年沿着同样的路线行走，在相同的地方扎营。但很明显，《爱玛》中的吉卜赛人并未像往常那般在同样的地方安营。

他们在路边某个“偏僻”的地方扎营，但绝不会是哈丽特和她的校友曾被警告过要远离的地方。从所有已知信息，我们知道，在任何“年轻小姐”可能前往的地方遇到吉卜赛人是闻所未闻的事。“这真是件极不寻常的事！”爱玛心想。“在爱玛的记忆中，当地的年轻小姐从没遇到过类似的事，没有这样的机遇，也没有这样的惊吓”。考虑到这条消息传播速度之快（“不到半小时工夫，这事就传遍了海伯里”），我们可以确定，如果近期的确发生过类似的事，爱玛肯定早就听说了。

那么，简究竟希望早期读者从这段场景中得出什么信息？那便是，到达海伯里附近后，这些吉卜赛人发现，他们无法进入以往的扎营点了——可能就在村子外的某个地方，靠近道路的某片公地上。他们之所以进不去，原因在于在他们最近离开后的这段时间里，有人在附近建起了栅栏。简甚至特别指明了这些栅栏的确切类型：圈地树篱。哈丽特的朋友比克顿小姐被吉卜赛人吓了一跳，“发出一声尖叫，一边呼喊哈丽特跟她一起跑，一边冲上一个陡坡，跳过坡顶的一道小树篱，拼命地奔跑，抄一条近路回到了海伯里”。

“坡”的存在可能是为了防止车辆或负重的马匹进入另一边的土地，又或者只是为了将那片空间移出道路的可见范围。坡顶的树篱之所以为“小”树篱是因为其种植时间还不长。比克顿小姐是当地一所寄宿学校的“寄宿生”，年纪不可能超过二十岁。据我们所知，她之所以知道有“近路”，是因为不久之前，这还是一条公共通道。她比哈丽特身手更敏捷，再加上哈丽特头天晚上跳了太久的舞，腿部抽了筋，因此最终结果是，她成功越过了圈地者特意设置的障碍，哈丽特却失败了。其实，那些吉卜赛人并没有那么可怕，虽然他们“吵吵嚷嚷”“大喊大叫”，但并不暴力。弗兰克·丘吉尔一出现，他们就散了。真正让这条路变得危险的是圈地，把这里变成一个充满敌意之地的圈地。一旦树篱长高，就连一个健壮的年轻男人可能都不会乐意沿着里士满路独行。

这或许是吉卜赛人和海伯里居民的第一次正面交锋，但绝不可能是最后一次。记忆不会磨灭，在那些坚持传统的团体中更是挥之不去。我曾在开车穿过汉普郡的小路时途经罗姆人的营地——路边草地上搭起的色彩鲜艳的活动住宅，露天燃烧的营火——固执地坐落在有通行权的路边，这是唯一仅存的通往过去公地的通道。

推动圈地的人是谁？很明显，是乔治·奈特利。

“乔治”这个名字意为“在土地上工作的人”，衍生于一个与土壤有关的希腊语词根。简明确指出，奈特利是一个追求现代化和进步的地主。在泥泞的田野里行走时，他会穿上“厚皮靴”防止鞋子和衣服被弄脏。每周他都会和他的房产经纪人威廉·拉金商讨问题。简告诉我们，他和弟弟的许多谈话都围绕着“挖排水渠、换围篱、伐树，以及每一英亩地都要种上小麦、萝卜或春玉米”展开。在小说的结尾，爱玛取笑他对“新播种机”的痴迷。我们会发现，他经常讨论“农作物种类方面的”事情，有一次是在向哈丽特·史密斯介绍相关知识，不难猜想，他一定常常与他的佃户罗伯特·马丁——哈丽特的第一位（也是最终的）追求者——谈论这些。很可能，罗伯特·马丁最喜欢的那本《农业报告》就是从奈特利先生那儿得来的。据爱玛说，奈特利先生的兴趣全在“他的农场、他的羊群、他的书房，还得管理整个教区”上。

实际上，奈特利先生参与了两个教区的事务——当维尔和海伯里。简花了不少时间和精力描述两个教区分别住着什么人。早在第三章，她便告诉我们，这里有“海伯里，包括同一教区的兰多尔斯”（韦斯顿夫妇居住地）所在的教区，“以及邻近教区奈特利先生居住的当维尔寺”。罗伯特·马丁这个人物第一次出现时，读者了解到他“租了奈特利先生的一大片农场”，“住在当维尔教区”。从弗兰克·丘吉尔口中，我们得知弗兰克的父亲韦斯顿先生晚饭后会和考克斯先生（“海伯里的律师”），因城里“生意”致富、社会地位不断上升的科尔先生，以及奈特利先生共同讨论“教区的事务”。当维尔教区和海伯里教区名义上可能是两个不同的教区，然而，实际上除了爱玛家所在的哈特菲尔德，“海伯里的其余地产都归当维尔寺所有”。那么，这几个人——三个地主和一个律师——谈论的“教区的事务”是什么？是当地的圈地造成的贫民救济税的上涨，还是进一步推进圈地？

奈特利先生一定是当地庄园的领主，因为除了他家附近没有其他大宅了。鉴于他的庄园名为当维尔寺，简一定是想让我们明白他是当维尔教区，很可能也是海伯里教区什一税的持有者。在我看来，奈特利先生毫无疑问已经拿到了当维尔教区的圈地法案，圈地正在圆满完成的进程当中。不管是依靠自由保有土地权还是什一税征收权，他似乎都有权在不顾及任何其他拥有土地或持有公地使用权的人的情况下推动圈地法案通过。然而，尽管海伯里镇庄园居多，但在那里事情也并不简单。据推测，在海伯里教区，除了一些拥有公地使用权的居民外，还住着几个土地规模相当大的地主——科尔先生、兰多尔斯的韦斯顿先生，以及哈特菲尔德的伍德豪斯先生。

奈特利先生似乎在没有获得议会法案的情况下就已经开始尽其所能地圈地了（还记得牧师住宅巷的那些截头树、树篱和篱笆吧），但整个教区的圈地并未完成。小说中，简描述了各种被圈起的土地，但也提到了一处很明显未被圈起的区域——位于哈特菲尔德与兰多尔斯的那片“荒野”。这里的“荒野”可能是公地的另一种说法，也可能是圈地前土地用途的另一种面貌——开阔的田野，带状耕种，通常采取一年一度的抽彩方式分配。从简提供的所有信息来看，我们真的只能得出一种结论：奈特利先生正试图劝服海伯里的大部分地主接受另一项圈地法案。作为教区什一税的持有者，同时又拥有镇上大部分的土地，他当然是在推行圈地法案。依靠他的现代耕作方法，他不仅将获得更多土地，还不必为此付出任何代价。

正如简的小说中经常出现的那样，令人不安的可能性开始出现。计划重塑港口上方的当地景观的这个地主小组中明显遗漏了一个人——伍德豪斯先生。他是天生的保守派，讨厌一切改变。他不愿踏出自己的庄园（“顶多走到灌木丛”），可能是因为忧郁症作祟，也有可能是因为外面不断变化的陌生环境让他感到了切实的焦虑和压力。

不管奈特利先生让自己变得对伍德豪斯先生多么“有用”，不管他多“乐意给他写信”，也不管他多么“喜欢帮助他”，我们依然很难想象这位老人能轻易被说服，继而参与圈地。不过，奈特利先生的弟弟约翰娶了爱玛的姐姐伊莎贝拉。伊莎贝拉和爱玛将作为共同继承人继承哈特菲尔德。*

我们能肯定奈特利先生对爱玛的感情中没有任何谋利（除了三万英镑的家产，还有额外的土地，可以免费修上篱笆，挖沟渠）的杂质吗？他搬到哈特菲尔德是因为他爱爱玛，想陪在她身边，还是因为他渴望抓住一切机会说服她父亲同意圈地？他告诉爱玛，“至少从你十三岁起，我就爱上了你”，现代读者可能会对此震惊无比，但对1816年的读者来说，这并没有什么不妥之处。当时，女孩和男孩的适婚年龄分别是十二岁和十四岁，但不管是男孩还是女孩，在这么小的年纪结婚的情况却少之又少。†

在《劝导》中，简让温特沃思开玩笑说愿意接受“从十五到三十岁之间”的任何女人，但他最终娶了一个二十七岁的女人。在简看来，十八岁以下成为新娘的女孩就算早婚了，而那些格外喜欢年轻女孩的男人——威洛比、威克姆——通常最终会暴露其卑鄙的本质。奈特利先生也不是最佳伴侣。不过，撇开这些不说，我们知道约翰·奈特利和伊莎贝拉·伍德豪斯结婚时爱玛十二岁，没过多久乔治·奈特利就开始把爱玛视作可能的结婚对象（即便并非完全有意），这是巧合吗？如果娶了爱玛，再加上弟弟又娶了爱玛的姐姐，奈特利先生最终肯定能把圈地推进下

---

* 这种继承形式也被称为共同所有，如今已经过时了；基本上是继承和可继承的联权共有。

† 男孩和女孩都可以在年纪更小的时候结婚，但在那种情况下，他们长大后有可能取消婚约。参见威廉·布莱克斯顿的《英国法释义》（1765—1769）。

去。毕竟，真正继承哈特菲尔德和圈地请愿书投票权的并不是这对姐妹，而是她们的丈夫。

如果不是因为对自己的房子——仆人和教区——的不管不顾令人联想起他在其他更多方面的粗心大意，对穷人、对那些因他而变得更加穷困的人的漠不关心，那么奈特利先生关于搬到哈特菲尔德来的提议倒是让人对他颇有好感。他热衷于圈地和改良土地，是个糟糕的地主。我们必须假设，小说开头爱玛带着哈丽特去拜访的小屋也属于他。这样的小屋通常都是租用的。海伯里是当维尔寺庄园的一部分，而且简从未告诉我们这座小屋属于其他人。在这座小屋中，爱玛看到的是“贫病交加”——正是奈特利先生如火如荼的圈地让这些穷人陷入了更糟糕的贫困，也正是由于他宁愿在土地上也不愿在房子上花钱，才让疾病在这里更加肆虐。简描绘了小屋外的花园，“矮树篱……摇摇晃晃的踏板”以及“那条又窄又滑的小路”；她让爱玛停下脚，“又看了看那座凄惨的房子”。也就是说，这栋建筑同样破旧不堪、维护不善。

爱玛是简笔下最自私的女主人公，但即便如此，她也至少拜访了一次这座“凄惨”的小屋，确保屋内的居民能吃上热乎乎、有营养的饭菜。奈特利先生来过吗？他很乐意给漂亮且多才多艺的简·费尔法克斯小姐，甚至是她那些不漂亮、也没有什么才艺的亲戚——喋喋不休的贝茨小姐和她年迈的母亲——送去苹果，但她们的优点当然在于她们都是家道中落的淑女。爱玛常常给贝茨家送食物，值得注意的是，她送去的都是些更昂贵、更有营养的食物，比如肉、鸡蛋和糕点。

奈特利先生提供食物的另一个也是唯一一个场景可能会令玛丽亚·安东尼特引以为傲。那是在当维尔举行的一场“像吉卜赛人的聚会”一样的摘草莓活动。这段情节差不多紧接着哈丽特和吉卜赛人在里士满路上的冲突发生，两段情节之间仅仅相隔两个章节。这场关于聚会的描述读起来就像是对传统公共用地惯例的拙劣模仿。这群人大多衣食丰足，享受着金钱能够买到的所有好处，“来到种草莓的地方”，在半个小时的时间里，摘草莓，玩着觅食的游戏，但这一切都是假装的游戏，纯粹是为了好玩。感到累了，他们就能停下来，在院子里溜达一会，然后走进当维尔寺的屋内，围着一张餐桌“坐下忙碌起来”。仆人们制作了一种“冷餐”，很适合在炎热的天气下享用。他们很快就会将之扫荡一空。没错，从某种程度上来说，确实是讨厌的埃尔顿太太迫使奈特利先生一手操办了这场聚会，但事实上，这是他自找的。埃尔顿太太在布里斯托尔长大，父亲是一位冷漠的成功“商人”，所以她这么做也情有可原。可奈特利先生真的如此盲目，真的如此不体谅人吗？即便他相信圈地是爱国之人必做之事，是能够避免人口定时炸弹爆炸、避免贫困和革命的唯一手段，他真的对自己所作所为产生的直接影响如此漠不关心吗？难道他一点儿也不考虑那些贫困的居民，一点儿也不关心哈丽特和吉卜赛人那场不愉快的经历？

他不太可能会关心那些吉卜赛人，几乎没人在乎他们。直到 1783 年，反吉卜赛人的专门法律才被废除。那时，人们心中依然存在一种根深蒂固的文化信仰，认为哪怕只有一点点的机会，吉卜赛人就会绑架非吉卜赛人的孩子。* 从《约瑟夫安德鲁斯的经历》（1743 年）到沃尔特·斯科特爵士的《盖伊·曼纳林》（1815 年），18 世纪和 19 世纪早期的很多小说都将吉卜赛人刻画为了绑架犯。虽然他们可能成为被偷来的孩子的通情达理的养父母，有时甚至会像《盖伊·曼纳林》中发生的那样忏悔，纠正过错，但他们一直被呈现为可能威胁普通家庭组织的形象。如果没有参与绑架，他们可能就是在进行虚假占卜（在 1766 年的《威克菲尔德牧师传》中极为盛行），偷窃或贩卖“梦想之书”“邪恶之歌”和庸医药方，比如汉娜·摩尔的故事《偷猎者贾尔斯》中的“托妮·蕾切尔”。当时的流行杂志《旁观者》将吉卜赛人称为“害虫”。威廉·华兹华斯在 1807 年的诗歌《吉卜赛人》中斥责吉卜赛人懒惰，并在结尾句中宣称：“他们即其出身，正是他们的教养，令其沦为野蛮的社会弃儿！”

而深深被非洲奴隶的困境打动，用抒情的文字描述其苦难主题的威廉·考柏却在长诗《任务》中，以公开且明显具有种族歧视色彩的蔑视笔调描写了吉卜赛人。他写道，他们是“一群流浪汉，是一无是处的部落”，吃着“肮脏的狗肉或害虫，或充其量从惯常的栖息处偷来的公鸡肉”，“从所有的树篱中挑选柴火”。他们身上穿着的“破布迎风飘扬”，露出了他们“黄褐色的皮肤”。他们“好吃懒做”，不懂“劳动光荣”。他们乞讨、偷窃、

* 这种观念能够而且确实从小说和诗歌中溢出并渗透到了现实生活中。1754 年，一个名叫玛丽·斯奎尔斯的吉卜赛人被判犯有绑架一个名叫玛丽·坎宁的年轻女性的罪行，尽管众多证人证明绑架发生时她远在千里之外。

乔装打扮，甚至假装受伤以博取同情。他们是一群奇怪又陌生，“在社会中自我放逐”的人。

在这样的社会背景下，简在《爱玛》中对吉卜赛人的描述已经算是相对正面的了，至少是微妙的。哈丽特和她的朋友无疑都吓坏了；但简指出，她们根本没理由，即便有的话，也没有真正值得她们害怕的理由。一个“男孩”走过来向他们“讨钱”，而她们的第一反应是“尖叫”和逃跑。简接着写道：“假如两位小姐再勇敢一些，那些游民会如何对待她们，那是很难预料的。但是，眼见这样一位任人攻击的小姐，他们自然不会错过机会。”说到这里的“攻击”，不过就是“五六个孩子的围攻，为首的是一个壮女人和一个大孩子”，“吵吵嚷嚷”，“脸上却是一副凶相”。对此，哈丽特拿出了钱包，这并非最明智的对策。因为，此时“那伙人”全都围着她，还要跟她要钱。她的恐惧和她的钱包一样“有着极大的诱惑力”。这里，我们并不是在指责受害者，但小说以及其他角色，似乎都笃信这种情况本可以轻松避免的。毫无例外，根据小说改编的所有电影都夸张地再现了这一场景，远比书中更恐怖。这群吉卜赛人确实吓到了哈丽特，但他们从未碰过她。

弗兰克·丘吉尔的到来彻底扭转了局势：“原先是那女人和男孩吓得哈丽特害怕，现在却轮到他们自己害怕了。”弗兰克把他们“吓得胆战心惊”。整件事的细节——尖叫、哈丽特抽筋、弗兰克用来描述哈丽特的“天真”和“热切”的“兴致勃勃”，简对任何真正的有形危险或对性暴力担忧的有意规避都确保了这个场景的复杂性，鉴于它的短小精悍，便更是如此了。简笔下的吉卜赛人不同于其他作家笔下的吉卜赛人。首先，他们几乎都是孩子，因此他们中不会有什么绑架犯、占卜者或贩卖可疑货物的小贩。他们甚至连乞讨都做不好。当然，他们并没有像考柏动不动就指责的那样，掌握了尽善尽美的乔装手段，或精通了职业乞丐的哭诉技巧。

在简的一生中，罗姆人经常造访史蒂文顿和查顿，然而除了在一篇童年故事中短暂提及过他们外，这是简唯一一次在作品中讲到他们。他们甚至不需要发挥推动剧情的作用，简也本可以轻易用其他人代替他们。所以，他们出现在小说中是有特定目的的。

一篇著名的文学评论贬抑简·奥斯汀，将其与先驱记者兼社会活动家威廉·科贝特进行比较。两人年龄相仿，都出生于汉普郡，并在那里度过了一生的多数时光。尽管科贝特狂热激昂且直言不讳地批判法国大革命，但他本人其实终身致力于改革事业，因此通常并不受英国当局欢迎——落魄之时，他甚至一度在狱中服刑两年，两度逃往美国，直到风波平静下来后才回国。统治当局非常惧怕他的社会影响力，有一次他降低了由他创办，并长期发行的《政治纪事周刊》的售价，令更多的人能够负担得起，周刊发行量随之飙升（月销量升至四万多份）。19 世纪 20 年代至 30 年代，他将注意力转向了英国农村经济的可怕状况；他在《骑马乡行记》一书中描述了接二连三的圈地席卷农村土地后的一代人的遭遇。

在评论家雷蒙·威廉斯看来，科贝特对简温文尔雅的风尚喜剧做了必要的纠正：

> 沿路骑行时，科贝特描述的皆为阶级。而不论社会在她笔下被描述得多么错综复杂，屋内的简·奥斯汀永远看不到这一点。可以理解，她所有的歧视都是发自内心的，是具有排他性的。她关心的是那些不断努力跻身某个阶层的人的行为。然而，如果目光集中在一个阶层上，就再看不到其他阶层了。

吉卜赛人的这段插曲表明他的说法是错误的。首先，它发生在路上。简的小说中很多关键的场景都发生在户外，即使是发生在室内，也并不一定是在“家中”。有时，这些场景发生在小旅馆、集会厅、旅馆和拥挤的出租屋内。像弗兰克·丘吉尔这样的悠闲绅士绝对不可能和吉卜赛人属于同一社会阶层。他与私生女哈丽特·史密斯也绝非同一阶层的人。也许，威廉斯眼中，弗兰克和哈丽特之间并无区别，但对简和她的第一批读者来说，他们之间存在差异。她那种将地主贵族和其他阶级强行糅合在一起，却又不至于让其变得滑稽可笑的意愿，正如我们阅读《傲慢与偏见》时所见，是一种非凡的创新。同样极具创新性的是她在小说中描述跨越阶级界限的婚姻的意愿。

事实上，简的小说中存在诸多无法悠闲地等着金钱自动上门的角色——他们需要谋生，需要自力更生。牧师显然不属于这类人，但海员绝对属于。《劝导》中的温特沃思舰长加入海军可不是为了好玩，也不是为了看世界。他第一次向安妮求婚时，除了薪水，他没有任何的家产或积蓄。范妮·普莱斯的哥哥威廉在进入青春期之前就开始挣钱养家了。律师和房产经纪人都要工作，仆人也是如此。

事实上，在整个创作生涯中，简对劳动人民，尤其是劳动女性，越来越感兴趣，这或许并不令人意外。

《诺桑觉寺》中，她对仆人的描述几乎全然没有个性特征（“穿着木跟套鞋的女仆”、一个“男仆”）。她赋予了埃丽诺·蒂尔尼在巴思的那位保姆姓名，但也仅此而此。在《理智与情感》中，有一两个仆人被赋予了个性——达什伍德家的男仆叫“托马斯”，詹宁斯太太家有个叫“贝蒂”的女仆；托马斯甚至还有几句台词。但是，直到《傲慢与偏见》中出现了所谓的“半仆人”——管家、家庭教师、保姆，这些人物轮廓才逐渐开始具有更重要的意义。简对他们的描述也各不相同。比如，在描述安妮·德·布尔的保姆詹金斯太太时，她写道，“没有什么突出的地方”，却用“举止文雅，和颜悦色的女人”描述乔治亚娜·达西的家庭教师兼保姆安妮斯利太太，称其察觉到了彭伯利大厦客厅内涌动的尴尬气氛，她试图打破尴尬的举动“证明她……确实有教养”。当然，乔治亚娜先前的保姆扬格太太与威克姆关系密切，正是在她的协助下，威克姆才和乔治亚娜成了恋人，收取合适的酬金后，她将威克姆和莉迪亚的下落透露给了达西。达西心爱的管家雷诺兹太太是看着他长大的，虽然她更像个刻板老旧的角色，但我们不禁会赞同莉齐对她的评价：毕竟，“什么样的称赞会比一个聪慧用人的称赞来得更宝贵呢”？

《曼斯菲尔德庄园》中的仆人们或技艺傍身，或患有关节炎，或子孙成群。我们虽然从未见到过曼斯菲尔德庄园的李小姐，但她显然是个合格的家庭教师。庄园的木工克里斯托弗·杰克逊在剧院里的工作“干得不错”，这是托马斯爵士在整场表演中发现的唯一一点值得赞扬的地方。杰克逊有个儿子，名叫迪克，“已经十岁了，长了个傻大个儿”。在索瑟顿庄园，我们从眼角瞥见一个园丁，带着一个生病的孙子，种了“一株非常稀罕的石楠”。曼斯菲尔德庄园的车夫患有“关节炎”，在诺里斯太太的“治疗”下恢复了健康。这些人物形象生动、个性鲜明：普莱斯家的女仆丽贝卡性情乖戾，任性无能；就连完美的管家巴德利看到诺里斯太太自讨没趣时，也会暗地里得意地“微微一笑”。

对诺里斯太太而言，生活就是一场防止仆人阶级“占便宜”的持久战。她对他们表现出的关心都是表面工作，目的是为了展现出自己最好的一面。然而，尽管“一向只从自己的利益出发”，但伍德豪斯先生却对他的仆人及其家人表现出了一种虽淡薄但真实的喜爱之情。与《诺桑觉寺》中无名无姓的仆人相比，我们已经见证了长足的进步：在《爱玛》中，也只有埃尔顿太太这样的角色才会假装忘记服侍她的仆人的名字。伍德豪斯先生甚至推荐他的车夫詹姆斯的女儿汉娜到兰多尔斯当用人。

“我很高兴想到了她。这是一桩好事，我不想让可怜的詹姆斯觉得自己受了冷落。汉娜肯定会是个出色的用人。这姑娘懂礼貌，嘴又甜，给我的印象好极了。她每次见到我，总是又施礼又问安，那样子真招人喜欢。你叫她来做针线活的时候，我见她总是轻轻地打开门，从不搞得砰砰响。我敢说，她一定是个出色的用人。”

不过，在《爱玛》中，即使是出色的仆人之间也会产生分歧。我们知道，埃尔顿太太家的管家赖特太太和奈特利先生家的管家霍奇斯太太就一张承诺的“收条”（一份菜谱）起过一次争执。从其他经过三四手传播的信息中，我们了解到，对于主人把苹果送给贝茨母女一事，霍奇斯太太“心里很不高兴”，也知道她并不是一个真正好脾气的人（“霍奇斯太太有时候真会发脾气的”）。还有就是爱玛的家庭教师泰勒小姐，在小说开头她便已经辞职结婚，成了韦斯顿太太。此外，还有被“培养成个教师”的简·费尔法克斯，险些被埃尔顿夫人的一位朋友雇佣。这两个人物虽然都属于（或曾经属于）仆人阶级，但她们的形象被描绘得有血有肉，非常充实，甚至成就了整部小说。毕竟，如果泰勒小姐没有结婚，又或者简·费尔法克斯这个人物不存在，故事情节将如何发展下去？

《爱玛》中也充斥着非仆人的劳动人民。比如，帮助奈特利先生在海伯里推行圈地的律师考克斯先生。再如，奈特利先生的房产经纪人威廉·拉金。此外，还有药剂师佩里先生，他太忙了，总是奔波去医治下一个病患，因此读者常常将他遗忘。简还写道，穷困潦倒的约翰·阿布迪在教区当了“二十七年”文书。书里还出现了商店老板——福德夫妇，经营着一家“兼营毛料、亚麻布和服饰用品的综合商店”；面包师的妻子沃利斯太太，在别人看来她“很不客气，回起话来很冲”。然后，还有“一所学校的校长”戈达德太太，简告诉我们，她“年轻时辛辛苦苦，现在觉得可以偶尔去串串门喝喝茶了”，此外，还有“三位老师，纳什小姐、普林斯小姐和理查森小姐”。

这种情况在简的早期小说中从未出现过。即便是从爵士讲到产褥护士的《劝导》中也没有描述过如此多，且各有特色的人物。当然，从一定程度上来说，这是因为《爱玛》不同于其他小说，其故事发生地一直没有变。因此，简需要填满的画布仅有一张。既然专注圈地，就需要做到细致入微，想想我们对海伯里地理情况的了解比对《傲慢与偏见》中梅里顿的了解多多少就明白了。但对范围和细节的把控、描绘阶级差异时的小心翼翼，以及为每一个角色添加不同色调个性的努力，这些同样是简在深思熟虑后做出的艺术选择。

许多角色通过自己与他人的关系，及相较于邻居或熟人的地位来定义自己。“superior（胜过，高于……）”和“inferior（不足，逊于……）”这两个词在《爱玛》中出现的频率是其他小说的三倍。不过，在海伯里，社会定义鲜少甚至从来都不稳定，也从未得到普遍的认同。

爱玛认为埃尔顿先生非常适合哈丽特：“埃尔顿先生的身份极其相称，本人非常体面，又没有卑贱的亲友，同时家里人也不会嫌弃哈丽特身份不明。”埃尔顿对自己的资格评价却与此大不相同，甚至因为她的这种想法“觉得自己受到了侮辱”：

“我会认真考虑史密斯小姐！史密斯小姐是个很好的姑娘，我真希望她能有个体面的归宿。但愿她非常幸福。毫无疑问，有些男人不会反对——各人有各人的标准。不过，就我而言，我想我还没有可怜到那个地步。我可不是没有希望找到一个门当户对的人，而只好去向史密斯小姐求婚！”

反过来，当埃尔顿先生向爱玛求婚时，爱玛完全被吓了一跳。她惊讶于他“居然认为自己……与她旗鼓相当”，居然“不知天高地厚，向她求起婚来”。

埃尔顿先生最终的婚姻是否真的做到了门当户对呢？他的妻子“一没有名望，二没有门第，三没有显贵的亲戚”，只有经商获得的微薄收益，但她从不羞于维护自己在社会阶层中的地位。尽管她来自贸易（其实是奴隶贸易）之城布里斯托尔，并极力撇清自己与奴隶贸易之间的这层联系（她曾宣称，自己的姐夫“是一向主张废除买卖奴隶的”），但埃尔顿太太却对北方的制造业城镇冷嘲热讽：“对伯明翰不能抱有多大希望。我总说，那名字听起来就不吉利。”她自视优越于韦斯顿太太（“见她如此雍容大度，我还真是大为吃惊呢！”），认为自己和“奈特利”以及爱玛地位相同——“你我应该组织一个音乐俱乐部！”

不过，那时奈特利先生“没有养马”，也很少租用马车。他常常步行出门；“没有多少闲钱”，一身农夫的打扮，埃尔顿夫人又怎么知道他的社会地位高于自己呢？爱玛的密友不仅有哈丽特·史密斯——“不知道是什么人的私生女，可能连生计也没有着落，当然更没有体面的亲戚”，还有她曾经的家庭教师韦斯顿太太。韦斯顿太太来自哪里？家庭背景如何？有没有体面或不体面的亲戚？这些我们全然不知。看来，对于这些问题，我们还是避而不谈为好，因为我们得到的可能并不是我们希望得到的答案。说到这儿，爱玛的母亲又出身于怎样的社会阶层？爱玛拥有三万英镑的资产，我们必须假定她的姐姐拥有同样多的资产。拥有如此多的流动资产，却嫁给了既没权势又毫无吸引力的伍德豪斯先生，这种种迹象表明她母亲发家于贸易——当然是成功的贸易，但依旧是贸易。是英国北部工业区？是西印度群岛？还是东印度群岛？爱玛的姐姐嫁给了一位伦敦的律师。伍德豪斯家族或许是“一个古老世家的后裔”，但爱玛真的有资格挑剔埃尔顿太太的祖辈吗？*

评论者喜欢称爱玛为势利眼——她确实花了不少时间和精力判断在社会秩序中不同的人应该处于怎样的位置。但如果说她真的是个势利眼，那她也是个非常包容、有说服力的势利眼，对一些社会地位比她低的人她欣然接纳，也愿意改变对别人的看法。哈丽特·史密斯、韦斯顿太太，以及在过去的“十八年、二十年中”一直“做……生意”的韦斯顿先生，都是她的密友、伙伴。她告诉自己，科尔一家“出身低微，靠做买卖营生，只是略有点气势不凡”，“应该让他们明白，他们没有资格安排上流人家去他

* 在《傲慢与偏见》中，简已经鼓励读者认为，她把小说中的一些人物嫁接入了菲茨威廉伯爵家族的家谱。18世纪末，菲茨威廉家族便占有了位于约克郡的恢宏的温特沃思伍德豪斯庄园。也许，简希望我们将哈特菲尔德的伍德豪斯家族想象为他们的远亲。在《劝导》中，沃尔特·埃利奥特爵士失望地发现，竟然存在和这个家族“毫无关系”的姓温特沃思的人。

们家做客”；但她又很轻易地让自己相信，最终她还是会接受他们的邀请的。她声称哈丽特的追求者罗伯特·马丁属于“耕农”，“一定粗里粗气，缺乏教养”，但看了他向哈丽特求婚的那封信后，她不得不重新审视对他的看法：

> 她开始看信，当即吃了一惊。她全然没有想到，居然会写得这么好。不仅没有语病，而且从文笔来看就是出自一个有教养的人之手，也不会让他觉得丢脸。语言虽然平淡无奇，却刚劲有力，毫不做作，信中表达的情感充分表明写信人为人体面。信写得不长，但却表现了他的通情达理、情真意切、豁达大度、礼貌周全、甚至感情也很细腻。爱玛在对着信出神。

简在这里暗示，读者们也应该停下来，而不是妄下结论，因为那些不会是正确的结论。海伯里已经变成一个充满不安、动荡不定的地方，旧秩序和惯例在这里将不再发挥作用。这里的景观变得新奇又陌生，从各个方面来说都是如此。道路改了道，栅栏如雨后春笋般出现，地图必须重新绘制。就连书中的角色也始终处于移动的状态，散步、从车厢进进出出、往返于伦敦。简写道，韦斯顿先生几年来基本上都过着通勤的日子，在伦敦工作，但在海伯里还有一栋小房子，“闲暇时间大多在这里度过”。弗兰克突然跑到伦敦理了发，还订购了一架钢琴（他此行的真正目的）。社会阶层仿佛在嘎吱作响声中发生着变化。韦斯顿家、马丁家和科尔家，以及埃尔顿家都在缓缓崛起。但并非所有的变化都是从下到上的变化。当地的阿布迪一家却在一代的时间里从教区的文书沦落成了马夫——从受过教育的准专业人士变成了在驿站旅店里照看马匹的马夫。贝茨母女的社会阶层也下移了，女儿比母亲降得更低。（“她家境贫困，她出生时家里还挺宽裕，后来就败落下来了，到了晚年也许还会更加潦倒。”）书中的人物通过向那些他们认为不那么幸运的人施舍钱财来增强自己的社会地位感。不断变化的社会阶层是本书关注的一个重要问题，小说中至少有三个人物通过自身体现了这种变化。

《曼斯菲尔德庄园》中刻画了一个被领养的孩子角色，而《爱玛》中却刻画了三个——弗兰克·丘吉尔（更确切地说，是他自己登记的弗兰克·韦斯顿·丘吉尔）、简·费尔法克斯和哈丽特·史密斯。

弗兰克是韦斯顿先生的儿子，但两岁时就被带去和他的舅舅和舅妈一起生活，一开始这不过是一种非正式的安排，但后来“双方有言在先，等他成年时，就改姓丘吉尔”。简·费尔法克斯“三岁那年”成了孤儿，于是从中尉的女儿变成了贫穷的外婆的“财产”。后来，她的生活再一次发生变化，她父亲曾经的战友开始“全面负责她的教育……从此以后，简就成了坎贝尔上校家的一员，成年跟他们生活在一起，只是偶尔去看看外婆”。哈丽特·史密斯在社交圈的可塑性是无穷的，先是适应了戈达德太太的学校，接着是马丁一家，后来又适应了爱玛和哈特菲尔德的社交圈。作者认为她具备嫁给从罗伯特·马丁到奈特利先生的任何人的潜力。（爱玛认为哈丽特与奈特利先生结婚“绝不是，绝不是不可能”。）

结果证明，被海伯里的所有人欣然接受的哈丽特原来是个不速之客。虽然“她有充裕的生活费”，虽然“为了促使她上进，确保她生活舒适，一向都是对她什么也不吝惜”，但实际上哈丽特并非爱玛所想的那样是个“大家闺秀”。事实证明，她的父亲是个“商人……挺有钱，能供她维持以往那种舒适的生活。他还挺顾面子，一直都想掩饰这层关系”。她身上私生女的污点“没有金钱地位来粉饰”。校长戈达德太太强求爱玛关照她难道做错了吗？奇怪的是，爱玛却因为这一强求感到扬扬自得——这确实是一种强求：“戈达德太太叫人送来的一封信，信里以极其恭敬的措辞，要求允许她把史密斯小姐带来玩。”戈达德太太不正是那个吉卜赛“壮”女人的翻版吗？她们都管理着一群不属于自己的孩子，而这些孩子却能给她们带来金钱收益（前者通过乞讨，后者通过学费）。虚情假意地将哈丽特塑造成大家闺秀的戈达德太太难道不是比吉卜赛人更像吉卜赛人吗？

哈丽特这样一个终归不归属于这个社会，也不同于在里士满路上围住她的那些吉卜赛孩子的人，真的是考柏所说的那种“在社会中自我放逐”的人吗？她没有属于自己的家，弗兰克·丘吉尔和简·费尔法克斯也没有。弗兰克·丘吉尔渴望旅行，从不在相同的地方久留。简·费尔法克斯常被人看见在“附近的草场上散步”，就像吉卜赛人一样。韦斯顿先生和贝茨太太为让孩子们享有更多的经济保障而放弃亲生儿子和孙女抚养权的行为，真的和故事书中那些偷偷用自己的孩子换走别人家孩子的吉卜赛人有什么不同吗?

在海伯里，还有一些人比他们更像吉卜赛人。

如今我们都知道，其实我们一直都知道，简的小说很少出现纯喜剧的结局，但《爱玛》的结局却给人一种格外不祥的感觉。夏去秋来，丰收在即，情侣成双成对。哈丽特和罗伯特·马丁将于9月成亲，简·费尔法克斯和弗兰克·丘吉尔“只等着十一月份来临”(那时丘吉尔太太的法定哀悼期差不多也结束了)。爱玛和奈特利先生“只敢把婚期定在”这之间的那个月——“十月份”。然而，伍德豪斯先生还在给他们制造麻烦。爱玛“眼看着父亲痛苦……真是于心不忍……不敢贸然行事”。到这里，我们陷入了僵局，直到一个令人难以想象的解决方案自动出现：

> 一天夜里，韦斯顿太太家禽房里的火鸡全给偷走了——显然是很有手段的人干的。附近一带另外一些禽栏也蒙受了损失。伍德豪斯先生心怀恐惧，认为偷窃跟破门而入没有什么两样。他坐卧不安……这一苦恼导致的结果是：做父亲的同意了女儿的婚事，那个爽快劲儿大大超出了女儿当时的期望，因而女儿得以定下了婚期。

读者本就有理由怀疑奈特利先生娶爱玛的动机不纯。而这样一场得益于犯罪行为和一个老人的恐惧才被应允的婚姻丝毫不能驱散这种挥之不去的不安感。

或许等待爱玛和奈特利的是“美满幸福”，但对伍德豪斯来说，新女婿的出现只是两害相权取其轻罢了。等待其他人的将是什么？简花费时间和精力塑造出的栩栩如生的其他人物又将如何？海伯里和当维尔的未来会怎样？

闯入当地家禽房偷窃的人会是谁？答案很明显：吉卜赛人。考柏笔下的吉卜赛人就会做出这样的勾当（“从惯常的栖息处偷来的公鸡”）。这是文学作品中常常出现的桥段。但在《爱玛》中，进入秋季前，吉卜赛人早就已经离开了。其实，他们在向哈丽特讨钱当天就走了——“吉卜赛人并没等待法律的制裁，而是匆匆逃跑了。”简还告诉我们，在海伯里至少还有两户人家可能沦落到偷窃的地步。

一户是小说开头爱玛和哈丽特前去拜访的穷苦村民。另一个是在社会阶层中迅速降落的阿布迪一家。我们知道，阿布迪家的儿子“找埃尔顿先生谈谈教区救济问题。你知道，他在克朗旅店当领班、马夫之类的差事，自己的日子过得还不错，但是没有救济，还养不活他父亲”。那么他后来得到任何救济了吗？我们无从知晓。不过，我们知晓的是，埃尔顿先生要处理许多教区事务——“地方长官、管救济的人、教会执事总要向他讨教”。他们有什么事要向他讨教？比如，犯罪、教区救济、为穷人安排就业等。埃尔顿先生之所以那么忙，原因在于穷苦村民远不止一家，像阿布迪这样的困难家庭远不止一家。而这些都是奈特利先生推行圈地带来的结果；如果他成功拿到海伯里的圈地法案，情况会愈来愈糟糕，会有更多的人被迫走上犯罪道路，变得像吉卜赛人一样沦为小偷，乞丐，被这个他们不再有立足之地的社会抛弃。

《爱玛》是一部充满文字游戏和字谜的小说，正如六年前简向克罗斯比提出的挑战一样，它也向读者发出了挑战。我们是否足够专注，是否留意到了，这部献给摄政王的小说把女主人公的姐姐安排在了布伦斯维克广场，而布伦斯维克路的名字却是致敬摄政王已分居的妻子布伦斯维克的卡罗琳的？我们可曾留意到，埃尔顿先生为爱玛和哈丽特的谜语集锦贡献的字谜既可以指求爱，也可以同样轻易地被理解为威尔士亲王？* 所以，对待这位女作家，我们真的足够严肃认真吗？

如果我们读得足够认真，这本书中并不存在无解的谜题。闯入家禽房偷窃的人是谁？是阿布迪家的儿子，或者众多和他境遇相近的人中的某一个。弗兰克不在海伯里的时候，是否真的梦到了忙碌的药剂师佩里先生有过购买一辆马车的短暂念头？要知道这是个鲜为人知的事实。答案当然是否定的。因为他和简·费尔法克斯一直互通书信，而后者曾在一封信中提起过海伯里的这段传闻。关于哈丽特·史密斯的父亲，我们略知一二，但她的母亲是谁？或许是和贝茨母女有关的某人。贝茨小姐两次提到，她母亲曾唤她赫蒂，而赫蒂也可能是哈丽特的简称。当其他角色张口

---

* 想彻底理解这个谜题，请参阅科琳·希恩为网站 Persuasions On-Line（www.jasna.org/persuasions/on-line/）撰写的两篇文章——《简·奥斯汀“献礼”摄政王：一位饱经磨难的绅士》和《对摄政王的讽刺：<爱玛>中第二个字谜的第二种答案》，第 27 卷第 1 期（2006 年冬）。

闭口提及“哈丽特·史密斯”时，贝茨小姐却十分注意，一直称其为“史密斯小姐”，从未用过哈丽特的名字。从哈丽特十七岁，到简·费尔法克斯二十岁，再到据说简·费尔法克斯三岁时母亲去世，这些讯息虽然不能证明哈丽特和简·费尔法克斯很可能是同母异父的姐妹，但种种迹象似乎都在促使我们得出这样的结论。

这些问题中许多——几乎全部——的答案其实就隐藏在我们眼皮子底下，就在简为贝茨小姐设置的那些冗长又令人费解的独白之中。贝茨小姐——一个中年老姑娘，已故牧师的两个女儿中的一个，与寡母一起过着拮据的生活——是简的小说中最接近她本人形象的人物。几乎没人听她絮絮叨叨。粗心的读者甚至会略过她一半的长篇大论。不断受到误导的可怜的爱玛一度宣称“你从贝茨小姐那儿听不到你想听的意见”。当然，事实证明她错了。

或许是因为批评家们拒绝承认她在小说中想要实现的目的而倍感失望，简于是在这里表明了自己的观点：你们应该听听我的话，因为它们值得一听。

尽管家中灾祸不断，身体状况越来越糟，但这位与众不同的中年老姑娘和牧师的女儿已经在摩拳擦掌，准备应对那个时代最根本的一些问题。故事背景设定在1814—1815年间（拿破仑被流放到厄尔巴岛，后来又试图重新登上法国王位，最终战败滑铁卢期间）的《劝导》关注的是世界性的事件、王朝的衰败以及宗教不可逆转的颠覆。（或许）介于两个时代之间，这部小说既回顾过去，又展望了动荡不安的未来。

第七章　下降与跌落

——《劝导》

莱姆－里杰斯，1804 年 9 月。*

她可以站在那里，望着大海，静静地待上一辈子。这里没有肮脏不堪的出租屋，也不用为谁熬药，有的只是新鲜的空气和耀眼的阳光、白色的泡沫、脚下踩着的防波堤的斜坡、俯冲而过的海鸥。海水唰唰涌来，接着退去，似乎从不会逼近这片浅浅的海岸，直到忽然涨潮的那个瞬间。此前，有人提醒过她要留意涨潮的危险，也有人提醒过她要小心海边的悬崖。虽然它们看上去再坚固不过，但它们很容易在突然之间毫无预兆地崩塌。一直以来都是如此。海滩上零星地分布着许多岩石碎片，碎片太大，所

* 改编自简·奥斯汀写给卡桑德拉·奥斯汀的一封信（1804 年 9 月 14 日）。

以海水根本冲不动。越过陆岬，在较远方的宾尼，发生过一场严重的山崩，岩石滚落的地方如今已长满绿色的植被，甚至还种上了树。那应该是几代之前的事情了。她听见了奔跑中的脚步声，接着是一声闷响，然后是猛吸一口气后的刺耳尖叫，完全不同于海鸥的呼啸声。朝防波堤较低处望去，她看到一个小女孩脚下一滑，摔了下去。没有一个人注意到这场事故。用手隆起裙摆，简小心翼翼地沿着伸出堤岸的台阶跑下去，将那孩子抱到膝上，一边责怪，一边哄着。幸运的是，她伤得不重，不过刮破了膝盖，手掌破了皮。她将手绢在海水中沾湿，轻轻擦去小女孩脏兮兮的手掌以及起了鸡皮疙瘩的双腿上的血珠，帮她将连衣裙收拾妥当。此时依然在微微啜泣的小女孩，正用怀疑的眼光打量眼前这个陌生人，她已经准备好站起身了。

小女孩没有穿鞋，光着脏兮兮的脚丫。她蹲下身，捡起几块鹅卵石，然后十分庄严地将其中一块塞进简的掌心。不过，那并不是鹅卵石，当简低头看时，她发现石头内嵌着一只复杂精细的螺旋状动物。那是一块菊石，一块化石，在莱姆，人们称之为“珍品”。鹅卵石内的动物来自“大洪水”之前，或许是更遥远的过去。

☆ ☆ ☆

1812 年年底，在迅速浏览报刊上关于战争和公司破产的报道时，读者可能会扫到这样一段被媒体广泛转载的文字：

> 鳄鱼化石被发现。就在最近的涨潮期结束之际，一块完整的鳄鱼化石在莱姆－里杰斯和查茅斯之间的悬崖下被发现，化石全长 17 英尺，存在瑕疵。挖掘出化石的悬崖位置距离崖顶 100 英尺，几乎与海平面齐平。

其实，这条“鳄鱼”不是真正的鳄鱼，而是我们所说的鱼龙。1817 年，人们专为它创造了这一新名词。1811 年，这条鱼龙的头骨就已经被发现了。当地两位化石猎人花费数月之久，在暴风雨与秋潮中艰难前行，协力挖掘剩余的骨骼化石。这项工作本身便充满艰难，危险重重，再加上两个人中一个是十几岁的少年，另一个是年龄更小的女孩，情况便越发艰险。

少年名叫约瑟夫·安宁，女孩则是玛丽·安宁。他们从小便接触化石买卖这一行当。他们的父亲理查德在 1810 年去世前曾经营过一个专门向游客售卖化石的货摊，作为他在主业家具制造外的副业。玛丽·安宁后来又发掘了大量动物化石，包括第一块完整的蛇颈龙化石，以及英国首例翼手龙化石。1830 年的版画《远古时代》（描绘了更为古老的多塞特郡）展现了她丰富多样的发现。她与来自欧洲各地的科学家都保持着联络。当时杰出的解剖学家乔治·居维叶认为她发现的蛇颈龙是冒牌货，但他最终改变了观点。安宁被视作业界一流权威，最终她也凭借专业知识和技能获得了由英国科学促进协会、地质协会和总理组织捐款共同筹集的小额年金。

对于她这样一个完全自学成才，带有非国教的信仰背景，且曾依赖教区救济生活的女人而言，这样的认可意义重大，比她在婴儿时期在雷电袭击中躲过一劫的传说还要不同寻常，也许从某种意义上来说，甚至比她的发现还要更为不凡。毕竟，在莱姆发现化石并不是什么稀奇事。莱姆市坐落于英格兰西南部的“侏罗纪海岸”——一条曾为史前海床，从德文郡到多塞特郡蜿蜒绵延将近一百英里的海岸线。莱姆四周的悬崖峭壁的构成中比例最大的是一种名为蓝里亚斯层的岩石。这种黏质岩石松软、易碎，很容易崩塌。蓝里亚斯层中富含化石——堪称丰富多产。从防波堤，也就是港口石阶走下，踏上海滩时，你会发现自己差点被那些化石绊倒。菊石和箭石暴露在光天化日下，毫无遮掩，只需用在所有商铺都能买到的地质锤轻轻敲几下就会显身。这里还有远古海生物扭曲盘绕的骸骨，完全是来自另一个世界的遗迹。

乍看之下，将简·奥斯汀和恐龙联系在一起很奇怪，就像前几年颇为流行的“混搭”（比如《傲慢与偏见与僵尸》《曼斯菲尔德庄园与木乃伊》）。

但简在莱姆至少度过一段长长的假期，也许是两段。1803年，简与卡桑德拉似乎曾身处附近的某地，原因是，在一封信中，简提到自己目击了莱姆的一场严重火灾，而与她的话相符的一场大火发生在那一年的11月。我们知道，1804年夏末，简·奥斯汀一家有一半人去了那里，简和年迈的父母留在莱姆，卡桑德拉和哥哥亨利夫妇，以及表姐伊莱扎去了韦茅斯。在写给姐姐的一封信中，简描述了自己洗海水浴、在礼堂跳舞，以及漫步海港高墙，也就是防波堤的经历。她的语言欢快明丽，文字间迸发着能量和活力。坏兴致的事不足挂齿——一场重感冒，以及需要她安排修理的一件坏家具而已。

简是否曾经在莱姆的街巷间遇到过彼时年仅五岁的玛丽·安宁？据当时的人口统计，莱姆市在1811年仅有两千左右的人口，也许就相当于一所稍大的中学的规模。如果放在1804年，那规模应该更小。简在给卡桑德拉的信中，指名道姓地提到了"安宁"，也就是玛丽的父亲理查德——语气势利，也许是出自无意，她并没有恭维地在他的姓氏后加上"先生"。作为家具制造商，他竟然"宝贝"一个"破盖子"——寄宿舍中某件家具上坏掉的盖子。他是否进过奥斯汀一家租住的房间？或者说，是他们把盖子拿给了他？这要取决于这盖子具体是什么。他开出的修理价大概是五先令，这在奥斯汀一家看来太高昂。

即便如此，如果设想简在理查德·安宁的工坊中，手指拂过盛着展示给游客的化石的托盘，我们距离真相就不远了。就算她没在理查德·安宁的商店看到化石，也一定在莱姆的其他商店或者海滩上看过。这是她躲不过的。那时的悬崖也不比如今稳固。1813年，约翰·费尔萨姆出版了《矿泉及海水浴疗养地全面指南》，堪称英国摄政时期的《孤独星球》。其中，他特别提到了莱姆地质的不稳定性："汹涌的潮水严重侵蚀崖壁，崖壁由一种泥灰岩和掺杂有石灰的蓝色黏土构成，很容易垮塌。"在这片侏罗纪海岸上，山崩就意味着化石要出现了。所以，早在"鳄鱼"化石被发现之前，莱姆市便已经因为化石闻名于世了。1823

年出版的《莱姆－里杰斯史》描述了“多年来，最初的旅客如何纷纷漫步于海滩之上，专心致志地寻找小贝壳，菊石以及其他被他们用‘珍品’这一统称加以区分的古物”。

莱姆市的这些“珍品”、海百合以及菊石可曾令简产生疑惑？如果答案是肯定的，她也绝非个例。1812 年，报纸上关于莱姆市“鳄鱼”化石被发现的详细报道以几乎听得出的疑问语气结尾。“化石”被从“崖顶下方一百米的地方”挖出。虽然报道中并没有道出疑问，但问题仍然呈现了出来：它为什么会出现在那里？

作家夏洛特·史密斯创作了一首名为《滩头》的诗，直到去世她也没有完成这首诗，但诗歌依然于 1807 年出版，这首诗中便问到了这个问题：

自然可曾
肆意地模仿水下世界依附于黑暗海岩的
双壳及螺旋状生物
那些鬼斧神工的形状？
这片白垩山区，可曾
在那海浪奔腾，深不可测之地，
造就一片广阔盆地？

年轻时，简便贪婪地阅读史密斯的小说。少女时期，简最喜欢的是她的第一部小说，也就是 1788 年出版的《埃米琳：城堡的孤儿》，她深爱其中的反传统英雄式主人公德拉米尔。* 部分故事设定在巴思。备受钦慕的女主角埃米琳要在两个男人中做出选择，一个是她遇到的，也几乎是第一个可嫁的男人，另一个是直到故事讲了一半才偶遇的男人；一个是她的堂兄，一个是海军上校；一个名叫弗雷德里克，另一个名为威廉。显然，在创作《劝导》这部作品时，史密斯一直萦绕在简的心头。† 从简·奥斯汀到化石实际上也仅仅只是一步之遥。

※ ※ ※

我们总认为科学与宗教的战争爆发于维多利亚王朝中期，但事实上，战线拉开的时间要更早一些。整个 18 世纪，越来越多的科学家已经开始质疑《圣经》中创世故事的真实性。经常到莱姆考察的威廉·巴克兰牧师是牛津大学的首位地质学教授，他在 1819 年的就职演说中不得不承认，将庞杂的地质变迁历史硬塞入《创世记》中给定的时间段是一件“不可能”完成的事。如果说地质学证明“地球现今的体系建立在一个更古老体系的残骸和遗迹之上”，并不是说《圣经》中的故事就是错的，只能说它遗漏了这部分内容。毕竟，《圣经》从未明确“否认过先前存在另一个万物运转体系的事实”。或许在创世之初，单位时间持续

---

* 简在 1791 年的《英国史》中提到了德拉米尔。

† 简的小说还从其他方面借鉴了夏洛特·史密斯的作品。谢菲尔德的杰奎琳·拉韦教授写了大量相关文章。

更久；又或许我们最好将“创世纪”理解为无限延伸的亿万年。

巴克兰发表演说前的二三十年，简正值青春期，在她成年后的二三十年中，她内心的疑惑渐渐蔓延增长。18 世纪 80 年代，詹姆斯·赫顿朝着板块构造论跨出了第一步。伊拉斯谟斯·达尔文是举世闻名的查尔斯·达尔文的祖父。他是医生，也是一名作家。1794 年，他出版了《动物学》一书，在书中首次描述了进化学说，他写道：“设想，从地球出现至今的漫长岁月间……一切温血动物皆起源于一种被造物主赋予了动物本能的微小生物，这样的设想是否太过大胆？”

简可曾读过这本书？我们不得而知，但她很可能读过伊拉斯谟斯·达尔文后来创作的诗歌《自然的殿堂》。2014 年，一本封面上似乎贴有乔治·奥斯汀牧师藏书票的诗集出现在美国。这令我们很自然地想到购买这本书的灵感很可能源自莱姆的化石。当然，如果这本书的确为简的父亲所有，那他一定是在全家人到南部海岸度假前后那段时间购买的；那本书（诗歌的第二个版本）出版于 1803 年。1805 年 1 月底，乔治·奥斯汀便去世了。

伊拉斯谟斯·达尔文思想活跃，头脑敏锐。《自然的殿堂》中包含大量脚注，内容涉及潜水艇设计、语言习得、古典文学、地质学和进化学说等形形色色的主题。他在《动物学》中提出的迟疑不定的建议，到了《自然的殿堂》中已经非常接近断言了：

> 只要是在温暖、潮湿、存在一些有机物质的环境中，就会很快出现新的微生物……那些生活在干燥的土地上，

浸身于干燥空气中的微生物可能渐渐掌握了生存下去的新技能。在经历了数千年又可能是数百万代持续不断、不计其数的繁殖之后，这些微生物可能最终繁殖出了如今在地球上生活的众多植物和动物。

或者，正如达尔文在他的诗歌中所说：

有机生命于无边无际的海浪下
诞生，在海洋蓝灰色的岩洞中成长；
首先形成的是用球面镜片也无法看到的微小生物，
行于泥土之上，或穿行于水流之中；
经过世世代代的繁殖，
它们获得了新技能，长出更大的肢体；
此后，无数植物族群涌现，
水下、陆地和天空三域皆出现了生命。

"由此，"他说道，"被称作森林巨人的高大橡树、鲸鱼、雄狮、雄鹰，还有我们，统治万兽、因拥有语言、理性和沉思而自傲的专横人类，所有这一切，都源于最基本的形式和意义，都开始于一种'胚胎阶段'，从'微小的'存在发展而来。"

忘掉美国、法国、农业、甚至是工业革命吧；这才是终极革命——这不单单是一场革命，更推翻了西方文化中最根深蒂固的定论。"先前世界中的有机残骸"（取自1806年出版的一本书的书名）异化了这个世界，让它变得陌生。在 1817 年 5 月的一封信中，《绅士杂志》的通讯记者如此描述英国的这些岩石："在我们的海岸上……各种不知名的鱼类骨骼"在英国的岩石中显现。如果说我们如今所知的英国曾长存于水下，时间明显比《创世记》中所说的几个月更长久，又如果说，《圣经》中所说的六千多年人类历史开始让人觉得似乎不合理，显得过于短暂，那么宗教又将如何？倘若你连自己脚下的土地都无法确定，你究竟能确定什么？

从某些方面来说，《劝导》本身就像一块化石。我们看得到整个故事的骨架，但缺少完整的内容和细节。故事中存在粗糙之处——丢失的细节，抑或完全模糊的衔接。揭开真相的描述总伴有令人吃惊的唐突感，角色莫名其妙地陷入爱河，或私奔相守。有时，我们只能去猜测其中的动机，去推理，甚至跳过故事中的缺口。尽管"劝导"和"劝告"这两个词在文中频繁出现，表明"劝导"是简意欲表达的中心主题，但这本书的书名也许并非简所创。

将《劝导》视为未完成的小说是否合理？作为简成年作品中的一部独特之作，留存下来的《劝导》手稿只有一部分——全书结尾那章，以及倒数第二章的改写版。手稿标注的时间是 1816 年 7 月，距离简去世整整一年。不过，直到她去世五个月后，这本书才面世。这其中似乎存在某种延迟。《劝导》很可能就是 1817 年初简在一封信中提到的那部"准备好出版，可能再过十二个月左右就会面世的作品"，"它内容不长，和凯瑟琳（《诺桑觉寺》）差不多的长度"。她提醒她的联络人、她的侄女范妮这信息“只告诉你一个人”。我们所能做的只是揣测简是否再三地改变过主意，是否迟疑过，是否病情太糟糕或不够确信，是否打算按照这本书原本的模样将之出版。

也许，将文中那些突然的变化和缺口视作主题更为恰当。《劝导》中包含大量突然跌落和破碎的桥段。与简的那些篇幅更长的小说相比，“跌落”这个词在这本短篇小说中出现的频率更高。女主人公安妮的外甥从一棵树上跌落，摔断了锁骨。她的那位傲慢任性的情敌路易莎·默斯格罗夫在莱姆的防波堤上跌落，摔破了脑袋。竭力维持自己的社会地位的沃尔特爵士和大女儿伊丽莎白在巴思的街边购置了一处房子，然而建筑工程却因山崩被迫搁置。

在简去世后的半个世纪或更久的时间里，对于哪几部小说是她的最佳作品这一点，评论家（普遍）持相同的意见。《傲慢与偏见》排名第一，接着是排名几乎不相上下的《爱玛》和《曼斯菲尔德庄园》。更青睐其中一部的人往往瞧不上另一部，于是随着时间的推移，《爱玛》逐渐领先于《曼斯菲尔德庄园》。而包括《劝导》在内的另外三部小说却没能进入前三名的行列，其中，《劝导》在一些人看来连起跑线都没有闯过。《英国评论家》曾经宣称：“从任何一个角度来说，《劝导》都是一部较结集出版的《诺桑觉寺》而言更不走运的作品。”安妮明显信奉福音教，不仅“不会玩牌”，还很不赞成“周日的教堂之行”，因此诺里斯教士——自封英国国教守护者——支配下的编辑方针会自然而然对安妮表示不满。1859 年，一位评论家将这部小说评价为简的六部作品中“最弱”的一部。不过，许多现代读者并不这么认为。

相较于挖掘这部小说中的艺术优点，评论家更热衷于将它视为一部自传性质的作品，并将安妮·埃利奥特的形象视作一幅自画像——简的自画像。尤其在男性评论家的眼中，安妮远比家道中落、受人冷落且已人到中年的牧师女儿贝茨小姐更适合作为这位女作家的自画像。

“的确如此，在一个特别的角色中，”一位格外热情的评论家称，“她注入了自己的整个灵魂和生命；通过这个角色，我们得意地认为自己看到并了解了她。那么，这个角色是谁？一个头脑结构精美、举止高雅、极具想象力且具有女性意识，但同时思想深邃、聪慧睿智、具有深刻的真知灼见的形象。”安妮或者说简“在道德上是纯粹的，在宗教上是高尚的”，“是缓解他人苦恼的温柔安抚者，却又听天由命、隐忍地带着足以将飞行中的天使吸引而来的微笑，独自承受自己的那份痛苦”。后续的很多评论遵循的都是这个思路。[4]

一个世纪后，拉迪亚德·吉卜林写了一首关于简和《劝导》的诗歌。他曾写过很多豪迈且带有帝国主义色彩的印度故事，还创作了一部名为《简的拥趸》的短篇小说。* 他的这首诗歌名为《简的婚姻》。诗中，吉卜林将简送至“天堂”，因为“这才公平”。很自然，这里的天堂指婚姻。他坚称现实一定存在过一个“温特沃思舰长，一个简爱过的男人”。他还说，《劝导》讲述的

* 第四章中我简要地提到过《简的拥趸》。故事围绕着一位在战壕中作战的普通英国士兵的经历展开，这位士兵相信他的长官——简的小说的推崇者——是一个名为“简的拥趸”的秘密社团的成员。他的这个想法开启了令人捧腹的故事，却在最后救了他的命。

就是“他和简之间那段朴实的爱情故事”。

至此，我已经在这本书中用尽全力地让你相信简是位艺术家，相信她的作品是经过深思熟虑、精巧编排的，且主题也是精心设置的，相信她用自己的文字探讨了她那个时代的重大问题。不过，吉卜林的诗中的确存在一丝真相，就连 1823 年的那篇评论中也透露着这种真相。

通常，我们并不能将简与她笔下的那些女主人公完全相提并论，但描述中大量使用真实地名的《劝导》却是个例外。我们知道，1804 年，28 岁的简曾漫步于莱姆的防波堤之上，那时的她和安妮·埃利奥特处于一样的年纪。和简一样，安妮曾在秋季到访莱姆；和简一样，她随后前往巴思过冬。安妮在莱姆的日子随着路易莎的跌落事故戛然而止。而在 1804 年 12 月，简离开莱姆不久后，她的密友（也是她的远房表妹）安妮·勒弗罗伊骑马时从受惊狂奔的马上跌落，受了致命伤。这也是简第二次在某场暴力事故中失去自己亲近的人。此前的 1798 年，她那个和她同名且和她及姐姐卡桑德拉一起上过学的表妹简·库珀在马车翻车事故中身亡。值得提出的是，在简所有的女主人公中，只有腼腆害羞的范妮·普莱斯曾策马出行，我们能否据此总结出简对这个角色的态度则是另一个问题了。*

---

* 威洛比送给玛丽安一匹马，但我们从未见她骑过。莉齐·贝内特不是“骑手”，不过她的姐姐简是。我们也没有见过凯瑟琳·莫兰、埃丽诺·达什伍德或安妮·埃利奥特骑过马。弗兰克·邱吉尔问爱玛是否骑马，爱玛没有回答这个问题，但她的答案很可能是否定的。

我们知道，安妮·埃利奥特将巴思与逝去的母亲联系在一起，简同样将这座城市与一位至亲的去世联系在一起。1805 年 1 月，在安妮·勒弗罗伊横死仅仅几周之后，简的父亲在巴思去世。他已年过七十，但除了偶尔的风寒，身体还很硬朗。所以，他的去世相当突然。“一切发生得太突然了！”简在一封信中将这个坏消息告知哥哥弗兰克时如此哀叹道，“就在他去世前的二十四个小时里，他还只需借助一根拐杖行走，甚至还在读书！”

对简而言，《劝导》表达的一直以来都是一种很强烈和直白的情感。然而，如果出版时她尚在人世，她是否会考虑在书中署上自己的名字？此前她已出版了四本小说，《爱玛》为她赢得了许多好评；有幸效忠于摄政不仅是对她的赞美，更是一种认可。早在 1813 年，简就证实过自己不可能一直保持匿名创作的状态，再加上她的哥哥亨利出于“做哥哥的虚荣和爱”喜欢到处告诉陌生人说自己的小妹就是《傲慢与偏见》的作者。“我那亲爱的哥哥，不止一次传播这消息，”简叹息道，“秘密传播得太广了，如今只剩下秘密的影子了。”她必须努力“让自己变得坚定”。

而到了 1816 年创作《劝导》时，她必然已经开始坚定了。她将自己的生日写进书中，就在小说的第三段——“12 月 16 日”。

在简的其他小说中，我们鲜少见到任何日期描述。书中对时间的描述没有多少是详细而固定的。几周、几个月飞掠而过，圣诞节来临，复活节结束，情节发展无缝衔接，但详细指明某个月中某一天的描述几乎无影无踪，即便出现了这样的时间介绍，也不会伴有特别明显的关联性。我们知道柯林斯先生于 11 月 18

日周一抵达朗博恩，这个时间信息并没有帮助我们理解在其他地方无法理解的内容。哈丽特·史密斯的生日是6月24日，鉴于她的身世谜团，这个信息应该是极为重要的，但简在第一次介绍过这个日期后就再没有提过这个时间。书中的信件除了月份也很少标明日期。* 尽管包括20世纪初期包括简的出版商查普曼在内的一众知名评论家竭尽全力借助年鉴和万年历研究，但他们依然无法确定简的作品的时间框架，她提到的所有时间就是无法充分地连贯起来。

其中一些可能是简故意为之。在青年时期创作的《英国史》一书中，简宣称自己提到的是“读者最需要了解的日期”：总过也不过4处，其中一处恼人地模糊，一处是错的，还有一处是她完成作品的时间。事实上，理解或欣赏她的早期作品时日期并不必要。它们可能从未出现过，即便出现了，出版商也可能提议将它们删掉。简在回忆时说过，《傲慢与偏见》曾有过“修修剪剪”，时间标记很可能就在这个过程中被删掉了，目的是令这部小说更具新鲜感。《曼斯菲尔德庄园》设定的日期一定是在奴隶交易废除前后，但在第五章中，我们发现简并没有选择更确切地指出时间，而是大费周章地将读者的注意力引向那个时间段。说实话，正是由于简并未明确说明儿子嗜赌、女儿朝三暮四的伯特伦一家的原型是现实中一个拥有奴隶的家庭，这本小说后来才招致了相当多的麻烦。

---

* 将之与同时期那些书信体小说比较，比如范妮·伯尼的《埃维莉娜》中虽然年份可能较模糊，但其中几乎每一封书信都详细且连贯地标注到了某月某日。

而 1815 年出版的《爱玛》的时间框架则完全说不通。书中有一幕表明角色可以出国去欧洲的其他国家——弗兰克·丘吉尔就表达过“出国”到“瑞士”看一看的愿望。整整一代人的时间，这些却只能通过书中的描述实现。除了 1802 至 1803 年间短暂的休战期外，二十多年来，在欧洲出国旅行都是不可能实现的事。那么，既然在弗兰克看来欧洲旅行是一件可能的事，那么就存在三种可能性。第一种是简将小说的背景设定在了不远的将来。第二种是简将小说背景设定在了 1802 至 1803 年间的休战期，这也许能够解释贝茨小姐可能提到了 1801 年大不列颠和爱尔兰成立联合王国一事（“我原想说不同的王国，不过还是说不同的地区为好”），但埃尔顿夫人为“堕胎”辩护一事则完全说不通了，因为彼时堕胎这样的事不可能发生在英国。第三种可能是《爱玛》的背景恰好就设定在创作的同期——1814 年至 1815 年，然而，这两年间发生了一些翻天覆地的历史事件：法国王室复辟；1814 年夏拿破仑被囚禁于厄尔巴岛，次年 2 月逃脱，最终在滑铁卢彻底战败，但书中没有一个角色提到过其中任一事件。这样的效果给人一种奇怪的不安感，尽管作者煞费苦心描述了一个看似现实的世界，但按照实际情况来说，整部小说是不真实的，是脱离历史的。故事不可能如那般发生。

相反，《劝导》却与历史现实联系紧密。我们绝不会忘记书中事件发生的确切时间以及背景。其中的时间设定不仅清晰，更是精准，几乎详尽到了某周。故事开始于 1814 年夏，那时角色们还在适应“这段和平期”——拿破仑退位以及过去 20 年来极大影响英国方方面面的战争中止（实际上仅是短暂的中止）。安妮和温特沃思于1815年2月的最后一个星期重逢，事实上这恰是拿破仑逃离厄尔巴岛、抵达法国、开始重新集结军队的那一周。简选择将小说的完整情节设定在1814至1815年之间这段“虚假和平”时期。在《劝导》中，时间有着重要的意义。

同样，简选择以一种前所未有的写作方式开篇，不单单是提到了日期，而是写了几乎满满一页。为了向读者呈现“萨默塞特郡凯林奇大厦的沃尔特·埃利奥特爵士”这个人物形象，她重现了沃尔特爵士最爱的那本《准爵录》中的片段：

凯林奇大厦的埃利奥特

“沃尔特·埃利奥特，一七六〇年三月一日生，一七八四年七月十五日娶格罗斯特郡南方庄园的詹姆斯·史蒂文森先生之女伊丽莎白为妻。该妻卒于一八〇〇年，为他生有以下后嗣：伊丽莎白，生于一七八五年六月一日；安妮，生于一七八七年八月九日；一个死胎男婴，一七八九年十一月五日；玛丽，生于一七九一年十一月二十日。”

《准爵录》上原先只有这样一段文字。可是沃尔特爵士为了给自己和家人提供资料，却来了个锦上添花，在玛丽的生辰后面加上这样一句话：“一八一〇年十二月十六日嫁与萨默塞特郡厄泼克劳斯的查尔斯·默斯格罗夫先生之子兼继承人查尔斯为妻”，并且添上了他自己失去妻子的确切日期。

※ ※ ※

这其中含有一定的讽刺意味。通过在其中书写去世以及婚嫁的日期，沃尔特爵士将这本书视作一本家庭《圣经》；这也是他个人的《圣经》，不仅从中寻求“消遣”，还能获得“宽慰”。但是，正如他更衣室中众多的镜子一样，他从中获得的只有自命不凡的愉悦，而非任何精神寄托。这里，还有其他一些因素在发挥作用。

几乎可以确定，这里的《准爵录》就是德布雷特于 1808 年首次出版的《英国贵族年鉴》。这本书很受大众欢迎，并很快成为标准参考书。每个条目都以某头衔当前拥有者的信息开始，接着追溯如简所言的该家族的“历史和兴衰”，其中不会出现日期，起码不会出现如小说中这般丰富的细节。书中只会提及孩子出生的年份，尤其是那些没有继承权的孩子，当然更不会提到后代中的死胎。既然如此，简为何宣称这段话是作者的“原先……一段文字”？为什么要在此处设计日期，而且如此之多？

首先，我们知道，其中一个日期是非常重要的，即 12 月 16 日，这不仅是玛丽和查尔斯·默斯格罗夫的结婚纪念日，也是简的生日。此外，这还是安妮·勒弗罗伊的忌日。

这样的巧合几年来一直令简痛苦不堪。1808 年，她甚至就此作诗一首，名曰《献给 12 月 16 日——我的生日这天去世的勒弗罗伊夫人》。诗虽然称不上佳作，但彼时真情实感的诗歌皆是如此。诗的开头是这样的：

> 这一天又到来了，我的生日；
> 我的心头涌起多么复杂的情绪和思绪！
> 亲爱的友人，自你从我们眼前被永远夺去
> 已经过去四年。——
>
> 这一天，纪念我的降生
> 赐予我生命、光明和希望的一天，
> 却使人记起你在世的最后时刻。
> 哦！痛苦记忆带来阵阵苦涩的剧痛！——

诗的结尾是这样的：

> 我多希望能感受到与你命运的结合，*
> 我多希望从我们尘世的日期关联中
> 努力得出清晰的征兆。
> 放任无害的嗜好——劝说，宽恕。——

简为安妮·埃利奥特设定的生辰为 8 月 9 日，而在 1798 年

* 原文中的 Fain would I 相当于 I wish I could。

的这一天，她的表妹简·库珀意外身亡。*除非这是令人难以置信的巧合，否则简便是在《劝导》一书的开篇几段中隐匿地提及了两位亲人因意外去世的日期。她为何要在此缅怀他们？当然是因为《劝导》的故事恰好设定在历史的转折点上，部分发生在莱姆，而且这还是一部关于不稳定性，关于事情被颠覆，关于失去、毁灭和变化的小说。

简写下这些日期一方面是为了自己，但很可能也是为家人和好友考虑。然而，她故意在其中设置了一个日期，让同样的主题再次成为读者注意力的中心，也就是埃利奥特的死胎儿的生辰——1789 年 11 月 5 日。1789 年正是法国革命爆发的年份。而英国读者知道，11 月 5 日是英国的篝火节。这天，全国上下的人会放烟花，大口咀嚼太妃苹果糖、汉堡和香肠，然后观看“盖伊”在篝火之上被烧为灰烬。“盖伊”是个塞着稻草或者报纸的粗糙塑像，通常被打扮成当时某个不讨大众喜欢的人物形象（21 世纪初期，托尼·布莱尔和乔治·W. 布什的形象颇受青睐）。但过去，它通常指一个名叫盖伊·福克斯的反叛分子。1605 年，他带领同伙企图炸掉位于伦敦的上议院，并刺杀国王詹姆士一世。他们计划扶植一位年轻的公主上位，用天主教的信仰教育她，然后将她嫁给一位天主教王公。11 月 5 日，他们的阴谋败

* 迪尔德丽·勒·费伊的《奥斯汀家族年表》给出的日期是 8 月 7 日，这似乎是错误的。1789 年 8 月 20 日星期一的《阅读水星报》描述称，事故发生于“上上个周四”，所以应该是 8 月 9 日。《纽卡斯尔报》和《伊普斯维奇日报》报道的措辞虽然不同，但给出的日期都是 9 号。

露，执法者用惯常的残酷方式折磨并处决了这些反叛分子。次年，议会通过一份议会法案，要求神职人员在 11 月 5 日这天进行一场感恩节布道。* 这条法案直到 1859 年才被废止。

1688 年，詹姆士一世的孙子詹姆士二世被废黜，这就是过去常说的“光荣革命”。取代他的是他的女儿和女婿——玛丽和威廉，两人共同担任君主。在詹姆士二世所犯的一系列错误中，最重要的一个是试图将天主教重新引入英国。正是因为他的这项错误，议会决定废黜他及他拥有继承权的儿子，转而邀请詹姆士的长女玛丽和女婿威廉执掌大权。威廉和玛丽有意延迟了入侵的时间，目的在于能够在 11 月 5 日这天抵达英国，将王朝倾覆变成一场将国家从天主教的威胁下拯救出来的戏码。1789 年 11 月 5 日的确是个信息量非常大的日期。

让我们再回顾一下埃利奥特在《准爵录》中的条目，这次让我们将目光投向人名。说到起名字，埃利奥特一家可算不上富有想象力的人。因为，其中至少出现了三个沃尔特先生，就连假定继承人“威廉·沃尔特·埃利奥特先生”的中间名也是沃尔特。在世的沃尔特爵士有三个女儿——伊丽莎白、安妮和玛丽。其中，我们的女主人公安妮似乎是格格不入的那一个，因为“古代名门望族的历史和崛起过程”中一个重要特色便是“迎娶的那些名为玛丽和伊丽莎白的女人”。安妮也许是以她的教母拉塞尔夫人命名的，这在当时是再寻常不过的做法了。三人中，只有最小的女儿玛丽嫁给了“厄泼克劳斯的查尔斯·默斯格罗夫先生之

* 每年 11 月 5 日庆祝并感谢万能上帝的公共感恩日的法案，又叫感恩节法案。

子查尔斯”。其中还提及了安妮的外祖父——詹姆斯·史蒂文森。

正如我们所见，简在为角色命名时是非常保守的。不管是和她自己的家人，还是和同时代其他小说家相比，她都更为拘谨和克制。她的小说中的女主角都有着和她本人一样非常普通的名字：凯瑟琳、埃丽诺、伊丽莎白和安妮。范妮、玛丽安和爱玛这几个名字虽然充满了异国情调，但仍无法比拟其他小说中女主角的名字——卡蜜拉、比琳达、埃维莉娜、埃瑟尔林德、切莱斯蒂娜、莫尼米亚。

通常，简似乎是随意为角色挑选了姓名，而且在重复使用上毫不迟疑。回想起来，《诺桑觉寺》中的女主角一开始可能叫苏珊，而不是凯瑟琳，因为这部作品在售与克罗斯比时曾用过《苏珊》作为书名。在《曼斯菲尔德庄园》中，范妮的妹妹名叫苏珊·普莱斯。约翰和伊莎贝拉·索普以及约翰和伊莎贝拉·奈特利几乎毫无共同之处；玛丽·贝内特和玛丽·克劳福德之间也一样。

但《劝导》中却存在一个必然的趋势：人物名字皆属于先是统治苏格兰，继而控制整个大不列颠岛的斯图亚特王室。斯图亚特王朝得名自沃尔特·斯图亚特阁下，他是一位国王的女婿，其子后成为国王。在统治苏格兰长达两个半世纪之后，由于伊丽莎白一世去世且无子嗣，斯图亚特王室继承了英国的王位。那么，英国斯图亚特君主都有谁？詹姆士、查理、查理、詹姆士、玛丽、威廉和安妮。安妮驾崩后，时人全然不顾当时的世袭制，王权最终落入汉诺威王朝手中，也就是乔治国王的家族，他们也将其统治时代命名为“乔治时代”。*

关于斯图亚特王朝以及斯图亚特家族历史的提示在《劝导》中常常出其不意地出现。很明显，埃利奥特家族是英国内战时期的保王派。我们知道，“准男爵”这一头衔是查理二世赐予他们的，是为表彰他们的“忠心之举”。†“查理二世统治元年”可能指1660年，即王政复辟那一年，不过当然，在1649年他的父亲查理一世被议会送上断头台后，他就成了国王。“忠心之举”指更早之前发生的事，而“准男爵的荣耀”所指的时间则较晚。简在此两次提及却又故意制造不确定性，虽掩盖了议会统治的年份，但留下了可见的间隔。

小说中提到这种标志着斯图亚特王朝统治后期不确定性的地方远非这么一处。1685年，蒙默思公爵，也就是查理二世的私生子，试图夺权。他率领侵略军登陆莱姆的科布港，这个事实以及化石是莱姆镇上人尽皆知的两件事。‡

---

* 当时，有很多人都比乔治一世更有资格继承英国王位。

† 我们被告知，埃利奥特家族“最初定居于柴郡”，但并未被告知他们何时迁往了萨默塞特郡。文中提及的他们在内战中的“忠心之举”很可能暗示我们应设想，查理二世在英国西部躲避议会军队时，第一任准男爵曾于这段时间为国王提供援助。

‡ 参见约翰·艾金斯1788年出版的《英格兰图解，或英格兰与威尔士所有县郡的地理描述》一书：“1685年，蒙默思公爵率军抵达莱姆，目的是推翻詹姆士二世的统治，而这不仅导致了他自己的毁灭，也葬送了许多其他人的性命”（第309—310页）。与之相似，菲利普·拉康姆比在1791年的《英格兰之美》一书中将“莱姆-里杰斯，或国王的莱姆”描述为“一座名叫科布的贸易兴旺的海港及出色的码头，距离城镇约0.25英里，此处形成的海港也许在整个欧洲都是独一无二、无可比拟的”，随后他很快解释道，“1685年，蒙默思公爵率军谋反以图推翻詹姆士二世，抵达此地”（第32—33页）。

在英国内战中，最早丢掉性命的是姓氏为温特沃思的斯特拉福德伯爵。议会非法判处他叛国罪，于是他成了查理一世的牺牲品。为了保证我们不遗漏这样的信息，在沃尔特爵士假装已经不记得先前的邻居温特沃思舰长的哥哥时，简借他之口明确而直白地评论了这两个名字上的巧合：

> “温特沃思？啊，对了！温特沃思先生，蒙克福德的副牧师。你用‘绅士’这个字眼可把我给蒙住了。我还以为你在谈论哪一位有资者呢。我记得温特沃思先生是个无名之辈，完全无亲无故，同斯特拉福德家族毫无关系。不知道为什么，我们许多贵族的名字怎么变得如此平凡。”

小说中接连提起王朝的不稳定以及王朝的衰败则可以追溯至更久远的过去。简创作时期，玛丽、伊丽莎白和安妮是曾经凭自己的实力掌握大权的英国女王的名字。玛丽一世和伊丽莎白是同父异母的姐妹，父亲为亨利八世。玛丽二世废黜了自己的父亲，在她驾崩后，先是她的丈夫威廉继任，后来又由她的妹妹安妮掌权。这些女王全都失败了，而且是个人的失败，因为作为女性，她们没有完成作为君王的第一责任——通过诞下健康的合法继承人延续继承权。* 都铎王朝的最后一位君主是伊丽莎白，而

---

* 玛丽一世没有子嗣。伊丽莎白一世从未成婚。玛丽二世曾经历过两次流产，而她的妹妹安妮在 17 年间怀孕 17 次，却大多流产，诞下多次死胎，而幸存下来的孩子最终也因病去世。

斯图亚特王朝的最后一位君主是安妮。

这些简都了解。她那本偶尔提及斯特拉福德伯爵托马斯·温特沃思的《英国史》便称得上是一本斯图亚特圣人传。这是一本模仿历史书，带有政治意图的逗乐作品，其中并未完全清晰表明简对斯图亚特家族的热爱究竟有几分认真和严肃。不过，她的确宣称自己热爱他们，尤其是英国国王詹姆士一世的母亲——苏格兰女王玛丽。她自称当人们“胆敢与他们的统治者产生异见，忘记内心对君主的忠诚，即作为斯图亚特臣民自己有义务为他们付出”时，自己倍感震惊，她还宣称，能够让“每一个有理智且心怀好意的人”相信查理一世所作所为理所应当的“唯一理由”就是“他是斯图亚特家族的一员”。

简在《劝导》中为角色起的名字绝非出自不经意，她对继承权的关注和考虑也是如此。

※ ※ ※

当时，英国有不少人反对汉诺威王朝，认为他们是外来者，不理解英国这个国家以及这里的人民，而且偏袒他们的德意志臣民。1745 年，詹姆士党人起义，意图以“美王子”查理的名义实现斯图亚特王朝复辟。这场起义从苏格兰开始，一路穿越英格兰，南达距伦敦仅一百多英里的德比郡。简将埃利奥特家族的人编织进了近代英国历史的脉络中，这可能会令我们疑惑在 1745 年的那场起义中，这家人所持的是怎样的政治立场。沃尔特爵士对“上个世纪加封的爵位多如牛毛”一事的态度是“鄙夷”的，这虽表明他是个势利的人，但也可能意味着，这一家有着不支持汉诺威王朝统治的悠久传统。这也许是他最初不赞成弗雷德里克·温特沃思成为自己未来女婿的又一个原因。弗雷德里克是个德意志名字；弗雷德里克的姐姐克罗夫特夫人本名叫索菲娅，与汉诺威王朝的选侯夫人索菲娅同名，也正是通过这位候选夫人，汉诺威王室才有了继承英格兰王位的借口，而这并未令大众信服。简之所以使用这些名字，毫无疑问是想要达到某种效果。简在这里并非单纯地告知我们克罗夫特夫人的名字，简在介绍其他一些已婚女子时也提到了名字。重要的是，我们在书中一遍又一遍地读到她的名字，因为克罗夫特将军总是（且通常）用索菲娅这个名字唤她。

埃利奥特一家搬离凯林奇大厦，克罗夫特夫妇和索菲娅·克罗夫特的弟弟弗雷德里克·温特沃思搬进来，这再现了王朝的更迭，斯图亚特王朝被汉诺威王朝取代。然而，成年后的简可不是眨着星星眼的小女孩，不会认为被剥夺了继承权的英国国王有什么浪漫意味。看到自己家的大厦被“陌生人”占据，安妮感受到的是“痛苦”，“极大的”痛苦，但这痛苦来自她坚信“不配留下的人搬走了，凯林奇大厦落到了比它的主人们更合适的人手里”。

除此之外，对汉诺威王朝的厌恶，对它是否真的具有合法性怀有疑虑是一回事，而期望它覆灭则是另一回事了。简创作《劝导》时，汉诺威王朝的统治并不稳固。乔治三世早已再次爆发周期性的精神疾病。尽管他与妻子共育有十五个子女，但有继承权的只有他的孙女夏洛特公主。维系这一继承关系的是很可能会在生产过程中轻易毙命（实际上，她的命运注定如此，只不过简没能活着见证罢了）的一个年轻女人，因此这样的维系关系脆弱到了极致。

现代共和主义者倾向于指出，当我们提到现今的英国王室王朝温莎王朝时，用第一次世界大战之前的名字萨克森－科堡－哥达王朝会更加准确。实际上，和一些前人相比，现代王室中的外来血统比例已大大降低。夏洛特公主的母亲来自德国的布伦瑞克。她的摄政父亲，也就是后来的乔治四世也几乎完全来自德国家族。

在《诺桑觉寺》中，亨利·蒂尔尼厉声道："记住我们是英国人。"爱玛也称赞了自己的国家，"英国的青葱草木，英国的农林园艺，英国的宜人景色"。读者有时认为简的这种"英国风格"同样是不假思索、活力四射、直截了当且不言自明的。然而，事实却并非如此。简的两位海军兄弟曾游遍世界。她还有个出生于印度的法国表亲；她的嫂嫂和一个姨妈都来自西印度群岛。她早期创作的夸张小说《爱情与友谊》就讲述了一个出生于西班牙，在法国接受教育，同时拥有爱尔兰－苏格兰－意大利血统的女主角玩转英国的故事。《雷丝城堡》是她早期较为严肃的一次创作，书中的城堡就坐落在苏格兰"距离珀斯两英里远"的地方。简在青少年时期创造的人物角色中还有一个正如她的姨妈在现实中那样，差点踏上印度之行。简在其生前创作的最后一部未竟之作《桑迪顿》中写道，她即将介绍一位混血角色。

达西先生是安妮·菲茨威廉小姐的儿子，凯瑟琳·德布尔夫人的外甥，从任何简单直接的方式来说，他都不是英国人。《爱玛》中，简·费尔法克斯的寄养姐姐结婚后搬到了爱尔兰。克劳福德是个苏格兰名字，埃利奥特也是。由于沃尔特这个名字很明显也带有苏格兰特色，因此在远未读到他的爱尔兰表亲达尔林普尔子爵夫人和卡特雷特小姐前，“凯林奇大厦的沃尔特·埃利奥特公爵”这个称呼的设计和使用便已经极具非英国的特征了。在凯林奇大厦，就连园丁都不是英国人。他是苏格兰人，名叫“麦肯齐”。

通过这本书，我们知道“达尔林普尔子爵母女”是“埃利奥特家的表亲”，关系亲近到能送“礼函”，直到意外漏掉的一封慰问信终止了两家之间的通信。沃尔特爵士“同已故子爵会过一面，但是从未见过子爵府上的其他人”。回想一下，这时他已经54岁了。他们之间的关系究竟是怎样的？能追溯到多久之前？我们是否要设想埃利奥特家的一位姑娘，沃尔特公爵的舅母或婶祖母嫁了位爱尔兰子爵？抑或是“玛丽和伊丽莎白们”中的一个出生于爱尔兰，所以沃尔特爵士便同时拥有了苏格兰和爱尔兰血统？卡特雷特家族与爱尔兰的渊源究竟有多深？达尔林普尔又是一个苏格兰名字，不过卡特雷特听上去像是法国名字。简使用这个名字很可能是为了故意提及现实中海峡群岛一个同名的卡特雷特家族，或者说她可能是为了让我们像一些爱尔兰贵族那样将他们更广泛地解读为12世纪入侵的诺曼人的后裔。在对一场悄悄话的描述中，简让我们听到了达尔林普尔夫人的一番话。她和亨利·蒂尔尼及爱玛·伍德豪斯一样盲目爱国，但她爱的是爱尔兰，不是英格兰，甚至不是不列颠。

埃利奥特一家和他们的表亲在巴思集会厅参加一场音乐会。温特沃思舰长也在场。安妮以及读者听到沃尔特爵士和达尔林普尔夫人在谈论他：

> "一个美男子，"沃尔特爵士说，"一个相貌堂堂的男子汉。"
>
> "的确是个非常漂亮的小伙子！"达尔林普尔夫人说。"比你在巴思常见到的人更有派头。大概是爱尔兰人吧。"
>
> "不是的。我就知道他的名字。一个点头之交。温特沃思——海军的温特沃思舰长。他姐姐嫁给了我在萨默赛特郡的房客，姓克罗夫特，凯林奇就是他租去的。"

不管达尔林普尔夫人的血统究竟如何，很明显她认为自己是爱尔兰人。在她看来，温特沃思这个有派头的漂亮小伙子也一定是爱尔兰人。不过，就我们所知，他不是。当然，沃尔特爵士对温特沃思的背景基本更有把握：一个想要成为自己未来女婿的人一定提供了关于自己家庭和前景的大量信息。沃尔特爵士知道温特沃思不是爱尔兰人，知道他"与斯特拉福德家族毫无关系"。但我们知道的也只有这寥寥的信息。从书中我们了解到温特沃思曾经去过哪些地方——"圣多明各"，直布罗陀，地中海，西印度群岛——书中介绍了他的姐姐、他的兄弟，但他来自哪里，有着怎样的背景和血统，依然是未解之谜。

就埃利奥特一家和他们的表亲，简所做的描述越是宽泛，关于民族认同感的来源和其重要程度的问题就越大。如果说一位爱尔兰贵族可以同时拥有苏格兰头衔和法国姓名；如果说出生于英格兰，父母皆为英国人，甚至语言为英语都不是成为英国君主的必要条件；如果说你的祖先是苏格兰和爱尔兰人，但你依然能够获得英格兰的男爵爵位，那么作为英格兰人的意义何在？还有任何意义可言吗？

在《爱玛》中，简通过细腻的细节描述向我们展示了英格兰一个小角落所发生的变化。而《劝导》中使用的那些王室姓名，对爱尔兰和苏格兰的反复提及，以及对那些颠覆性历史事件的追忆都清楚地表明，简是在创作一幅更为广阔的画卷，内容广泛但前后一致。变化，频繁而持续不断的变化是普遍的主题。在《劝导》中，没有什么，没有任何东西是固定不变的。

整部小说以描述一次搬家为开端。埃利奥特一家离开凯林奇前往巴思，而此后安妮几乎一直处于搬家的状态，从凯林奇到厄泼克劳斯，又从厄泼克劳斯到莱姆，接着返回凯林奇大厦和教母住在一起，然后又前往巴思。在巴思，她也是不停地在城中折返往复。在小说的结尾，她最终得到的也并非一个安稳的家，而是一辆马车——“一辆十分漂亮的四轮小马车”。无论是从篇幅还是从叙事时间上来说，这都是一本极为短小的小说，而在搬家上的着墨着实显得有些过多。

对简而言，为小说选取的这些现实地点很可能有着非凡的个人意义，但它们在主题上也有着重大意义，从不同的角度来说，所有这些地点在本质上都是不稳定的。小说中安妮的妹妹嫁入的默斯格罗夫家族——如果愿意，安妮本可嫁入这个家族——居住于厄泼克劳斯，这个地方被描述得相当现代，失去了原本的模样，从秩序井然变成混乱不堪。莱姆周边的地区容易发生山体滑坡，从一定的程度上来说，巴思也是如此。在这些地方，藏着一层层历史和史前历史，等着被人们揭露——一座罗马城市废墟，还有古代鳄鱼的头骨。

小说每发生一次转折，我们就会见证确定性遭受侵蚀。

简显然是有意选取了莱姆这个地点。她想让我们想起鱼龙和菊石。她煞费苦心地将那些悬崖峭壁以及其中包含的一切置于舞台的中心位置。

11 月，厄泼克劳斯那伙人来到莱姆。“他们来的时令太晚了，”简写道，“莱姆作为一个旅游胜地可能提供的种种娱乐，他们一概没有赶上。”对安妮、温特沃思和默斯格罗夫一家来说，此时既没法享受海水浴，也没有地方举办舞会，因为“只见个个房间都关着门，房客差不多走光了，整家整户的，除了当地的居民，简直没有剩下什么人”。

如果是在简更早的小说中，这些可能就是她对此地的所有描述了，然而在这部小说中，她却为我们呈现了一段冗长且诗意满满的描述，除了简短地提到码头，其中几乎全是风景和环境描写，既有人造景观，也有自然景致：

下一件事无疑是直奔海滨……且说那些楼房本身，城市的奇特位置，几乎笔直通到海滨的主大街以及通往码头的小路，这些都没有什么好称道的，尽管那条小路环绕着宜人的小海湾，而在旅游旺季，小海湾到处都是更衣车和沐浴的人群。异乡人真正想观赏的还是那个码头本身，它的古迹奇观和新式修缮，以及那陡峭无比的悬崖峭壁，一直延伸到城市的东面。谁要是见不到莱姆近郊的妩媚多姿，不想进一步了解它，那他一定是个不可思议的异乡人。莱姆附近的查茅斯，地高域广，景致宜人，而且它还有个幽美的海湾，背后耸立着黑魆魆的绝壁，有些低矮的石块就星散在沙滩上，构成了人们坐在上面观潮和冥思遐想的绝妙地点。上莱姆是个生机盎然的村庄，长满了各式各样的树木。尤其是平尼，那富有浪漫色彩的悬崖之间夹着一条条翠谷，翠谷中到处长满了茂盛的林木和果树，表明自从这悬崖第一次部分塌陷，为这翠谷奠定基础以来，人类一定度过了许许多多个世代，而这翠谷如今呈现出的如此美妙的景色，完全可以同闻名遐迩的怀特岛的类似景致相媲美。以上这些地方必须经过反复观赏，你才能充分领略莱姆的奥妙。

简对莱姆周边环境的描述异常细致入微且富有诗意（将这段描述与她对彭伯利的描述对比一下，就能发现之间的巨大差别），尽管她用到了“地高域广”“幽美的海湾”和“富有浪漫色彩的悬崖”这样美好的短语，但这段话依然给人一种不安的感觉。尽管“悬崖部分塌陷”可能给人制造出一种“美妙”的场景，但“黑魆魆的绝壁”却是个幽暗的存在，它们的魅影在“翠谷”中，在散落在下面海滩上的“低矮的石块”之间显现。

隐藏在“石块”之中的究竟是什么？是提醒我们时间浩瀚无边、无情向前飞逝，“度过了许许多多个世代”的过去遗迹，是过去的遗迹——化石。亲临过莱姆的读者几乎都有幸见到过化石。*

当然，莱姆岛之旅因码头上的那场糟糕的事故戛然中止。路易莎的坠落影射了塌陷的悬崖；她脑袋遭受的足以致命的伤预示着莱姆可能造成的灾难，它可能对人们及其信仰造成持续性的“冲击”。这伙人因此四散分别，安妮先是去了拉塞尔夫人家，接着随她一起去了巴思。

※ ※ ※

文中两度提及安妮不喜欢巴思。她曾在那里上学，因为母亲的离世倍感悲伤；在她因与温特沃思舰长订婚取消而郁郁寡欢

---

* 简特意告诉我们，哈维尔舰长从海外带回来了“什么珍奇玩意儿”；他将这些东西陈列在莱姆租住的屋子里。我们是否应设想他添置了或即将在自己的收藏品中添置莱姆的一些“珍品”——化石？温特沃思舰长曾经驾驶的两艘轮船的名字“阿斯普号”和“拉科尼亚号”也带着一丝爬虫类动物的味道。“阿普斯”是蛇的诗学术语，而拉科尼亚的斯巴达也与蟒蛇存在关联。简本可使用或创造几十种和爬虫无关的其他船名，但她没有。

时，拉塞尔夫人带她去了那里。对她而言，巴思从来都不是一个给她安慰的地方；如今依然如此。她在那里看不到任何秩序，看不见任何美好。城中四下里“别的马车横冲直撞的，大小货车发出沉重的轰隆声，卖报的、卖松饼的、送牛奶的，都在高声叫喊，木质套鞋咔嗒咔嗒地响个不停”。“高楼大厦”看上去“阴雨笼罩、烟雾腾腾”。

简将安妮送至的这条街道也并不是让她感到安定或安全的那种街道。

沃尔特爵士、丽莎白和她的朋友克莱夫人住在“卡姆登巷的住宅”。上卡姆登宫也就是如今的卡姆登新月，最早修建于18世纪80年代，但修建计划仅仅完成了三分之二。修建过程中，卡姆登新月的北部发生了一系列滑坡事件，因此不得不拆除一些房屋。那里的土地似乎格外不稳定，后来那儿至少又发生了两次滑坡事件，其中最近的一次就发生在2012年。很可能，那些不稳定的房子就是在简住在巴思的那段时间里被拆除的——在1800年的地图上，卡姆登新月看上去比10年后绘制的地图上的面积还要大。*

如今，巴思市中心已被联合国教科文组织列为世界文化遗产。走在这里仿若穿行于历史中间，在这里你能真切地感到自己走进了简的世界。第二次世界大战期间，尽管上巴思集会厅几乎被炸弹摧毁殆尽，但市中心并未遭受过多的炮火破坏。如今你所见的集会厅不过是按照原本的风格精心重建的复制品而已。如果

---

* 卡姆登新月高架桥历史建筑报告，2006年。

不是因为简，巴思不会拥有看上去浪漫十足的历史感。这些建筑都是新建的，没有几个是 18 世纪中期前的建筑，其中一些还是崭新的。我们眼前看到的是暖洋洋的金黄色墙壁，而在简的那个时代，她看到的可能是晃眼的白色墙壁——巴思的石头经过风化侵蚀，渐渐变了色。在小说的开头，简写道，安妮“惧怕”巴思那未来的“炎炎烈日”。

目睹那些灵感来自古典世界、用明亮耀眼的新材料重建的建筑——以罗马圆形大剧场为原型建造的圆形广场、皇家新月楼、门上方刻有金色希腊字母的矿泉厅——必定是一种无比奇特的体验。事实上，过去的巴思和此时的巴思看上去非常相像，这必然更加令人感到奇特了。现代浴池是直接在罗马浴池的基础上修建而成的。在巴思，不管工人们在哪里挖掘，他们都会发掘出曾经占据这片区域的罗马城市的遗迹。这种事情简直就是司空见惯。1813 年 8 月 26 日的当地报纸《巴思纪事报》报道称，在“新月楼的区域”，也就是皇家新月楼前的空地上，人们发现了“几处古代遗迹（很可能源自罗马）”。这些遗迹令人感到格外毛骨悚然——一个石棺和一些头骨。其余的则颇引人注目。这里发掘出了大量罗马遗迹，因此人们在这座城市中建造了一个博物馆——巴思古文物博物馆，专门收藏这些遗迹。

正如《巴思纪事报》于 1815 年自豪地指出的那样，这座城市“1700 年前就可以理直气壮地宣称拥有和此刻相同、令自己闻名遐迩的高雅和品位”。但是，一些受过正统教育的巴思游客，甚至可能是某个没接受过教育，像简那样成长于一所男校的游客，在历史的重现中找到的并不是骄傲的来源，而是一种恐惧的源头。维吉尔的《埃涅阿斯纪》第八卷中有一个非常著名但令人不安的段落，描述了访问一处满是废墟的遗址的经过，而这处废墟竟是后来的罗马。这位诗人将他与读者所熟悉的建筑联想为未来的幽灵。巴思那熠熠生辉的现代优雅建筑（科林斯圆柱，灵感来自古典风格的山形墙饰）是否也同样被那些塌陷的石柱和不断被挖掘出的断裂碑文萦绕？如果说巴思曾经是一片辉煌的景致，后来变为一片废墟，那么要怎么做才能阻止这样的事情再次发生？

从任何意义上说，建筑几乎全为外来风格的巴思是否称得上一座可以令英格兰引以为豪的城市？在小说的前期，简就明确地提出了同样的问题：何为英兰格风格？有任何东西是属于英格兰风格的吗？她告诉我们，厄泼克劳斯“就在几年前，还完全保持着英格兰的古老风格”，还说在那里，一家人住在“气派豪华，古色古香”的房子里，周围“古树参天”。但变化也在悄然来临，村上的一间“农场住宅”被“修缮，改建成乡舍”，供默斯格罗夫家的长子及其家人居住。这幢房子设有“游廊、落地长窗和其他漂亮装饰”。在《曼斯菲尔德庄园》中，我们的确也读到过一处对“落地大窗”的描述，但这些是简的小说中仅有的“落地窗”。“游廊”的描述也仅此一处，英文的“游廊”一词很可能源自葡萄牙语，结合了印度的元素，于是在简的一生中，她一直将这个词理解为印度语。新的名字，外国的影响，以及外来的建筑，让厄泼克劳斯早已不再属于古老的英格兰风格。

新旧交替在逐渐上演。“大宅”中那“老式的方形客厅”“渐渐”被赋予简所谓的“一派混乱景象”，“四面八方摆设了大钢琴、竖琴、花架和小桌子”。作者邀请我们设想“护壁板上的真迹画像能显显神通，让身着棕色天鹅绒的绅士和身穿蓝色绸缎的淑女能看到这些情形，觉察到有人竟然如此地不要秩序，不要整洁”。简调侃地告诉我们，默斯格罗夫一家人“和他们的房屋一样，正处于变化之中，也许是向好里变吧。两位做父母的保持着英格兰的旧风度，几位年轻人都染上了新派头”。

“旧风度”与“秩序和整洁”紧密相关，而“新派头”则标志着混乱与无序。年青一代，几乎毫无例外，善变无常。默斯格罗夫家的长女亨丽埃塔小姐同时倾心于温特沃思和自己的表兄，在两人之间摇摆不定，而其实她与表兄两人之间早已心照不宣。默斯格罗夫家的长子查尔斯移情别恋，放弃安妮选择了她的妹妹玛丽，虽然他的移情别恋没有《傲慢与偏见》中的柯林斯那般雷厉风行，但也是“不久之后”便发生的事。路易莎·默斯格罗夫认定了温特沃思舰长，可就在他离开自己的那两个月里，她却与另一个男人订婚了。当然，变心的不止默斯格罗夫这家人。

温特沃思舰长与亨丽埃塔和路易莎暧昧不清，但最后却娶了安妮。安妮对本威克舰长和她的表兄威廉·埃利奥特都表现出了一丝心动，我们不得不假设，在某个时刻，她也曾对查尔斯·默斯格罗夫表现出过一点儿兴趣，因为他似乎不是那种没有得到任何鼓励就会求婚的人。本威克还处于去世未婚妻的哀悼期。她于1814年6月去世，本威克直到8月才得知她的死讯。

但他恢复得很快。到了 11 月，他就喜欢上了安妮，次年 2 月，他就和路易莎订婚了。这样看来，似乎正如玛丽·默斯格罗夫所说，“这种人要不得”。

人们很容易像对可怜的哈里特·史密斯和她多变的感情一样，对本威克嗤之以鼻，也许对其他角色也有一点儿鄙视，但这并不一定就是简希望我们做出的反应。在年青一代中，只有伊丽莎白·埃利奥特始终如一地倾心于那个唯一的潜在伴侣，她的执着，或者说她对改变的抗拒，最终却毫无收获。

我们知道，小说的结尾几乎完全被改写，我认为，我们有理由相信这些改写是在刻意强化这本书的主题。在小说的最后，简让安妮和哈维尔舰长就男人还是女人更忠诚的话题展开了一段冗长的讨论。这两个角色都很睿智，而正是因为他们都很睿智，所以到最后，两人都无法坚称忠诚是男人或女人本性中与生俱来的特质。哈维尔舰长将男人的体力和情感的力量进行类比，并引用“书”里的例子作为论据；安妮的类比较他更高明（“男人比女人强壮，但是寿命不比女人长”），但两人一致认为，女人有理由对书中例子提出反对，因为那些书“都是男人写的”。

在这段对话中，借安妮之口，简真正想说的是，女性被社会化为了“即便人不在世，或是失去希望，也能天长日久地爱下去”的形象。这是个“长处”，但不是个“令人羡慕的长处”；“这与其说是我们的优点，不如说是命该如此”。“我们实在没有办法，”安妮说道，“我们关在家里，生活平平淡淡，总是受到感情的折磨。你们……总有一项职业，总有这样那样的事务，马上就能回到世事当中，不停的忙碌与变更可以削弱人们的印象。”社会期望男人再娶，却不赞成女人改嫁，正如简在小说初始所说：“这位拉塞尔夫人……不会再兴起改嫁的念头，这一点用不着向公众赔不是，因为改嫁比守寡还要使这些人感到愤愤不满。不过，沃尔特爵士之所以还在打光棍，却必须解释一下。”

爱上第二个人（甚至是第三个人）真的有错吗？再次坠入爱河是否应被视为某种道德沦丧？

1816年，《文献评论》上发表了一篇长文，评论简的作品，对此她颇为感激。虽然文章整体语气是积极正面的，但对《曼斯菲尔德庄园》的“一字不提”理所当然令她颇为不快。在赞扬和称颂中当然也存在批评的声音，这些声音批评她的小说（以及其他作品）不够浪漫，称它们“教导的是自私自利的教义”，将爱情“丘比特”“与精于算计的审慎”联系在一起。简用《劝导》作为对此的回答，和她的其他所有小说一样，这本小说同样将实用主义（“审慎”）和浪漫爱情结合在了一起。简甚至借用了园艺的语言来描述安妮是如何像一株植物一样，“被迫采取了谨慎小心的态度”，“随着年龄的增长”她“逐渐染上了浪漫色彩”，“这是一个不自然开端的自然结果”，由于受到外界的干扰，茎上的美丽花朵变得更为强大。

虽然安妮或许坚持认为，女人爱得“天长日久”，但作为读者的我们知道在小说的开头，她已经踏出了与温特沃思的爱河。看看简是如何描述的：“随着时光的流逝，她对温特沃思的特殊感情已经大大淡薄了，也许可以说，几乎整个地淡薄了。”接着她说“要治愈她心头创伤的最自然、最恰当、最有效的方法就是再找个对象”。这是“自然”和“恰当”的，不是背信弃义，不是自私自利，不管是男是女都不该因此被嘲笑蔑视。爱情的发生是自然而然地，怀旧如此，放下前行亦如此。

这其中当然包含了道德判断的元素，但安妮对不止一个男人的感情做出回应这个事实并不能与威廉·埃利奥特表里不一的行径相提并论。威廉以金钱为目的结婚，后来又成功勾搭上克莱夫人，一边讨好安妮，一边故意误导安妮的姐姐伊丽莎白。然而，我们应该注意到，虽然克莱夫人是一个谄媚奉承者，欺骗了自己的朋友，甚至成了威廉·埃利奥特的情妇，但简却并未强烈指责自己笔下的这个人物。简坚持这样一种可能性，她认为克莱夫人的“狡黠会取得最后的胜利”，虽然在嫁给沃尔特伯爵这个最初的目标上，她失败了，但她很可能会成功成为“威廉爵士夫人”。对于这些婚外出轨的女性，简对她们的惩罚相对而言更为温和，比同时代的其他文学作品中常见的温和得多，但她通常都会让她们受点儿惩罚。在《理智与情感》中，伊丽莎最终被送到了相当隐蔽的地方。在《曼斯菲尔德庄园》中，玛丽亚·拉什沃思被惩罚和她的姨妈诺里斯太太住在一起。在《傲慢与偏见》中，莉迪亚最终嫁给了威克姆，这桩婚事本身就是对她的惩罚。而克莱夫人最终的结局似乎更像是一种对她所作所为的纵容和认可。正如她的名字所暗示的那样，克莱夫人具有可塑性，拥有极强的适应力，而在《劝导》中，可塑性是可以带来优势的，因为那些不能弯腰适应的人最终会被压垮。

在《劝导》一书中，简直面了突然英年早逝这个现实，以纪念摔落身亡的表妹简·库珀和密友安妮·勒弗罗伊。小说中用到了其他作品中常见的重感冒和痨病，但书中人物还面临着暴力事故和骨折的风险——小查尔斯·默斯格罗夫摔断了锁骨，引发众人对其是否损伤脊椎的担忧；路易莎·默斯格罗夫经受了严重的，甚至可能损伤大脑的脑震荡。而在简成年后的作品中，人物在意外事故中通常都能化险为夷，比如简·费尔法克斯没有从船上摔下，有人及时抓住了她，就算这些事故没能避免，它们也充其量是小事故，最坏的结果不过是扭伤了脚踝。在《曼斯菲尔德庄园》结尾，令汤姆·伯特伦生病的并不是他摔的那一跤，而是长期以来的酗酒。然而，在《劝导》中，意外事故却可能造成死亡或瘫痪。

这些意外中同样包含了主题意义，这一点简说得非常清楚。

就在一众主角出发去莱姆前不久，安妮无意间听到了路易莎和温特沃思舰长之间的一段对话。通过迫使妹妹亨丽埃塔和订婚者达成和解，路易莎扫清了情感道路上的一切障碍，将温特沃思舰长据为己有。温特沃思舰长在我们看来相当不审慎地开始称赞起路易莎对感情的坚定。他半开玩笑地用一颗坚果为例，将路易莎比作一颗榛子果：

“让那些想要获得幸福的人变得坚定起来吧。这里有坚果，”他说着从树枝上摘下了一只，“可以做个例子。这是一只漂亮光滑的坚果，它靠着原先的能量，经受住了秋天暴风骤雨的百般考验。浑身见不到一处刺痕，找不到一丝弱点。这只坚果有那么多同胞都落在地上任人践踏，”他半开玩笑半当真地继续说道，“可是它仍然享有一只榛子果所能享受到的一切乐趣。”随即他又回复到先前的严肃口气：“对于我所关心的人们，我首先希望他们要坚定。如果路易莎·默斯格罗夫在晚年过得美满幸福，她将珍惜她目前的全部智能。”

这段文字的出现比第一次使用“坚果”这一俚语来指代“头脑”的记录还要早上 15 年，但俚语通常是在用于书面语言之前一段时间便出现于口语中的，而“坚果”似乎最早发源于水手之口。在这里，简很可能有意暗讽一番，因为当路易莎不听劝告，执意从码头的上半部分跳下时，毕竟她的头骨，仅仅是她的头骨（“只有头部受了些伤”）摔到了下面的石头上。* 用现代医学思维解释就是，她经受了一场严重的脑震荡，可能还有轻微的脑损伤。路易莎的“健康、神经、勇气和性格”似乎就此发生了永久性的改变，正如她的哥哥所说，她“人却变了。不跑不蹦，没有笑声，也不跳舞，和以前大不一样”。

事故发生后，路易莎对外界的刺激异常敏感，痛苦不堪，她会因突然的声响吓一跳。“哪怕谁关门关重了一点，”查尔斯抱怨道，“她也要吓一跳，像水里的小鹏鹏似的蠕动身子。”路易

* 在众多其他含义中，cob 这个词的一个含义也是“榛子”，这也许只是一个巧合。到了 19 世纪晚期，cobb 这个词渐渐有了“脑部重击”之意。

莎，这个曾经因为自己是个“不那么好说服”的人而倍感自豪的姑娘被重塑了。她“变成了”一个截然不同的人，像她的未婚夫本威克舰长一样“有了文学情趣，变成了一个多愁善感的人”。安妮被这样的想法逗乐了，但对此她持宽容理解的态度，简也是如此。“他们的订婚没有什么值得惊异不已的……也没有什么值得遗憾的”，“没有理由认为他们不会幸福”。

结果并不是很糟糕。完全不受外界影响的坚定是不长久的。温特沃思舰长并没有彻底明白自己的坚果比喻。那只“坚定”的“经受住了秋天暴风骤雨的百般考验”的坚果，那只“光滑”且“享有一只榛子果所能享受到的一切乐趣”的坚果不可能永远保持光泽，在它的“同胞”都落在地上“任人践踏”时，在太阳的暴晒中，在雨水的冲刷下，它虽然蓬勃生长，但也会渐渐地干枯。

你必须拓宽视野，至少一点点。改变是不可避免的，它是一种自然规律，同它争论毫无意义。

只有虚荣、“半傻不傻”、执着于过时忠诚的沃尔特爵士才会相信自己不受时间流逝的影响，在“别人都已失去美貌”时，自己和最心爱的女儿伊丽莎白“青春常驻”。他天真地认为，时间触碰不到也改变不了他，尽管“他可以清楚地看到，亲朋故旧都在变老。安妮形容憔悴，玛丽面皮粗糙，左邻右舍人人都在衰老”。就连和他一样虚荣的伊丽莎白都无法说服自己时间为她停下了脚步，无法相信自己“依然如故”，还是十三年前的“漂亮的埃利奥特小姐”。她感受到自己“在步步逼近那危险的年头”，因此她不再读那本《准爵录》，不想让它提醒自己“出生日期”是何时。

在爱火重燃的那一刻，温特沃思舰长对安妮说：“在我的心目中，你永远不会变样。”然而，这样的话虽然“非常悦耳，实在不好指责”，但很明显是假话，当分开将近八年的他们首次重逢时，他发现她“变得太厉害了”。而安妮的确变了——简不容许我们忽视这个事实，也不准我们在爱情洪流的冲击中匆匆略过它。“时间，”温特沃思说，“可以使人发生很多变化。”对安妮来说，时间不仅使人改变，它还会毁灭，还会抹杀：“八年中什么情况不会出现？各种各样的事情，变化，疏远，搬迁——这一切的一切都会发生，还要忘却过去——这是多么自然，多么确定无疑！”

安妮去看望自己的老同学史密斯夫人时，“最初十分钟”充满了“尴尬和激动”：

> 她们阔别十二年了，各人早已不是对方想象中的模样。十二年来，安妮已经从一个花容月貌、沉默寡言、尚未定型的十五岁小姑娘，变成了一个雍容典雅的二十七岁的小女人……十二年来，汉密尔顿小姐已经从一个漂亮、丰满、容光焕发、充满自尊的少女，变成一个贫病交加、孤苦无告的寡妇。

温特沃思其实也有变化。毫无疑问，厄泼克劳斯两人首次重逢时，因为对他依然心存浪漫偏爱，安妮才看到了“依然如故的弗雷德里克·温特沃思”。不管怎样，他都在船上服役了八年之久。书中说道，他的姐姐看上去比实际年龄还要年老，这是因为“她在海上的时间几乎和她的丈夫一样多”。正如克莱夫人所说，大海“也并非是美容师”。不管是安妮还是温特沃思，都不再是曾经的那个自己。

他们之间的爱情也与曾经不同。年轻时，他们的爱情根基是什么？是漂亮的外表，他是个“出类拔萃的好后生”，而她是个“极其美丽的少女”；都具备基本令人满意的性格特征——他的“聪明过人、朝气勃勃、才华横溢”和她的“性情温柔、举止娴静、兴致高雅、感情丰富”。但是，简又说道：“只要具备一半的魅力也就足够了，因为小伙子无所事事，姑娘却又简直无人可爱。”这双人“迅速陷入热恋”，“很难说谁觉得对方更完美”。可就在第一次测试，第一场考验下，这场恋情就破裂了。他们的第二次恋爱已经完全成熟，与第一次完全不同。这时的他们“了解了彼此的品格、忠心和情意，双方变得更加亲切，更加忠贞，更加坚定，同时也更能表现出来，更有理由表现出来”。

爱情的感觉复活了，彼此的爱慕之火重燃，友谊的幼苗在两人间再次成长起来，其中没有哪一样是一成不变的。然而重聚不同于结合。小说原本的排字方式中，这些词中有很大一部分是用连字符连接的，给人一种非常明显的破裂感。* 恢复，回归，这些都是虚幻。过去是遥不可及的。

简借安妮之口表达了同样的想法。有那么几刻，安妮心底

---

* 在幸存的手稿章节中，很多（虽然不是全部）这样的词中都使用了连字符。

想要，其实是非常渴望嫁给她的堂兄埃利奥特的，倒不是因为喜欢这个人，而是出于其他原因：

> 一时间，她的想象、她的心仿佛着了魔似的。一想到由她取代她母亲的位置，第一次由她来复活“埃利奥特夫人”这个可贵的名字，让她重新回到凯林奇，把它重新称作她自己的家，她永久的家，这种魅力是一时无法抗拒的。拉塞尔夫人没有再吭声，她愿意让事情水到渠成。她认为，要是埃利奥特先生当时能彬彬有礼地亲自来求婚该有多好！总之一句话，她相信安妮不相信的事情。安妮也想到了埃利奥特先生会亲自来求婚，这不禁使她又恢复了镇静。凯林奇和“埃利奥特夫人”的魅力统统消失了。她决不会接受他的求爱。

能够创造出天堂可以重获、时间能够静止这一幻觉的只有魔法——“魅力”和魔力。只有任性的愚蠢之人才会相信魔法的存在。威廉·埃利奥特口口声声说安妮的名字“长久以来……使我心醉神迷”，表达出“希望这个名字永不改变”的愿望，即通过嫁给他，她可以继续延用埃利奥特这个名字，这些都是不真实的。他的感情只不过是虚情假意。魔力会消退，海市蜃楼会消失，在现实世界中，它们一无是处。

但是安妮承认自己是有可能“被人劝说”嫁给这位堂兄的。她承认，正如简自己承认的那样，过去拥有强大的吸引力，自己有过回到过去就能找到完全安全和熟悉的感觉的幻想。过去以及她的家庭一直牵系着她。在这本小说的开头，我们发现安妮被另一个沃尔特困住了，也就是她那个两岁大的外甥。她跪在姐姐家客厅的沙发旁，努力让她的另一个外甥——摔断了锁骨的查尔斯——安静下来。而沃尔特，以两岁大孩童的方式，爬到了她的背上。“她怎么也摆脱不了他。她劝说他，命令他，恳求他，说来说去都无济于事。有一次，她设法把他推开，可这小家伙觉得越发开心，当即又爬回到姨妈背上。”在场的另两个成年人中，一位试图哄孩子听话，但沃尔特一点儿也不吃那一套。接下来发生了什么？温特沃思舰长大步走来，将那孩子从她的背上拉开：

> 转瞬间，她觉得那小家伙正在慢慢地松开胳臂；原来有人从她背上把他拉开。虽说他紧紧地趴在她头上，他那强劲的小手还是被从她脖子上拉开了，人也给果断地抱走了。这时她才知道，做好事的竟是温特沃思舰长。

这便是温特沃思展现给安妮的形象：与她所知的相割裂，与她历史的重量相分离。当她选择温特沃思时，她便拒绝了名号和凯林奇大厦，家族和传统，而这些可以说是小说女主人公们在小说开端想要拥有的一切。她的家族能给她的也是寥寥无几。按照她父亲定下的婚姻协议，她仅有权得到“很少一部分”嫁妆。她选择的是一种从本质上来说极不稳定、不确定，甚至是危险的生活。

在小说的结尾，她没有收回童年时的住宅，也没有恢复母亲的头衔，只是“恢复了优先权，成为一辆十分漂亮的四轮小马车的女主人”——一辆时髦的马车。小说早些时候提到，当克罗夫特一家驾驶他们的马车送安妮回厄泼克劳斯时，他们相继勉强避开了一根“柱子”、一道“沟”和一辆“粪车”。温特沃思舰长称，对他们来说，“翻车”“这种事儿经常发生”。与安妮·勒弗罗伊同名，生日和简·库珀马车事故丧生的纪念日是同一天，安妮选择这辆“漂亮的四轮小马车”其实承担了巨大的风险。简·库珀同样嫁给了一位海军舰长。

虽然作为一个年轻女性，安妮非常谨慎，但她最终还是接受了风险。这是她必须付出，也是她心甘情愿付出的代价。小说以拿破仑逃离厄尔巴岛结束。首批读者知道最终的结局如何，但他们依然和安妮一样“唯恐将来打起仗”，唯恐又一场战争爆发，唯恐“战事一起”她必须要付出代价，唯恐战争会给欢乐投上阴影，也许是永久的阴影。

※ ※ ※

在《劝导》最终章的开头，简断言道：“无论哪两个年轻人，一旦打定主意要结婚，他们准会坚定不移地去实现这个目标。”她也承认：“得出这样的结论可能是不道德的，但我相信事实如此。”《英国评论家》杂志认为，这其实就是这部作品的全部意义所在。* 我们很难相信简在这里没有戏弄评论家们。首

* “其寓意……似乎是，年轻人应该总是追随自己的内心结婚。”

先，推动整部小说情节发展的恰恰是温特沃思和安妮无法“打定主意”，因此彼此分开了的这个事实。当然在这最终章中，还有一些其他元素可能因为多种多样的原因受到驳斥。比如，对克莱夫人的宽大处理；拉塞尔夫人（一位年长的女性，安妮的教母，占据道德权威的位置）不得不“承认自己完全错了”；史密斯夫人在重新获得她丈夫在“西印度群岛”的那笔财产后提高了经济收入。

但自始至终，简一直努力将她的读者引向一个格外特别的寓意，一个革命性的结论。

从一开始，《劝导》就要求我们不要将历史看作平稳有序的进程，而要把它看作分裂的、随机的、混乱的过程，其间充满了死亡和毁灭，入侵和革命。用拉塞尔夫人的话说，它试图让我们意识到“世人行事和考虑问题都变化莫测”。更重要的是，它提出了这样的疑问：如果历史充满了不确定性和剧变，如果你脚下的这片土地曾经淹没于海洋之下，你还能确定什么？倘若整个世界都在变化，王朝兴替，而你最深的信仰可能都是基于虚幻，那么你还如何相信传统、秩序和同一性？过去累计起来的所有智慧——“所有的历史记载，所有的故事、散文和韵文”——都是片面的，都是带有偏见的，是不足以证明一切的。

历史不可能被划分成齐整的章节，也不会有什么结论，不会朝着同一个方向前进。小说中的人物认为战争结束了，相信拿破仑被击败了。但就在简向我们描述埃利奥特一家、达尔林普尔一家、默斯格罗夫一家和克罗夫特一家全部前往巴思，去品茶，参加音乐会和牌会时，她也让我们一步步接近重燃的战火。她煞费苦心，向我们展现各种细节，让我们得以发现，安妮和温特沃思最终的和解发生在1815年2月的最后那一周，而实际上就在那一周，拿破仑逃离了厄尔巴岛。

你无法逃脱历史洪流的冲刷，面对洪流的压力，你根本无法保持坚定。你必须让步，必须随波逐流才有可能在这股洪流中生存下来。

在莱姆，简用令人难以想象的地质时间尺度让读者意识到自己的无足轻重。在巴思，在这座建在另一座城市废墟上、闪着耀眼白色光芒的城市，她则向我们展示了一对男女主人公如何学会接受和放下过往，携手走向未知的未来。

一切是——也终将是——未知的。到头来，“劝告是好是赖只能由事情本身来决定”。正确道路究竟是“对未来的满怀喜悦和信心”还是“谨小慎微”，我根本无从得知。因为所谓的正确道路根本就不存在。起初，安妮认为应该信任“奋争”和“上帝”。但在温特沃思看来，“上帝”不过是个玩笑。在莱姆的旅馆里，玛丽·默斯格罗夫滔滔不绝，大谈特谈他们竟然和“凯林奇的继承人”住在同一家旅馆却不自知，温特沃思不胜其烦，略带讥讽地说，“我们必须把……这件事，看作上帝的安排”。在小说的结尾，“上帝”被载入历史，与消逝的过去及老化的沃尔特爵士紧密相连。在《劝导》的混乱世界中，你无法相信，就连上帝也有计划，即便他有，也一定超出了人类的理解范围。

安妮是简笔下最成熟的女主人公，同时也是最现代的一个。

和其他海军妻子一样，安妮必须学会在丈夫离家出海时独自生活，也许每次都会持续很多年。她还要学会不依赖任何人独立生存，独自处理各种事务。不同于简笔下的其他所有女主人公，安妮总有一天会成为独立做主的女人。我们能够设想到她——如果经受住了马车和生育带来的危险——一直活到19世纪，就像简的兄弟姐妹那样，见证铁路和工厂的诞生，见证大英帝国的崛起。

简足够自信，于是在修改的章节中，她间接地夸耀了自己的小说所产生的影响。正如安妮和哈维尔达成的共识所言，到目前为止，“笔”一直掌握在男人手中，而就在前面几行，简让温特沃思放下了手中的笔。终于，是时候让女人讲述她们的故事了。

第八章　结局

温彻斯特，1817 年 7 月。*

此刻的学院街非常安静、非常古朴，非常适合像她这样的病人。从她的卧室窗户望出去几乎没什么风景，也没什么值得注意的，但这并不意味着她不能拖着病体去窗边。并不能。

相反，她想起了在查顿的卧室看到的风景，还有之前在南安普敦城堡广场的花园里的风景，她记得盐的刺鼻气味，还有春天的希望。几乎没什么可做的。她能听到钟声在响。她可以在脑海里编写滑稽诗。她也可以躺在床上凝视天花板，思考永恒。

---

* 改编自简·奥斯汀写给不同记者的信件和她的遗嘱（1817 年 4 月和 5 月），以及卡桑德拉·奥斯汀写给范妮·奈特的信件（1817 年 7 月）。

她听说外面又下雨了。圣斯威逊诅咒人们移动了他的神龛，从此七月便阴雨绵绵。好像只有诅咒才能解释英格兰的雨似的。

卡桑德拉希望她能休息一下，莱福德医生也同意，所以至少有人跟她在一起是快乐的。

卡桑德拉如此用心地照料她。她只希望自己能配得上这种用心。

她希望她能好一些，或更勇敢一些。整个四月和五月的头几个星期，当她躺在自己房间的床上等待生命的终结时，她想到了那些未完的事。她被限制在了床上这么久，比她的嫂嫂们怀孕的时间还要长。

那么多拖延，那么多被浪费的时间。

她竭尽她的微薄之力，公正地对待它们，她的书，她的孩子们。她已经为它们倾尽一切心血。《苏珊》一直都不太走运。《兰姆小姐》将没有机会出生了，但她能看见她，是那么清晰——

在她死后，它们会变成什么样子呢？

我，简·奥斯汀，查顿教区的人，通过我最后的遗嘱和遗赠……一切都写好了。

她还记得在1809年的春天驾车经过温彻斯特。那时的她以为自己还有三四十年可活。但事实并非如此。她只剩八年的时间了。而她已经度过了那八年。

她真的很想去瑞士看看，看看阿尔卑斯山，等等……

她太累了。睡吧——就这样——此时此刻——如果她闭上眼睛——睡去。

为我祈祷哦，为我祈祷吧。

☆ ☆ ☆

简去世时只有 41 岁。我们知道她生病了，但并不知道她最终患的是什么病。

可能是这些年来人们提到的众多疾病之一，可能是爱迪生氏病或肺结核，也可能是淋巴瘤或乳腺癌或卵巢癌。最新猜测的是布瑞尔－津瑟病，一种罕见的复发性斑疹伤寒。也有可能是溃疡性结肠炎，或其他严重的肠道问题。简的好几个哥哥都有胃病，她患有忧郁症的母亲也是，这种疾病通常会在家族里遗传。然而，在那个时候，胃病是一个相当令人关注的问题，部分原因是因为少数几种有效的药物之一、能够在柜台上免费得到而且无所不治的鸦片酊——一种含有鸦片的酒精——会导致便秘。简提到的症状包括“胆汁”（消化问题），还有背疼、发烧、疲惫、面色怪异（她说自己的肤色是“黑色、白色，以及各种不对的肤色”）。这些都加起来也不能真正说明任何一种诊断优于另一种。*

她似乎认为她的病是从 1816 年中期开始的，那时她正要完成《劝导》。不论病到底是什么，这些症状总是来来去去，和健康的状态交替出现，有时候几个星期或几个月她都会病得非常严重。

---

* 我认为，我们可以不相信简是被她的某个嫂嫂谋杀的说法，尽管在林赛·阿什福德 2011 年的小说《奥斯汀小姐的神秘死亡》一书中，这种说法是半认真地提出的。

她对此做出的反应似乎是开始写另一部小说？我们有手稿可以证明。我们知道这部小说叫作《桑迪顿》，尽管简自己心中可能有另一个名字。这部小说基本上是草稿，是未成形的作品；里面有破折号，有缩略语，还有粗糙的地方——还会在似乎某个场景的中间戛然而止。这部小说设定在滑铁卢战役之后（小说里提到），在一个全新的海滨疗养地，小说里描写了一对企业家，一家忧郁症患者，一个潜在的骗子，一个穷困潦倒的同伴，还有一群女学生，其中一个是简的第一个混血角色，兰姆小姐，“大约十七岁，一半混血，冷漠而温柔”。

这就是一个新的起点吗？不完全是。《桑迪顿》是传统和令人振奋的新鲜的结合，令人略感不安。故事开始于一次马车事故，这是在简青少年时期就已经很陈腐的情节设置，而且她还在早期充满生机的信件式小说《爱情和友谊》中嘲笑过。文学参考也是陈旧过时的。书中简单提到了范妮·伯尼于1796年出版的《卡米拉》，简写道，自诩为“诱惑者”的爱德华·德纳姆爵士活跃的性幻想，最初的灵感来自塞缪尔·理查森小说里“所有充满激情、最会引起反对的……部分”，写于六七十年前。然而，手稿的最后有一段对于简而言相当不同寻常的景色描写——不寻常的不仅是因为它的存在，而且因为它描绘了一个透过薄雾瞥到的场景，我们或许会认为这是在怀念艺术家J.M.W.特纳的特殊（并遭到猛烈批评的）作品，简很可能在伦敦参观一些画廊时见过他的画作。*

* 一封1813年5月的信提到了参观画展。

简可能仍然非常热衷于创新，即使是在病床上。据推测，一个相当突出的混血角色的存在很容易招致负面宣传，尤其是如果简打算让她结婚的话。回想一下，玛丽亚·埃奇沃思出版小说《贝琳达》的第二版时，不得不删减掉任何跨种族的关系。当我们在探讨《曼斯菲尔德庄园》时，我们发现简对英国海外奴隶的虚伪和自我欺骗非常敏感。在第六章和第七章探讨《爱玛》和《劝导》时，我们看到她并不害怕招致争议。如果她继续活下去，又打算怎么写《桑迪顿》呢？她的脑海中构思出了多少情节却未能跃然纸上呢？我们无法得知。我认为，对于《诺桑觉寺》和《劝导》，我们已经有点儿动摇了，就我们所知，当时的简仍在犹豫是否要让其他人看到这本书。如果我们想从《桑迪顿》中得出任何结论，我们都得非常谨慎才行。

简开始写《桑迪顿》的时候，想着——希望着——她的状况能够得到控制。她对疾病和药物采取的粗鲁态度，让人感觉像是意志坚强、坚持不懈的积极思考。当然，她相信她的状况是被精神状态所影响，这种想法似乎是正确的。* 正如我们即将看到的，简在生病期间，奥斯汀一家正面临着重重压力。在 1817 年初春，在得知她叔叔的遗嘱条款时，她的疾病又一次严重复发——严重到刺激她想自己写遗嘱。† 然而到了 5 月中旬，她感到自己差不

* “我有一种想法，焦虑和疲劳一样有害。”来自给卡桑德拉·奥斯汀的信，1816 年 9 月 8 日至 9 日。

† 参见 1817 年 4 月 6 日写给查尔斯·奥斯汀的信。没有人见证她的遗嘱，这可能暗示她没有和其他人讨论过遗嘱的事。

多康复了，为了促进她的恢复，她搬到了温彻斯特，她认为那里一家医院的莱福德医生对她是有帮助的。

因此，快到5月底时，简和卡桑德拉借了哥哥詹姆斯的马车，在亨利的陪同下驾车行驶了十六英里，从查顿来到了温彻斯特，这个曾经的英国首都曾是阿尔弗雷德大帝的家乡。他们安顿在学院街上，“我们好心的朋友希思科特太太为我们安排的舒适住处”，就在温彻斯特大教堂附近。

简在这趟旅途中状态不错，她向她的侄子、未来的传记作家詹姆斯－爱德华保证她“几乎不感到疲惫”，此时的他是牛津大学埃克赛特学院的学生。的确，她“很快恢复了体力”，也不再需要整天待在床上。她写道，她身体好到“可以坐在沙发上”，带着小心翼翼的愉快，“我……能给自己找点儿事做，从一个房间走到另一个房间”。从他们“整洁的小客厅”的“凸窗”里，她甚至可以俯视温彻斯特学院校长的花园，詹姆斯－爱德华就上过这所非常著名的公立学校，他的很多表亲也是。他们并不孤独。简的另一个侄子查尔斯当时正是学生，他将被邀请来和姑妈们共进早餐。希思科特太太每天也都来拜访。*

严重的疾病常常会使人抑郁，简继续说道，她不觉得自己值得那些“担心而同情的朋友们”的所有的“爱”。但是，尽管

* 希思科特太太是奥斯汀家的老朋友，多年以来都是他们的近邻。在结婚以前她叫作伊丽莎白·比格。根据后来流传的家庭传闻称，她的哥哥曾经和简订过婚，虽然只有一个晚上的时间，但是这次订婚即使真的发生过，也早就被遗忘了。她的妹妹也是简的一个朋友，但此时的她正在欧洲大陆旅游，正如简提到的，“我们将不会和比格小姐在一起，她就像大半的英国人那样，正在瑞士游览呢。”

她哀叹不论她的“书写”还是“她的肤色都还没有恢复到正常的神采”，简在这封信中仍然微弱地表达了她对康复的乐观。“莱福德先生说他会治好我的。”她写道，如果他失败了，她接着开玩笑说，那她就会找大教堂的官员们——“教长和分会”——寻求赔偿。

然而，并没有治愈的方法。这封写给詹姆斯 - 爱德华的信是我们拥有的简的最后一封信，日期是 1817 年 5 月 27 日。*

简生命的最后几个星期，从 5 月底到 6 月到 7 月，是模糊不清的。很多家庭成员都来探望她。从他们的来信和事后的回忆中，我们可以确定简的病在 6 月中旬严重复发，而且他们越来越怀疑她是否能够康复。我们只能推测简的感受和想法。关于她的死，我们几乎只有卡桑德拉的记录可以指望——一封她在几天后写给侄女范妮的一封信。这种文本总是令人怀疑，谎言就像苍蝇一样围绕着死亡。当苦难真的发生，它总是很快就会结束。死者看起来总是那么安详。但我们可以相当自信地重建以下时间轴。

在 7 月 15 日星期二晚上，简“又开始抱怨了”，在接下来的“八到四十个小时里，她睡着的时候比醒着的时候多”。简的“脸色变了”，她“消瘦了”，变得憔悴了，但卡桑德拉说：“尽管当时我没有期望她能恢复，但也没想到我会那么快失去她。”

7 月 15 日是圣斯威逊节，圣斯威逊是 9 世纪的温彻斯特主

* 亨利·奥斯汀在传记《奥斯汀传》中引用的“最后”一封信已经不存在了。考虑到他在传记中其他地方撒的小谎，我认为我们不得不怀疑这些引用是否真实，当然也怀疑它们是否断章取义，或是来自早先的信件。

教。根据传统，在接下来的四十天里，他节日那天的天气将会持续不变，这是圣人对温彻斯特的人们将他的遗体从他选择的埋葬地点运走的惩罚。事实上，每年的这个时候，天气系统都会在不列颠群岛上空停留数周。这首关于圣斯威逊和温彻斯特赛马的滑稽诗通常被认为是简写的，很可能就是在这个星期二写的。在亨利的《奥斯汀传》中，他声称简在临终前不久身体就好到可以写几首诗了，这些诗当然很适合她。正如我们以前所见，简对散文的精通并没有延伸到诗歌。这些诗句有趣、琐碎，而且对天气的痴迷在某种程度上是英国独有的。只有一个不和谐的音符。在一行的末尾出现了 gone，而不是押韵的 dead。

那么我们有简最后的作品吗？也许。也许这也是她坚信自己伟大的一种宣示。一位即将去世的作家在回忆起斯威逊的诅咒时，肯定会让人想起刻在威廉·莎士比亚墓碑上的诅咒："看在耶稣的分上，好朋友 | 切莫挖掘这黄土下的灵柩 | 让我安息者将得上帝祝福，| 迁我尸骨者定遭亡灵诅咒。"

卡桑德拉解释说，17 日星期四，她吃过晚饭就出去了，"去办一件你亲爱的姑妈"简"着急要办的事"。她"在六点差一刻左右回来"，发现她的妹妹"正从虚弱和压抑中恢复过来"。简"能给我详细描述她的癫痫，当钟敲 6 点时，她正在静静地和我说话"。这种缓解是短暂的。"同样的虚弱感"又回来了，接着是"痛苦的折磨"，简不得不挣扎着寻找合适的词语来表达自己：

大约半小时后，她感到自己就要死了，才平静下来，明显（原文如此）不省人事。在这半小时里她一直在挣扎，可怜的人儿！她说她不能告诉我们她受了什么苦，尽管她抱怨几乎没有固定的疼痛。当我问她需要什么东西时，她的回答是除了死亡，她什么也不想要。她的一些话是“上帝赐予我耐心，为我祈祷哦，为我祈祷吧”。

莱福德医生被请来了。他“给了她一些东西缓解症状”，几乎可以肯定，他给了她大剂量的鸦片酊，“至少在7点之前，她一直处于安静的麻木状态”。

据卡桑德拉说，在那之后，简什么也没说，“几乎一动也不动”。让我们分享卡桑德拉的虔诚信念：“我们有充分的理由相信，感谢全能的上帝，她的痛苦已经结束了。”简什么也感觉不到，她也没有做梦。她以一个听起来非常艰难的角度躺了九个半小时，头“几乎离开了床”。卡珊德拉和她们的嫂嫂玛丽——詹姆斯·奥斯汀的妻子——不得不轮流抱着简靠在她们腿上的枕头上。除了“每次呼吸时头部有轻微的移动”，她没有任何动作。在最后的几个小时里，简喝了麻醉药，四肢摊开，不再讲究礼仪，眼睛闭着，每次的呼吸也在犹豫，犹豫了又犹豫，最后，干脆停了下来。

7月18日星期五凌晨4点半，她去世了。

很明显，她是被善良杀死的。一剂强到足以使她昏迷九个小时的麻醉剂会加速她的死亡。大多数死于海洛因过量的人是因为他们的呼吸停止了，对海洛因和其他麻醉剂药物的一些生理反应会抑制呼吸。我们也许不得不考虑一种可能性，坦率来说很可怕，简的病本身不会致命，或者不会这么快致命，可能是毒品，而且只可能是毒品杀死了她。

她父亲去世时已经七十多岁了。她的母亲活到了八十七岁。卡桑德拉直到 1845 年才去世。兄弟姐妹里年龄和简最相仿的弗兰克活到了 19 世纪 60 年代，享年九十一岁。再多活三十年、四十年，甚至五十年都不是遥不可及的。想一想，我们本可以确定简的相貌，本来不用见到十英镑钞票上朝我们笑得矫揉造作的理想化肖像，我们本可以有照片的。简本可以去欧洲、去美国旅行。她本可以乘火车、坐轮船，去见查尔斯·狄更斯、勃朗特姐妹和乔治·艾略特。她本可以再写十几本小说。

但是，卡桑德拉却合上了简的眼睛。然后，据她所说，她又去做了另一件“最后的事”，她似乎是指替简整理遗容——梳理她的头发，伸直她的四肢，为她穿上睡衣，并准备把这个消息告诉给奥斯汀家里的其他人。

※ ※ ※

在过去几年里，奥斯汀家族的日子不好过。爱德华因查顿庄园的事卷入了一场昂贵的官司。1816 年年初，查尔斯的船失事，虽然后来的听证会免除了他的责任，也没有人丧生，但他的事业却陷入了低谷，就像许多海军军官在与法国战争结束后的遭遇一样。简生病了。八个兄弟姐妹中最大的一个詹姆斯也患有疾病。他病重到无法参加简的葬礼，并在两年半后去世了。查尔斯的女儿哈丽特——简的教女，患有“脑水肿”，并用水银在治疗。*然后是亨利。亨利也深受厄运之苦，或者说是管理不善的后果，这甚至影响到了他认识的人中的一半，包括他的仆人、母亲、兄弟姐妹和侄子侄女。

亨利从早期的民兵生涯转入银行业。1816 年 3 月，他的银行倒闭。奥斯汀家族的有钱人爱德华和奥斯汀太太的兄弟詹姆斯·利－佩罗特一直是亨利的担保人。他们失去了三万镑。詹姆斯·奥斯汀和弗兰克·奥斯汀赔钱了，卡珊德拉和简也赔钱了，虽然数额较小，但对她们来说意义重大。整个家族不得不勒紧裤腰带过日子。1817 年 3 月，利－佩罗特叔叔的去世本可以补救事态。多年前，他从自己的佩罗家族继承了遗产；他的妻子是西印度群岛的一位女继承人，虽然财产规模不大；1808 年他放弃了对利家族的丽石庄园的所有权，换取了一次性支付的两万四千镑以及大量本用来支付他遗孀的一次性年金。他自己没有孩子。但他没有立刻为侄儿侄女们预先安排，也完全没有为他的妹妹预先安排。†这是一个关于长子继承权的古老而又

---

* 这是脑积水的旧说法。哈丽特又活了 50 年，所以如果诊断是正确的，她似乎已经避免了任何危及生命的并发症。

† 利－佩罗特叔叔不公平地将他的财产分给了他的妻子、他的大侄子詹姆斯和奥斯汀太太的其他六个孩子，如果他们能活到奥斯汀的遗孀去世的话。两个侄子被完全排除在外——一个是爱德华·库珀，另一个是小乔治·奥斯汀，他几乎总是从家族记录中消失。遗嘱的结构是这样的，尽管詹姆斯被赋予作为他姑姑托管人的繁重任务，但在利－佩罗特太太去世之前，奥斯汀家族根本没有任何经济利益。

熟悉的故事，但它同样让人痛苦，而且，即使是詹姆斯·奥斯汀的遗产也要等到另一个人死后才能被继承，这意味着整个家庭的财务焦虑仍在继续。

鉴于这一切，他们在简去世后的所作所为相当奇怪。

他们安排把她安葬在温彻斯特大教堂高耸的屋顶下，玛丽一世就是在这里嫁给了西班牙的腓力，墓旁是一个精雕细琢的骨头盒子，里面装着盎格鲁－撒克逊国王和王后的遗骸。他们为她选了一个巨大的墓碑，比这个家族的其他成员都要大。

为什么？在 19 世纪早期，至少在上层阶级中，有一种铺张浮华的葬礼风。但一个乡村牧师的女儿，一个未婚的老姑娘，不需要一个奢华的葬礼，没人想到会有这样一个葬礼。整个大家庭并不倾向于这样做，即使是对更富有、更重要的成员也是如此。就拿和简同年去世的利－佩罗特叔叔来说，他的遗嘱规定他要以一种不公开的、廉价的方式下葬。

在当时，未婚女性被埋葬在远离家人的地方，甚至没有自己的墓碑是不寻常的。迄今为止，这种情况下最常见的做法就是把女儿的名字加到父母的墓碑上。当然，这可能是奥斯汀面临的部分问题。简的父亲死了，葬在巴思，她的母亲还活着。简可能是在汉普郡度过了大半生，但她父亲的家族来自肯特郡，母亲的家族来自格洛斯特郡和沃里克郡。他们在任何地方都没有定居过很久。

显而易见的选择是把简葬在查顿。即使考虑到移动遗体的实际情况，这也是一个很容易变得更加经济的选择。温彻斯特大教堂是一个地位很高的墓地，也相应会收取更高的安葬费。此外，还涉及更大的社会压力，人们认为简需要一个比乡村小教堂的墓地里更大、更宏伟的墓碑。

简去世时是 7 月，但是前往她一直生活和热爱的查顿或去她成长的史蒂文顿（也是哥哥詹姆斯当牧师的地方）的路途，即使按 1817 年的标准来看，也几乎不算太远，最多也就是三四个小时的路程。而且这样会感觉更加自然。三十年后，卡桑德拉去世时，她的遗体从朴次茅斯被运回她家，距离是现在的两倍。当然，那时已经有火车了，也许旅行变得不再那么困难了。也许有人担心简的遗体在马车里颠簸后会受损，但遗体在夏天的城市里一连好几天躺在棺材里也好不到哪里去，而这就是最终发生的事情。葬礼似乎很快就安排好了，但直到 7 月 24 日星期四，也就是简死后整整一个星期，葬礼才举行。葬礼在每天的礼拜开始之前的大清早进行。

简的遗嘱在她去世那一年的 4 月拟成，她把一切都留给她的姐姐，除了留给另外两个人的遗产——留给她哥哥亨利和他的老仆比容夫人各 50 英镑。我们可以看到，亨利破产所造成的大范围的经济灾难仍在她的脑海中萦绕。遗嘱还规定，按照惯例，她的葬礼应该由她自己出钱。因此，葬礼上每一分除了必要或体面以外的开支，实际上都是在减少卡桑德拉的遗产。

我们知道简的葬礼费用高达九十二镑。这个数目可能包括了简想为她侄女范妮安排的哀悼珠宝，其成本很有可能有五几尼（五镑多一点）。但这里面似乎很少有殡仪业者乐于增加的昂贵的额外服务。卡桑德拉似乎把她妹妹的遗体放在了外面，看守者不太可能收钱和遗体或雇用的哀悼者坐在一起。没有葬礼用的马车，没有披着羽毛的马，毕竟，大教堂只需要走路就到了。卡桑德拉预计“之后这里就没有什么能让我们留下的”，暗示我们不要想象会有守夜这样的事情发生，没有酒水，也不分发特殊的葬礼饼干，就像那个时期的一些葬礼那样。“每件事，”卡桑德拉写道，“都是极其平静地进行着的。”事实上平静到她几乎错过了看到“悲伤的小队伍”离开，中产阶级女性一般不参加葬礼。这是一件安静的事。

九十二镑的葬礼费用的最大头花在大教堂的丧葬费和墓碑上。这是一个五十镑就能让你过一年的时代。简的葬礼或许是安静的，但并不便宜。花这么多钱把简埋在一个显眼的地方，用一块昂贵的墓碑，这是明智的或者必要的做法吗？

在 1817 年，只有少数人被埋葬在温彻斯特大教堂，我们可能会认为，这意味着你需要为了埋葬一个访客或陌生人而达成协议，你可能需要寻找一个抱有同情的倾听者。第二项要求问题并不是特别大：奥斯汀家族与“分会”——大教堂的高级神职人员——不止一人有私人关系。简的老朋友希思科特太太的已故丈夫就属于这个教会，另一名教会成员和詹姆斯·奥斯汀第一任妻子的表亲结了婚。亨利·奥斯汀与温彻斯特主教布朗洛·诺斯私交甚笃。亨利作为银行家经历了灾难性的失败之后，最终认为或许他应该重新考虑一下他父亲希望他从事的职业——牧师。他写信给布朗洛·诺斯，愿意接受他的审查，到 1816 年年底，他已经在查顿担任助理牧师了。尽管如此，要求安葬会耗尽相当一部分对奥斯汀家族的善意，而1817年的他们也没有资格不顾一切地挥霍这种善意。

那么为什么要这样做呢？为什么要在有更简单更容易的选择时把简葬在温彻斯特大教堂呢？为什么要在资金紧张时花那么多钱在一个未婚妹妹、未婚姑姑的坟墓上呢？家里有没有人，或者几个人，把它看作一种投资？或许他们预料简的书能够帮助补救家族的财产，或者至少能为卡桑德拉提供一些储备金？简去世时，她的事业终于蒸蒸日上了。她最近换到了约翰·默里那里，他是一位充满活力的成功出版人。她受邀为摄政王写一本小说，摄政王通过图书馆管理员自称是她作品的忠实读者。颇有影响力的文学杂志《文献评论》发表了一篇篇幅很长、内容正面的关于《爱玛》的文章，文中对《理智与情感》和《傲慢与偏见》都给予了肯定，并将简的作品与当时最受尊敬、收入最高的作家的作品进行了比较。

但是，如果选择温彻斯特的部分原因是作为一种投资，那么看起来这个家族中似乎有人并不同意。简墓碑上的碑文很长，这是不正常的，尤其是对一个未婚女性来说，但碑文上并没有说明它为什么这么长。碑文中一直没有把简当成作家来看待，更没有提到她的小说。相反，碑文详细讲述了简的家庭，她的“亲密关系”，他们的“最温暖的爱”“他们的悲伤”“他们的损失”“他们最深的痛苦”，以及他们的安慰。简本人几乎不存在，她被可接受的女性美德（“耐心”“仁慈”“甜美”“慈善奉献、信仰和纯洁”）

这层厚厚的外衣所掩盖。只有一个孤独的短语提到这块碑文上的女性在任何方面都是非凡的，它指的是“她非凡的天赋”。

我们不知道是谁撰写的碑文。不过，对我来说，它有点儿像委员会写的一篇文章，试图把关于如何铭记简的两个截然不同的观点结合起来。这是一个在寻求曝光和体面的默默无闻之间不可避免地做出的不幸妥协。

有明显的迹象表明，对于是否应该承认简的作家身份，家里人意见不一。

简去世时，她是作家这一事实已经是一个越来越公开的秘密。要记得，早在 1813 年，我们就发现她在叹息亨利喜欢吹嘘他妹妹的文学成就。在汉普郡当地，小道消息的传播途径如此之多，以至于这个秘密几乎成了常识。

但是 7 月 21 日星期一当地报纸上刊登的讣告并没有提到她的小说。* 讣告都很简短，也没有什么信息。它们的用词也略有不同：一个提到了简的父亲，另一个提到了她住的地方，虽然不是她的教名，根据当时流行的命名惯例，这很可能会让熟人认为是卡桑德拉去世了，而不是简。还有一种拼写方法改变了“奥斯汀”和“查顿”的拼写。† 可能是不同的作者写的。也许它们是匆匆写成的，或者是由一个人口述的。但它们都非常传统。

另一方面，7 月 22 日星期二刊登在《伦敦信使报和晚间公

* 参见《汉普郡电讯报》《汉普郡纪事报》《索尔兹伯里和温彻斯特日报》，所有这些都是 1817 年 7 月 21 日星期一的内容。

† “昨天上午，本县奥尔顿附近查尔顿的简·奥斯汀小姐于学院街去世。”

报》上的讣告却相当引人注目：

> 汉普顿史蒂文顿教区已故牧师乔治·奥斯汀最小的女儿，《爱玛》《曼斯菲尔德庄园》《傲慢与偏见》和《理智与情感》的作者简·奥斯汀小姐，于18日葬于温彻斯特。她的举止极其温柔，她的感情热烈，她的坦率无可超越，她作为一个谦卑的基督徒活着和死去。*

它提到了简的小说，它温和而骄傲地谈到了她的为人。从表面上看，这似乎是本可以用到简墓碑上的最完美的文字。

第一行半和墓碑上的内容非常相似。不过，最后几行包含了一些可能有问题的短语。说到简“极其温柔”的举止，倒也无伤大雅，但“热烈”这个词有一种凶猛的性质，毕竟，它的意思是燃烧的、可燃的、热烈的。它可能是危险的。简的小说中被形容为“热烈”的人物包括情绪不稳定的玛丽安·达什伍德、性侵犯者威洛比和亨利·克劳福德，以及向艾玛·伍德豪斯提出了不受欢迎的求婚的埃尔顿先生。“坦率”也含有令人不安的因素。这个词的要么意味着没有恶意，要么是“不偏不倚、心胸开阔”、坦率，甚至直言不讳。在《傲慢与偏见》一书中，简·贝内特曾一度被称赞为第一种坦率，她“坦荡得毫无炫耀之意，更无算计之心——承认别人的优点，并且加以夸耀，而对其缺点绝口不提”。

* 这篇文章被其他报纸转载，并做了不同的改动。

然而，简·奥斯汀的坦率却是另一种类型，不那么盲目乐观，却更加敏锐。在她1809年4月写给克罗斯比的莽撞的信中、在她抨击《曼斯菲尔德庄园》里牧师的伪善时，我们看到她变得直言不讳，变得极其坦率。我们看到她批评长子继承制，并暗示自愿进行的变革可能是反对革命的唯一保障。我们看到她向读者提到了一种可以阻止产床变成临终床的药物。在《爱玛》里，她揭露了圈地运动所造成的破坏。在《劝导》里，她正视了既没有有序的历史进程，也没有宏伟计划的可能性。简的天性不是“对缺点绝口不提”，也不是无视困难或不受欢迎的事情。

至于讣告中的最后几个字，在大多数现代读者看来是中立的，但它们很可能是最成问题的。在简的一生中，“谦卑的基督徒”一词一直与质疑英国国教正统的作家、卫理公会教徒、贵格会教徒、浸信会教徒和各种信仰的福音派教徒紧密联系在一起。它出现在《福音传道者和关于再生的实用话语》（再生指精神再生）这样的文章中，出现在浸礼会教徒约翰·福塞特和威廉·达格利什（苏格兰教会有点儿异端的牧师）等神学家的著作中。*它一点儿也不中立。

在这里，我们能否为亨利·奥斯汀在他的《作者传略》中坚称简的观点“完全符合我们国教的观点”做出解释呢？

是谁写了这篇讣告，隐晦地暗示了宗教的非正统，暗示了激烈的直言不讳？谁把它寄给了一家总部设在伦敦、有更广泛读者群的出版社？如果亨利不是在《简·奥斯汀传》中提出了抗

* 保守派作家汉娜·莫尔也用过这个词，但她在福音派的圈子里活动。

议，他会是最有可能的人选。是卡桑德拉吗？

我们确实有一份讣告的文本，可能是卡桑德拉的笔迹，当然这并不意味着是她创作的。还有谁呢？也许是简自己写的？难道发讣告就是简去世的前一天卡桑德拉从妹妹身边带走的“使命”，是她“心急如焚”的“使命”，是她甚至不愿在给侄女的信中详细说明的使命？

好吧，就像简生活中的许多事情一样，我们无从得知。

我们可以自信地说，简的观点与亨利所说的“我们国教的观点”并不完全一致。她的小说充分证明了她的保留意见。甚至在她最终疾病缠身时，在她住在温彻斯特大教堂旁边时，她仍然对自己成长的教会的过失、对圣公会的神职人员——包括她的父亲，现在再加上她的两个哥哥——嗤之以鼻。

我之前提到，在简的上一封信中，她开玩笑说，如果莱福德医生没能治好她，她就会向教堂的“教长和分会”申请赔偿。她谈到“起草一个纪念文”，然后把它放在他们面前。她说，她“毫不怀疑，这个虔诚、博学和公正的团体会补偿她的”。

一些传记作家试图将此解读为简对正统国教的虔诚表达，这与简的家人希望每个人相信的一致。但这是行不通的，如果你花点儿时间去探究 1817 年大教堂分会的那些人的身份，你就知道了——考虑到简和希思科特太太的朋友关系，她自己肯定也知道这些信息。

温彻斯特的教长托马斯·伦内尔早先是离查顿最近的市镇奥尔顿的教区牧师。他的儿子也叫托马斯，托马斯和亨利·汉德里·诺里斯密切合作，帮助编辑《英国评论家》，这本文学杂志评论了简的每一部小说，除了《曼斯菲尔德庄园》，这部小说敦促读者思考奴隶制，并描绘了一个拥有诺里斯相同的名字、相同肤浅的慈善事业且同样虚伪的人物。那么，就没那么“公正”了。大教堂的神职人员也并非特别“虔诚”或“博学”。

事实上，1817 年温彻斯特大教堂的分会很好地说明了英国国教教会是多么任人唯亲，它的利益与英国政治和经济精英的利益是多么紧密相连。

温彻斯特主教是布朗洛·诺斯。诺斯的父亲是一名高级廷臣，他同父异母的哥哥曾经是首相。在他的职业生涯中，诺斯进步迅速，并在教会中担任许多有利可图的职位。他娶了一位西印度女继承人，并在福音传播协会前布道，我们在第五章看到，福音传播协会是英国国教拥有的奴隶机构。分会的十二名成员中，有人娶了西印度群岛奴隶家庭的女子，有人与王室有关系，还有主教的两个儿子、侄子、两个女婿、侄女的丈夫和妻子的妹夫。*

简说的就是这些人，这些嘴里含着银汤匙出生的人，这些不是靠自己挣得而是靠血缘得到工作的人，这些拥有奴隶的人。她是在讽刺他们。

回想一下简给克罗斯比的信，她在信中自称为“阿什顿·丹尼斯夫人”，纯粹是为了表明自己是“M.A.D.”，想想她在作品中反复出现的鲁莽，不难想象她会“起草一份”与讣告内容相似的“纪念文”并把它送到大教堂的官员那里。简，在她更疯

* 诺斯的一个孙子在小时候被任命为教区的户籍管理员（有薪水的）。

狂的时刻，本可以很乐意把她反教会、反奴隶制的小说的标题变成一个由奴隶主经营的大教堂的名字。也许简被埋葬在温彻斯特大教堂是因为她希望如此。也许这是一个秘密的玩笑，这个玩笑失败了，因为她墓碑上的文字小心翼翼地避免提及她的作品。

如果简在死后才终于找到了那些恰好能理解她想要表达的观点的读者，那是多么的讽刺。

毫无疑问，墓碑上的碑文是很奇怪的。早在简去世的1817年，人们就认为这很奇怪，当时，一本关于温彻斯特大教堂的书的作者认为有必要在书中加入一段文字解释简究竟是谁：

> 在这一堆坟墓中，有一位女性，她的德行、才华和成就不仅使她备受瞩目，而且使每一个有感情、有思想去欣赏女性成就和优点的人都对她刮目相看。这位女士就是简·奥斯汀小姐，她于1817年7月葬在这里，她写了四部颇有价值的小说。最后，一部名为《诺桑觉寺》的身后出版物是这位和蔼可亲的作家回忆录的梗概。

19世纪50年代，大教堂的教堂司事对于游客们都想参观简的坟墓感到非常困惑的故事可能不是真的。无论如何，教堂司事的无知都没有借口，因为1854年的《大教堂手册》中已经将“女作家简·奥斯汀小姐”的坟墓列入了“主要纪念碑”的短名单。

游客们来了，而且络绎不绝。

他们来看望简。他们匆匆走过战争纪念碑和已故主教的坟墓。他们磨坏了有几个世纪历史的彩绘地砖。他们瞥了一眼圣斯威逊的神龛曾经矗立的地方，端详了支撑大教堂水基的潜水员的小雕像，或许还会短暂地下到阴湿的墓穴中。然后他们走到简的墓碑前，向她表示敬意。

从简的第一部小说出版的那一刻起，她的读者们就无法忽视她。他们被她所吸引，把自己和她的角色相对比，或者爱上了他们。他们一遍又一遍地读她的书。他们中有人愤怒而困惑地拒绝了她。也有人建议她的书应该被用作一种治疗方式。她的小说很有影响力。即使读者无法完全理解她所写的一切，他们也能一直感觉到这一点。这就是为什么当玛丽亚·埃奇沃思、范妮·伯尼和沃尔特·司各特爵士都只是文学史上的注脚时，她的作品至今仍有人在读。

我从简写给出版商理查德·克罗斯比的信开始写这本书，现在我又回到了他身上。因为最终，简对克罗斯比公司的“疯狂”是完全正确的。《苏珊》，即《诺桑觉寺》，没能被它所期望的读者读到，这是他们的错。而第一次失败很可能是造成《理智与情感》和《傲慢与偏见》等书迟迟未能出版的原因，结果导致这些书也从来没能按照作者的本意被阅读。大多数人至少是把它们误读为轻松愉快的东西，而不是更实在的东西。到那时，损害已经造成。批评家们坚信他们理解简写的那类小说，忽视了《爱玛》和《劝导》中那些不那么令人舒服、更具挑战性的观点，或者，忽视了那些不可能假装无知的地方，就像对待《曼斯菲尔德庄园》那样，假装这部小说并不存在。

如果简的第一部小说能按计划早些出版，那么它们就不会被如此彻底、如此普遍地误解了。家里人尽可以隐瞒或含糊其词，但是不会这么成功。所有的假设和先入之见不可能像之前那样根深蒂固。从一开始，我们就会以不同的方式走近简，以不同的方式解读她。我们就能更多地看到她本来的面目。

因为到最后，不论简是否写了自己的讣告，也不论她是否想被安葬在温彻斯特大教堂，都不重要了。她是怎么死的，她到底爱谁，她长什么样，也都不重要了。

在上一章中，我嘲笑了那些认为安妮·艾略特是作者自画像的1823年评论家的热情，但最后，也正是那篇匿名评论，包含了对简及其作品最深刻的评价之一：

> ——我们或这个世界所拥有的，是一本贫乏而不充分的回忆录……记录的是她生活的全部历史；但是，或许我们并不需要这段历史，她自己的作品提供了这段历史。那些想象中的人，她给了他们最美丽的理想的存在，他们活下来为她发声，现在她自己已经离开了。

忘掉你以为你所了解的简·奥斯汀吧。忘掉传记，忘掉那些优美的改编。忽略那张钞票。读读简的小说。它们在那里为她发声，是的，那些爱情故事，虽然并不总是幸福的爱情故事，但也是一个不平凡的时代里，一个不平凡的心灵的产物。

再读读它们吧。